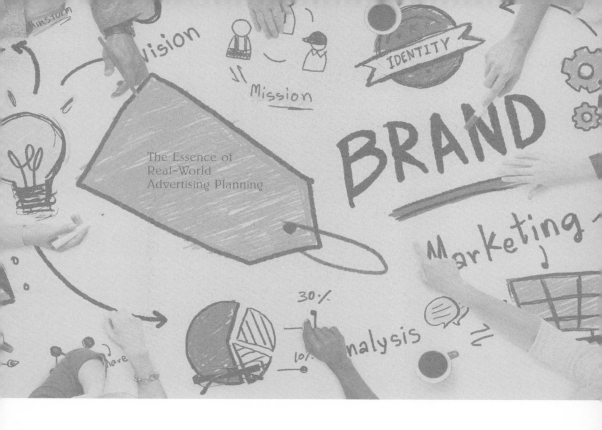

The Essence of
Real-World
Advertising Planning

실전 광고기획
에센스 2판 ___ | 우석봉 저 |

학지사

초판이 나온 지 7년이 되었다. 그동안 적지 않은 변화가 있었다. 품질동위 현상은 점차 심화하고 광고 미디어 환경과 광고에 대한 소비자의 인식, 그리고 소비자 의사결정 행동도 과거와는 같지 않게 되었다. 광고의 정의와 역할에 대해서도 새롭게 규정해야 한다는 주장도 있다. 그렇다면 광고인은 무엇을 해야 하는가? 환경이 아무리 바뀌어도 한 가지 변하지 않는 것이 있다면 그것은 '광고는 문제해결을 위한 커뮤니케이션 행위' 라는 것이다. 효과적인 문제해결책은 분석적인 사고와 전략적 통찰에 의해 탄생한다는 것과 이는 체계적이며 논리적인 사고과정에서 비롯된다는 사실 또한 변하지 않는다.

나는 지난 20년간 광고대행사에서 광고전략 수립 및 어카운트 플래닝을 하면서 많은 제품과 브랜드의 광고기획을 수행하였고 대홍기획과 Lee & DDB 재직 당시에는 업무제휴사였던 미국의 글로벌 광고회사 DDB Worldwide로부터 광고, 커뮤니케이션 전략 모델인 ROI 교육을 받은 후 전령자로서 직원을 대상으로 교육과 훈련을 실시하기도 했다. 이 과정에서 광고기획 담당자들이 광고기획을 잘못 이해하거나 기획과정에서 크고 작은 오류를 범한다는 사실을 발견했다. 특히 광고기획에 관한 개별적인 원리나 이론은 잘 알고 있으면서도 이들을 유기적으로 엮어서 크리에이티브 아이디어에 대한 통찰로 연결하는 데 어려움을 겪는다는 것을 알 수 있었다. 이는 광고기획의 이론이나 원리가 지식으로 머릿속에 저장되어 있을 뿐 현장의 실제와 제대로 결합되지 못하기 때문이다.

광고기획에 관련된 책은 적지 않지만 대부분의 책은 광고기획을 단절된 과정으로 다루거나 관련 이론이나 원리를 백화점식으로 나열하는 데 그치고 있다. 마치 요리를 배우려 하는데 요리에 들어가는 재료만 알려 주고 요리법은 생략한 요리책과도 같다. 광고기획은 결코 이론적인 과정이 아니다. 역동적이면서도 실제적인 과정이다. 일견 기계적인 과정으로 비춰질 수 있지만 광고기획 과정의 모든 단계들은 필연적으로 연결될 수밖에 없는 논리와 체계를 가지며, 최종적인 목표는 당연히 시장에서의 승리를 보장하는 효과적인 광고 제작물을 개발하는 것이다. 이러한 당위성은 통합커뮤니케이션 광고이건, 디지털 또는 소셜 광고이건 결코 흔들릴 수 없다. 내 경험으로 볼 때 이론이나 원리는 현장의 실제와 접목될 때 비로소 진정한 가치를 지니게 된다.

이 책의 목표는 광고기획자가 광고기획의 진정한 가치를 발견하고 나아가 이론이나 원리를 현장 실무중심의 광고기획 실제와 결합하는 시각과 능력을 배양토록 하는 것이다. 이러한 목표는 이번 2판에서도 그대로 유지된다. 2판은 초판에 대한 독자들의 피드백을 반영하는 데 그치지 않고 초판의 목표를 더욱 강화하고자 다음과 같은 변화를 주었다.

- 실무적용을 강화하여 각 장의 내용을 수정, 보완하였다. 각 단계에서 도표 등을 통하여 부연설명을 보강하였으며, 광고전략의 핵심인 포지셔닝의 수립 단계는 내용을 재구성하여 이해를 높이고 실무적용이 용이하도록 하였다.
- 브랜드에 대한 내용을 강화하였다. 브랜드에 대한 중요성은 점차 증대되고 있다. 아울러 광고의 주인공은 '제품'이 아닌 '브랜드'이다. 기획의 각 단계에서 브랜드에 대한 관점과 내용을 추가하여 더욱 실제적인 광고기획이 가능하도록 하였다.
- 통합마케팅커뮤니케이션(Integrated Marketing Communication: IMC) 관점

을 강화하였다. IMC는 한때의 유행이 아니라 대세로 부상하였다. 이런 환경에서는 단발 광고이건 아니면 광고 캠페인이건 간에 IMC 관점을 가지는 것과 그렇지 않은 것은 결과의 큰 차이를 가져올 수밖에 없다.

- 미디어 계획수립 단계를 별도의 장으로 추가하였다. 미디어 계획에 관한 깊이 있고 전문적인 내용은 이 책의 범위를 넘어서는 것이므로 광고기획자가 반드시 고려해야 할 미디어 계획의 핵심 포인트 중심으로 내용을 전개하였다. 아울러, 현대에서 미디어는 광고 크리에이티브를 전달하는 도구에 머무는 것이 아니라 크리에이티브 아이디어를 촉발하는 원천으로 작용하는 경향을 고려하여, '미디어 사고와 크리에이티브 사고의 융합 시각'을 다루었다.
- 광고기획서 작성과 프레젠테이션을 별도의 장으로 추가하였다. 광고기획서는 광고기획의 결과물이지만 기획서의 구상과 작성은 광고기획 과정과는 결코 같지 않다. 광고 공모전에 출품하는 학생이건, 아니면 자신의 기획 아이디어를 제출하는 현장 실무자이건 광고기획서와 프레젠테이션의 중요성은 결코 과소평가할 수 없다. 광고기획서는 무엇이며 어떤 역할을 해야 하는지, 그리고 광고기획서는 어떻게 작성해야 하는지를 구체적으로 다루었다. 프레젠테이션은 광고기획서에 토대하지만 청중을 설득하는 면 대 면 커뮤니케이션이라는 점에서 기법을 요한다. 성공적인 프레젠테이션의 핵심 요소 역시 현장 중심으로 다루었다.

이 책은 광고라는 도전적인 영역에 관심을 가진 학생과 광고세계에 막 발을 내디딘 현장 실무자를 위한 것이다. 광고계에 입문하기를 원하는 대학생은 이 책을 통해 광고기획의 실제를 이해하고 나아가 실무 감각을 강화하기를 기대한다. 아울러, 어느 정도 경험이 있는 현장 실무자도 이 책을 읽으면서 일상적으로 행하여 온 광고기획 과정을 비판적으로 리뷰해 보고 실천적 시각에서 다시 정리하는 기회를 가지기를 바란다. 이미 알고 있는 이론과 원리가 머릿속에 더욱 결집되는 상승효과를 가지게 된다면 더 없이 기쁘겠다. 결과가 중시되는 시대에서 결과 못지않게 과정이 얼마나 중요한 것인지 알게 된다면 훌륭한 광고기획자로서 감히 절반은 성공한 것이라 자신한다.

끝으로 2판의 출간을 격려하고 지원해 주신 학지사 김진환 사장님과 출판을 위해 애써 주신 편집부의 백소현 과장님께 진심으로 감사의 마음을 전한다.

2015년

지은이 우석봉

광고는 기예(技藝)라고 한다. 그렇다면 좋은 광고, 효과적인 광고란 무엇일까? 그것은 수직사고와 수평사고, 즉 논리적 사고와 창의적 아이디어 발상의 최적 조화의 결과물이다. 전략이 없는 크리에이티브는 아트(art)에 지나지 않으며 크리에이티브가 전략으로 뒷받침될 때 비로소 우리는 광고라는 명칭을 부여할 수 있다. 독창적인 아이디어는 광고에 생기를 불어넣는 중요한 요소임에 틀림없다. 하지만 전략적 적합성이 결여된 독창성은 뿌리가 잘려 나가 곧 시들어 버리는 꽃과도 같다. 전략적 적합성을 배가시켜 독창적 아이디어에 생기를 불어넣는 과정이 바로 광고기획이다.

광고 크리에이티브에서 기획의 중요성은 아무리 시대가 바뀐다 하더라도 결코 변할 수 없다. 광고는 광고제작자 개인의 예술적 자질을 과시하거나 자아만족을 위한 창작활동이 아니다. 광고는 기업의 이윤추구라는 절체절명의 목표를 추구하는 합목적적인 마케팅 활동의 일환이다. 하지만 언제부터인가 '전략은 크리에이티브 아이디어 발상의 장애'라는 인식 내지 '전략 무용론'이 확산되고 있는 듯하다. 이런 현상의 출현에는 광고주에게도 일말의 책임이 있다. 경쟁이 점차 치열해지고 광고 혼잡도가 극심해지다 보니 전략이고 뭐고 무조건 튀는 광고, 경쟁자와 차별되는 색다른 광고를 요구하는 것이다. 그러나 누구보다 일차적인 책임은 광고대행사의 광고기획자에게 있다. 광고기획자는 연금술사여야 한다. 광고 크리에이티브의 트렌드가 어떠하건, 광고 크리에이티브에 대한 광고주의 요구가 어떠하건 간에 광고기획자는 최상의 비즈니스 성과를 얻기 위해 전략과 크리에이티브 아이디어를 절묘하게 배합하여 최적, 최상의 광고물을 만들어 내는 화학방정식을 풀어내야 한다.

광고기획자 자신이 광고기획의 중요성을 제대로 이해하지 못하거나 기획과정을 잘못 운영한다면 그 결과는 말할 것도 없고 광고기획에 대한 편견과 오해까지도 낳게 된다. 광고기획은 쓸모없는 장황한 사실의 나열에 지나지 않다거나 또는 광고 제작과정에 통찰을 제공하는 것과는 거리가 먼 기계적이고 형식적인 과정이라는 바람직하지 않은 인식을 낳은 것이다.

나는 지난 20년간 광고대행사에서 광고전략 및 어카운트 플래닝을 하면서 수없이 많은 제품과 서비스의 광고기획을 수행하였고 대홍기획과 Lee & DDB 재직 당시에는 업무제휴사였던 미국의 다국적 광고회사 DDB의 광고, 커뮤니케이션 전략 모델인 ROI를 본사에서 교육을 받은 후 전령자로서 직원을 대상으로 사례 교육을 실시하기도 했다. 이 과정에서 광고기획을 담당하는 AE가 광고기획을 잘못 이해하거나 기획과정에서 크고 작은 오류를 범한다는 사실을 발견했다. 특히 광고기획에 관한 개별적인 원리나 이론은 잘 알고 있으면서도 이들을 유기적으로 엮어서 크리에이티브 아이디어에 대한 통찰로 연결하는 데 어려움을 겪는다는 것을 알 수 있었다. 이는 광고기획의 제반 이론이나 원리가 현장의 실제와 제대로 결합되지 못하기 때문이다. 이러한 오류는 더 이상 반복되어서는 안되며 개선의 장이 마련되어야 한다.

■이 책의 목표는 무엇인가?

현재 시중에는 광고기획에 관련된 책이 많이 나와 있다. 하지만 대부분의 책은 광고기획을 단절된 과정으로 다루거나 관련 이론이나 원리를 백화점식으로 나열하는 데 그치고 있다. 마치 요리를 배우려 하는데 요리에 들어가는 재료만 알려 주고 요리법은 생략한 요리책과도 같다. 광고기획은 이론적이기보다는 역동적이면서도 실제적인 과정이다. 일견 기계적인 과정으로 비춰질 수 있지만 광고기획의 모든 과정은 필연적으로 연결될 수밖에 없는 논리와 체계를 가지며, 그 최종적인 목표는 당연히 시장에서의 승리를 보장하는 효과적인 광고 제작물을 개발하는 것이다. 내 경험으로 볼 때 이론이나 원리가 현장의 실제와 접목될 때 광고기획의 진정한 가치가 폭발력을 지니게 된다는 점에서는 의문의 여지가 없다. 이 책의 목표는 광고기획의 이론이나 원리에 대한 지식을 단편적으로 제공하는 것이 아니라 광고기획자가 광고기획의 진정한 가치를 발견하고 나아가 이론이나 원리를 현장중심의 광고기획 실제와 결합하는 시각과 능력을 배양토록 하는 것이다. 이러한 목표를 달성하기 위해 이 책은 다음과 같은 세 가지 특징을 견지한다.

① 단계별 실천 가이드

광고기획은 일련의 잘 조직화된 단계로 구성되는 '과정(process)'이다. 각 단계는 기계적이며 단절된 것이 아니라 다음 단계와 유기적으로 연결되면서 매 단계마다 더욱 효과적인 광고 크리에이티브에 대한 통찰 제공의 기회를 높여 간다. 이 책은 철저하게 광고기획자가 단계별로 무엇을 해야 하며, 어떻게 해야 하는지에 초점을 맞추면서 그에 대한 실천 가이드를 제공한다. 각 단계별 실천 가이드를 제대로 밟아 나간다면 광고기획자로서 역량을 배가할 수 있을 것이다.

② 이론과 실무를 하나로: 현장 실무중심의 실제적 접근

구슬이 서 말이라도 꿰어야 보배이듯이 광고기획의 장황한 원리나 이론도 현장의 실제로 꿰어져야 한다. 이는 광고기획의 매 단계마다 '왜?'라는 질문을 던지는 것과 밀접한 관계가 있다. 상황분석이나 SWOT 분석이란 '이런 것이다'를 설명하는 데 그친다면 실무에는 별반 도움이 되지 않는다. 중요한 것은 '왜?'이다. '상황분석은 왜 하는가?' 'SWOT 분석은 왜 하는가?' '이것이 다음 단계와 어떤 식으로 연결되는가?'와 같이 광고기획의 단계마다 '왜?'라는 질문에 대한 답이 현장실제와 연결됨으로써 자칫 기계적으로 학습되고 적용될 수 있는 광고기획 과정이 생명을 얻게 된다. 현장중심의 실제적 접근에서 간과되어서는 안될 또 다른 사항은 광고기획과 마케팅은 불가분의 관계라는 것이다. 광고는 제품이나 서비스의 마케팅 목표를 달성하고 이를 지원하는 마케팅 전략을 더욱 효과적으로 수행하기 위한 행위의 일환이다. 그렇다고 하여 광고기획자가 마케팅 전략가여야 한다는 말은 아니다. 하지만 광고기획자는 마케팅의 틀에서 광고를 볼 수 있는 안목을 반드시 지녀야 한다. 훌륭한 광고기획자라면 '전략이 곧 크리에이티브'이며 '크리에이티브가 곧 전략'이라는 사고를 지녀야 한다. 이 책에서는 이 점을 고려하여 마케팅이라는 전체 숲에서 광고를 보는 안목을 강화하였다. 아울러 최근 급변하는 광고매체 환경에 의해 그 중요성이 급증하는 '통합 매체 커뮤니케이션과 크리에이티브 전략'의 이론적, 실무적 접근을 보강한 것도 이 책의 특징이라 할 수 있다.

③ 광고효과에 대한 소비자 심리학적 접근

훌륭한 광고기획자라면 광고의 궁극적인 대상인 소비자에 대한 지식으로 무장해야만 한다. 이러한 지식 중 광고기획에서 가장 중요한 것은 바로 광고효과와 관련된 소비자의 심리학적 광고 처리기제이다. 광고라는 외부자극은 소비자의 심리학적 과정을 거쳐 비로소 광고효과라는 결실로 구현된다. 현대와 같이 광고 크리에이티브의 차별화가 점차 어려워질수록 광고효과에 대한 소비자 심리기제의 이해는 더욱 중요하다. '소비자는 광고를 어떻게 처리하는 것일까?' '우리가 의도한 대로 광고효과가 발휘되기 위해 고려해야 할 소비자의 심리기제는 무엇인가?' '왜 애초에 계획했던 광고효과를 얻지 못하는 것일까?' 이 같은 현실적인 의문은 모두 광고효과에 대한 소비자의 심리학적 기제와 처리과정에 관련된 것이다. 이를 이해함으로써 더욱 효과적인 광고기획이 가능하다.

이 책은 광고라는 도전적인 영역에 관심을 가진 학생과 광고세계에 막 발을 내디딘 현장실무자를 위한 것이다. 특히 현장 실무자는 이 책을 읽으면서 일상적으로 행하는 광고기획 과정을 리뷰해 보고 실천적 시각에서 다시 정리하는 기회를 가질 수 있을 것이다. 광고계에 입문하기를 원하는 대학생은 이 책을 통해 광고기획의 실제를 이해하고 나아가 실무 감각을 강화할 수 있을 것으로 기대한다. 이론과 원리가 머릿속에 더욱 결집되는 부수효과도 가지게 될 것이다. 결과가 중시되는 시대에서 결과 못지않게 과정이 얼마나 중요한 것인지 알게 된다면 훌륭한 광고기획자로서 감히 절반은 성공한 것이라 자신한다.

끝으로 이 책의 출간을 맡아 주신 학지사 김진환 사장님과 출판을 위해 애써 주신 편집부 여러분께 진심으로 감사의 마음을 전한다.

2008년 2월
지은이 우석봉

■ 2판 머리말 / 3
■ 1판 머리말 / 7

 제 1 부 광고기획의 이해

제1장 나무를 보기 전에 숲을 보기 ·················· 19

1. 전략적 마케팅 관리 / 21
2. 마케팅 전략 / 36
3. 마케팅 전술 / 45

 제 2 부 광고기획 과정

제2장 단계 1. 상황분석 ·················· 59

1. 상황분석은 이렇게 하라 / 61
2. 상황분석 자료의 유형 / 68
3. 상황분석 자료의 수집방법 / 87

제3장 **단계 2. 핵심 이슈의 추출** ·······················93

　1. SWOT 분석 / 94

　2. 핵심 이슈의 추출 / 97

　3. 문제와 기회를 영역별로 분류하라 / 103

제4장 **단계 3. 표적청중 선정과 포지셔닝** ·················111

　1. 마케팅 포지셔닝과 광고 포지셔닝 / 112

　2. 포지셔닝의 실제 / 115

　3. 포지셔닝 맵의 작성 / 147

제5장 **단계 4. 광고목표의 수립** ·······················153

　1. 광고목표의 정의 / 155

　2. 광고목표의 이점 / 156

　3. 광고목표의 수립 원칙 / 159

　4. 광고목표 수립의 실제 / 161

　5. IMC와 광고목표의 수립 / 164

　6. IMC에서 복수의 표적청중과 광고목표 수립 / 166

제6장 **단계 5. 크리에이티브의 개발** ·····················173

　1. 창의적 광고란 무엇인가 / 174

　2. 크리에이티브 콘셉트 / 183

　3. 크리에이티브 콘셉트 개발 접근법 / 189

　4. IMC 크리에이티브 아이디어 개발 / 193

　5. 크리에이티브 브리프 / 198

　6. 어떻게 '빅 아이디어'를 생각해 낼 것인가 / 202

제7장 단계 6. 미디어 계획의 검토 ························209

　　1. 미디어 목표 / 211
　　2. 미디어 전략 / 214
　　3. 미디어 사고와 크리에이티브 사고의 융합 / 221

제8장 기획서 작성과 프레젠테이션 ························225

　　1. 광고기획서 작성법 / 226
　　2. 프레젠테이션 / 229

제 3 부　광고효과의 관리

제9장 광고효과의 심리학 ························237

　　1. 주 의 / 238
　　2. 광고의 지각적 해석 / 243
　　3. 광고정보의 처리 / 251
　　4. 관여도 / 264
　　5. 브랜드 개성과 소비자 / 268

제10장 광고효과의 측정 ························279

　　1. 측정기법의 유형과 선정 / 282
　　2. 광고효과 측정기법 / 283

■ 찾아보기 / 300

THE ESSENCE OF

REAL-WORLD

ADVERTISING

PLANNING

제1부

광고기획의 이해

제 1 장

나무를 보기 전에 숲을 보기

최고의 광고는 언제나 마케팅 해결책에서 출발한다.
-Jay Chiat-

광고는 그 자체로서 하나의 목적이 아니라 마케팅의 한 범주라는 것을 결코 잊지 말라.
-Leo Helchel-

　현장에서 일할 때 기획이나 제작회의에 참석하면 항상 하던 질문이 있다. "광고하려는 브랜드의 마케팅 목표가 뭡니까?" "마케팅 전략은 뭔가요?" "이번 광고가 마케팅 목표를 달성하는 데 어떤 도움을 주어야 하나요?" 이런 질문을 하면 대체로 시큰둥한 대답이 돌아온다. "많이 팔려는 거죠, 뭐." "요즘 전략이 다 거기서 거기 아닌가요? 좋은 이미지만 만들어 주면 되는 거 아닙니까?" 상품이나 서비스는 많이 팔려야 하고 또 좋은 이미지를 소비자에게 심어 주어야 하므로 이는 큰 이상이 없는 대답으로 보인다. 그러나 정작 문제는 여기서 시작되기 일쑤이다.

　출발점에서의 미세한 차이가 종국에는 엄청난 차이를 가져올 수 있다. 두루뭉술하게 기획회의를 끝내고 나중에 크리에이티브 아이디어를 리뷰할라 치면 그때서야 문제가 불거진다. 크리에이티브 아이디어를 평가해야 하는데 회의에 참석한 사람마다 그 기준이 모두 다르다. 무엇을 기준으로 아이디어를 평가하고 선정할 것인가? 출발 때 문제가 구체적으로 정의되지 않았기 때문에 어떤 아이디어가 좋은 것인지 결정하는 관점도 제각각인 것이다. 그러니 "목소리 큰 사람의 아이디어가 채택된다."라는 우스갯소리가 있는 것이다. 설사 어떤 아이디어가 채택이 된다고 해도 여전히 문제는 해결되지 않은 채로 남는다. 과연 이 아이디어가 광고주 비즈니스 성공에 도움이 되는가에 대해 어떤 결과를 가져다줄지 알 수 없는 것이다. 무엇이 잘못된 걸까? 결론부터 말하겠다. 광고기획자는 광고만 알아서는 안 된다. 그렇다고 광고기획자가 마케팅 전략가여야 한다는 말은 결코 아니다. 하지만 유능한 광고기획자가 되려면 광고라는 나무만 보아서는 안 되며 마케팅이라는 전체 숲을 보려고 노력해야 한다. 훌륭한 건축 디자이너가 되려면 개별 건축물 이전에 건축물이 놓일 전체 지형을 보는 안목을 지녀야 하는 것과도 같다. 나무 한 그루만 멋있다고, 또 자기 건물만 세련되고 독특하게 짓는다고 해서 되는 게 아니지 않은가? 주변 지형이나 다른 건축물과 전체적으로 조화를 이루어야 한다. 광고기획 역시 마케팅이라는 숲을 염두에 두면서 이루어져야 한다.

광고기획에서 숲을 보는 안목은 현대에 와서 더욱 중요해지고 있다. 바야흐로 현대는 통합마케팅 커뮤니케이션(Integrated Marketing Communication: IMC) 시대이다. 최근 다국적 광고대행사의 '총체적 접근(holistic approach)'이나 '360° 마케팅' 그리고 '4차원 커뮤니케이션'과 같은 모형의 등장도 모두 통합마케팅 커뮤니케이션의 중요성을 방증하는 것이다. 소비자행동, 미디어, 그리고 광고 · 커뮤니케이션 환경과 경쟁 환경은 빠르게 변화하고 복잡해지면서 다각도의 해결책을 동원하지 않고서 기업의 마케팅 목표를 달성하기란 점차 어려워지고 있다. 이럴 때일수록 광고기획에서 비즈니스나 마케팅이라는 숲을 보는 안목과 능력은 더욱 중요하다.

1. 전략적 마케팅 관리

마케팅에는 군사전략 위계와 유사한 개념인 전략 피라미드(strategic pyramid) 라는 것이 있다([그림 1-1] 참고). 피라미드의 최상위는 전략적 마케팅 관리 (Strategic Marketing Management: SMM)이다. 전략적 마케팅 관리란 한 기업의 거시 적인 사명이나 목표의 성취방안을 모색하는 것이다. 여기에는 기업이 추구할 세 가지를 결정하는 일이 포함된다.

- 사업영역
- 제품라인
- 상품이나 서비스

여러 사업이나 제품라인을 거느린 기업의 회장이라면 항상 전략적 마케팅 관 리에 대해 고심한다. 전략적 마케팅 관리의 아래에는 마케팅 전략과 마케팅 전

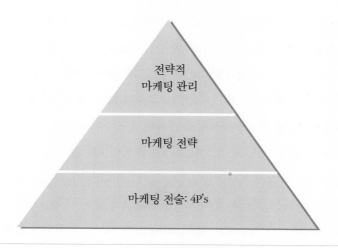

[그림 1-1] **전략 피라미드**

술이 위치한다. 마케팅 전략과 마케팅 전술은 하나의 상품이나 서비스에 관한 것이다. 전략적 마케팅 관리에서 가장 널리 사용되는 전략 도구는 '포트폴리오'와 '수명주기' 분석이다. 이 두 가지 도구는 광고를 해야 할 상품이나 서비스가 해당 기업에서 어떤 위치에 있으며, 향후 추구해야 할 방향에 대해 거시적으로 들여다볼 수 있는 '큰 틀'을 제공한다.

사업 포트폴리오

어떤 기업이든 가용 자원은 언제나 제한적이다. 만약 자원이 무한하다면 전략이나 전술이란 것도 필요 없을 것이다. 포트폴리오 분석의 핵심은 바로 기업의 한정된 자원(resource)을 어떻게 전략적으로 할당할 것인지를 결정하는 것이다. 포트폴리오 분석에는 통상 수직축과 수평축에 따라 분할된 여러 개의 셀(cell)을 가진 매트릭스가 사용된다. 이 매트릭스에 자사의 사업단위나 제품라인 또는 개별 상품이나 서비스를 위치시키면서 기업의 자원을 어디에, 그리고 어떻게 할당할 것인지 판단하게 된다.

포트폴리오 분석은 광고 또는 광고기획 과정과는 관련이 없는 것처럼 보일 수 있지만 실제는 그렇지 않다. 예컨대 포트폴리오 분석 결과, 어떤 상품이나 서비스에 전년과 비교해 더욱 공격적인 자원 투입이 필요하다거나 또는 전년 수준을 유지해도 된다는 등의 결정이 내려진다면 이러한 결정은 해당 상품이나 서비스의 광고활동과 무관하다고 할 수 있을까? 그렇지 않다. 광고목표에서부터 광고 전략, 그리고 광고비 책정에도 영향을 미치게 된다.

포트폴리오 분석 모델로는 보스턴 컨설팅 그룹이 개발한 BCG 모델과 제너럴 일렉트릭사의 GE 모델이 널리 알려져 있다. 하지만 여기서는 윌리엄 코헨(William Cohen)의 포트폴리오 분석 모델을 중심으로 알아볼 것이다. 윌리엄 코헨의 모델은 좀 더 실무 지향적인 것으로 실무자가 자사나 광고주의 상황에 맞게 유연하게 적용할 수 있다는 장점이 있다. 이제 분석의 절차와 적용법을 소개할 것인데 광고기획자가 직접 포트폴리오 분석을 할 수 있도록 하려는 목적이 아니라 이를 통해 포트폴리오에 대한 이해를 높이기 위함이다.

■ 분석단위

포트폴리오 분석을 할 때 가장 먼저 검토해야 하는 것은 '분석단위'이다. 사업단위, 제품라인 또는 개별 상품이나 서비스 중 어떤 것을 분석대상으로 할지 결정해야 한다. 만약 기업이 여러 개의 제품이나 제품라인을 운영한다면 각 제품이나 제품라인을 분석대상으로 할 수 있다. 이 경우에는 탄산음료군, 유산균 발효유 등과 같이 제품 속성의 유사성을 기준으로 그룹핑 할 수도 있고 또는 소비자 욕구 충족의 유사성을 기준으로 그룹핑 할 수도 있다. 이렇게 하면 작업이 간편해진다. 물론 작업의 간편성을 위해 그룹핑을 해서는 안 된다! 특정 브랜드의 단일 개별 상품, 혹은 빙과류나 헤어케어와 같은 제품라인이 분석대상일 때 이들을 '전략적 제품단위(strategic product unit: SPU)'라 하며, 영화, 외식업과 같이 사업단위가 분석대상일 때는 이를 '전략적 사업단위(strategic business unit: SBU)'라 한다.

■ 사업 강점의 평가

분석할 단위를 정했으면 다음으로는 각 분석단위의 '사업 강점'과 '시장 매력도'를 평가한다. 2차원의 축에서 수직축은 사업 강점, 수평축은 시장 매력도로 정하라. 사업 강점은 현재 시장에서 자사의 각 분석단위(사업단위나 제품라인 또는 특정 상품)들이 얼마나 상대적인 경쟁 우위를 누리고 있는지에 대한 것이다. 사업 강점을 평가하기 위해서는 여러 가지 요인이 사용된다. [그림 1-2]에는 사업 강점 평가에 주로 사용되는 요인들이 제시되어 있다. 실제 포트폴리오 분석 시에는 이 모든 요인을 사용할 필요는 없으며 자사나 경쟁자 그리고 시장 특성을 고려해 적절한 요인을 선별, 사용하면 된다. 물론 [그림 1-2] 이외의 요인을 사용해도 된다.

사업 강점 평가요인

• 현재의 시장점유율　　• 기술 우위 요소
• 성장률　　　　　　　• 제품 질
• 매출 효과　　　　　　• 경험곡선효과
• 가격 경쟁력　　　　　• 이미지
• 생산성　　　　　　　• 광고/프로모션 효과
• 기술 노하우　　　　　• 유통 경쟁력

[그림 1-2] **사업 강점 평가요인**

　자사에 적합한 평가요인을 정했다면 다음으로 할 일은 자사의 각 분석단위들을 포트폴리오 매트릭스 상에 위치시키기 위해 사업 강점을 계산하는 것이다. 사업 강점을 계산할 때 염두에 두어야 할 것은 '가중치'이다. 사업 강점을 평가하기 위해 사용하는 요인들의 중요도가 같지는 않을 것이다. 식품의 경우에는 '시장 점유율'이 다른 요인에 비해 더 중요할 것이지만 패션의 경우에는 '브랜드 이미지'가 더 중요할 것이다. 요인에 가중치를 부여하는 간편한 방법은 각 요인의 중요도에 %를 주어 전체가 100%가 되도록 하는 것이다. 예컨대, 브랜드 이미지, 광고효과, 제품 질, 유통 경쟁력을 사업 강점 평가요인으로 정했다면 브랜드 이미지의 중요도는 40% 그리고 광고효과는 30%, 나머지 두 요인에 대해서는 각 15%의 가중치를 줄 수 있다.

　각 요인에 가중치를 주었다면 다음은 각 분석단위를 요인별로 평가하는 것이다. 브랜드 이미지의 중요도가 40%인데 자사 분석단위의 브랜드 이미지 수행성은 실제 얼마나 훌륭한가를 평가하는 것이다. 이를 위해 5점 척도를 사용하면 된다. 5점은 '매우 잘함', 1점은 '매우 약함'으로 두고 정도에 따라 점수를 부여한다. 마지막으로 각 요인별 중요도 가중치에다 수행성을 곱하면 된다(〈표 1-1〉 참고).

표 1-1 사업 강점의 평가

분석단위 ○○○의 사업 강점			
사업 강점 기준	가중치	평가치	가중치 × 평가치
이미지	0.40	5점	2.0
광고효과	0.30	2점	0.6
제품 질	0.15	4점	0.6
유통	0.15	2점	0.3
계	1.00	–	3.9

■ 시장 매력도의 평가

다음은 시장 매력도를 평가한다. [그림 1-3]에는 시장 매력도를 평가하기 위한 요인들이 있다. 시장 매력도 평가에 사용되는 요인은 시장 강점을 평가하는 데 사용되는 요인과는 같지 않을 것이다. 시장 매력도 평가요인 역시 자사에 적합한 것을 선별하여 적용하고 [그림 1-3]의 요인 외에 더 적합한 것이 있다면 추가해도 된다.

시장 매력도의 계산 방법은 사업 강점 계산법과 동일하다. 사업 강점 평가에 적용된 동일한 분석단위에 대해 시장 매력도 기준에서 적합한 기준을 선별하고 이들에 대해 가중치를 부여한다. 그리고 각 기준별로 5점 척도를 사용하여 점수를 준다. 5점은 '매우 매력적', 1점은 '매우 비매력적'으로 정도에 따라 점수를 부여한다. 〈표 1-2〉는 시장 매력도 평가 예이다.

시장 매력도 평가요인

- 세분시장의 크기
- 수요강도
- 경쟁 구조
- 경기변동에 따른 취약성
- 유통 침투 용이성
- 세분시장의 성장률
- 시장진입 용이성
- 제품수명 주기상의 위치
- 정부 규제

[그림 1-3] **시장 매력도 평가요인**

표 1-2 시장 매력도 평가

분석단위 ○○○의 시장 매력도			
시장 매력도 기준	가중치	평가치	가중치 × 평가치
시장 규모	0.30	4점	1.20
시장 성장률	0.30	4점	1.20
진입 용이성	0.25	1점	0.25
수명주기 위치	0.15	5점	0.75
계	1.00	–	3.40

■ 해석과 전략적 의미부여

이렇게 함으로써 각 분석단위에 대해 사업 강점과 시장 매력도의 두 가지 평가 값을 얻게 된다. 이제 평가 결과를 포트폴리오 매트릭스의 사업 강점 축과 시장 매력도 축에서 두 평가치가 만나는 곳에 위치시키는 일이 남았다. 사업 강점과 시장 매력도 모두 5점 척도를 적용하였기 때문에 평가치는 5점과 1점 사이의 어딘가에 위치하게 된다. 두 평가치가 만나는 곳은 원으로 표시하는데 원의 크기는 해당 분석단위가 속한 전체 시장의 규모, 그리고 자사의 제품이나 제품라인 또는 사업단위가 차지하는 시장 점유율은 원에서 빗금으로 표시하면 된다(그

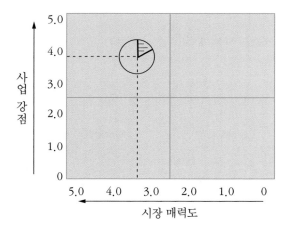

[그림 1-4] **포트폴리오 매트릭스**

림 1-4] 참고). 분석할 제품이나 제품라인 또는 사업단위가 여럿일 경우에는 분석 단위 수만큼의 원이 매트릭스에 위치하게 될 것이다.

분석단위를 매트릭스 상에 위치시켰다면 각 분석단위에 전략적인 의미를 부여해야 한다. 각 사분면의 전략적 함의는[그림 1-5]와 같다.

- 전략적 제품단위가 사업 강점과 시장 매력도 모두 크다면 현재 위치를 지키기 위해 기업의 자원이 우선적으로 투입되어야 한다. 이 경우라면 광고의 역할도 매우 중요하다. 투입해야 할 광고비도 다른 전략적 분석단위보다 많아야 한다.
- 사업 강점은 크지 않지만 시장 매력도가 크다면 투자를 할 것인지 말 것인지 전략적 판단을 해야 한다. 사업 강점을 육성함으로써 시장에서 매력적인 수익을 올릴 수 있다면 더욱 공격적인 광고활동도 고려하게 된다. 아마 이 경우라면 경쟁자 대비 자사의 차별적 우위를 소비자에게 인식시키는 광고를 고려하게 될 것이다.

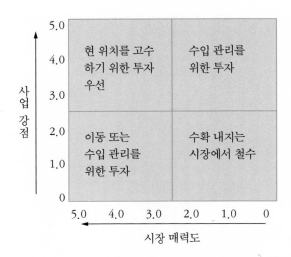

[그림 1-5] 매트릭스 사분면의 전략적 함의

• 사업 강점은 크지만 시장 매력도가 크지 않다면 적극적인 자원의 투입보다는 현 위치에서 최대한 수입을 얻어 내는 방안을 강구하게 될 것이다. 이 경우에는 유지를 위한 광고활동이 우선시될 것이다.

이처럼 포트폴리오 분석은 자사의 전략적 제품이나 제품라인 그리고 상품이나 서비스 중에서 어떤 것에 자원을 투입하고 향후 어디로 자원의 투입을 이동할 것인가에 대한 전략 모색의 기회를 제공한다. 광고기획자가 포트폴리오라는 숲을 본다면 광고의 역할과 비중에 대해 숙고할 기회를 가질 수 있다.

제품 수명주기

전략적 마케팅 관리 수준에서 포트폴리오 분석과 함께 널리 사용되는 다른 한 가지 도구는 제품 수명주기(Product Life Cycle: PLC) 분석이다. 제품 수명주기는 상품이나 서비스도 마치 생명체와 같이 일정한 수명주기를 거친다는 것을 가정한다. 카세트테이프-콤팩트디스크, 카메라 필름-디지털 카메라의 칩, 그리고 유선전화-이동통신 등은 제품 수명주기를 극명하게 보여 주는 예이다. 제품 수명

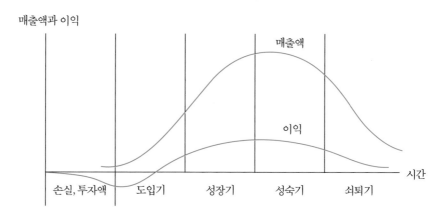

[그림 1-6] **제품 수명주기**

주기 모형은 제품이 도입기, 성장기, 성숙기, 그리고 쇠퇴기를 거친다고 가정한다(그림 1–6). 전통적인 제품 수명주기 모형의 특징과 전략적 시사점을 간략히 살펴보자.

■ 도입기

어떤 상품이나 서비스가 처음 시장에 도입될 때는 통상 많은 마케팅 비용이 든다. 제조업의 경우에 기업은 고도로 숙련된 노동력으로 단기 생산에 임하게 되므로 과잉생산을 초래해 생산 원가가 높아진다. 신규 브랜드로 시장에 진입했다면 브랜드에 대한 인지율도 낮다. 브랜드 확장(예, 에비앙 생수 ⇒ 에비앙 화장품)을 통해 확장 제품으로 시장에 진입했더라도 제품의 존재에 대한 인지는 안 되어 있기 때문에 이 단계에서는 소비자마저 정기적으로 제품을 구입하지 않는다. 도입기에서 유일한 희소식은 경쟁자가 없거나 몇 안 된다는 것이다. 하지만 이 것도 새롭거나 혁신적인 제품일 경우에 해당된다. 이익은 아주 미미하거나 무시해도 될 수준밖에 되지 않는다. 도입기의 기본 전략은 '일정 수준의 시장 점유율을 확보'하거나 '신제품 수용도가 높은 초기 채택자(early adopter)에게 제품 구매를 설득'하는 것이다. 도입기에서 광고의 역할은 주로 제품에 대한 인지를 높이고 초기 채택자가 시험구매를 하도록 설득하는 것이다.

■ 성장기

성장기에 접어들면 상황은 변하기 시작한다. 이제 제품은 시장에 어느 정도 정착해 매출도 꾸준히 증가한다. 이 시장에 매력을 느끼는 새로운 경쟁자가 빠른 속도로 시장에 진입한다. 건강음료 시장을 보라! 마케팅 비용 지출은 여전히 높지만 제조 원가는 약간 감소한다. 구매자가 늘어 생산량이 증가하지만 성공적으로 도입기를 거쳤다면 공급이 달릴 수도 있다. 도입기에서는 한정된 자원 때문에 유통도 특정 경로에 집중되지만 성장기에서는 그렇지 않다. 유통망은 더욱 광범해지고 경로도 다양해진다. 광고의 역할은 자사 브랜드의 인지를 지속적으로 강화하면서 수요를 자극하는 데 집중된다. 통상 이 단계에서는 수익이 최고 수준에 달한다. 대부분의 기업이 높은 수요를 감안해 가격을 인상하거나 고가, 프리미엄 전략을 구사하기도 한다. 아울러 새로운 시장으로의 침투나 시장 점유율의 확장과 같은 마케팅 전략을 구사하게 된다.

◢ 성숙기

이 단계에서는 상황이 다시 한 번 바뀐다. 아직 상당수의 경쟁자가 남아 있지만 많은 경쟁자로 인해 한정된 시장의 점유율을 서로 차지하려고 치열하게 경쟁한다. 경쟁은 더욱 고조되고 적자생존이 시작된다. 따라서 성숙기에서 광고의 역할은 자사 브랜드의 경쟁적 차별점이나 편익을 강력하게 전달하는 것이다. 경쟁에서 이기지 못한 경쟁자는 무릎을 꿇거나 시장에서 철수한다. 매출은 올라가지만 이익은 서서히 떨어진다. 제조비용은 여전히 낮다. 적은 점유율을 놓고 경쟁이 가속화되기 때문에 가격을 낮추거나 가격인하 판촉을 적극적으로 전개하기 시작한다. 성숙기에서는 주로 현재의 시장위치를 고수하기 위한 전략을 채택하지만 새로운 시장을 찾으려는 시도도 하게 된다. '이익을 높이기 위한 유통 경로의 감소' '약한 경쟁자를 퇴출시키기 위한 저가 정책' '판촉의 강화' 등의 전략을 구사하게 된다.

◢ 쇠퇴기

도입기와 마찬가지로 쇠퇴기에는 경쟁자가 적다. 이제 소비자는 제품을 가려 살 만큼 약아빠지고 세련되어 있다. 수요가 줄기 때문에 다시 한 번 생산과잉이 초래되고 마케팅 비용도 성장기나 성숙기만큼 들지 않는다. 이 단계에서는 매출과 이익 모두가 감소한다. 어느 시점에선가 재고처리를 고려한다. 쇠퇴기에서 광고의 역할은 최대한 자사 제품에 대한 충성 고객이 이탈되지 않도록 하는 것이다. 광고비도 다른 주기에 비해 감소하게 된다. 쇠퇴기에서 취할 수 있는 가장 합리적인 전략은 '시장철수'이다. 물론 단기적으로는 특정 시장을 고수하는 전략을 취할 수도 있다. 이러한 전략을 지원하는 전술로는 유통 경로 감소, 저가 정책, 재빠른 재고처분을 위한 순간적인 촉진활동의 전개 등이 있다. 아울러 이 단계에서는 즉각적으로 정리를 할 건지 아니면 일정 기간을 두면서 서서히 수확할 건지 결정해야 한다. 어떤 경우이든지 간에 제품을 시장에서 철수할 준비를 해야 한다.

◾ 제품 수명주기 알아내기

제품 수명주기를 분석하기 전에 전략적 관리를 위한 제품이 어느 단계에 있는지 알아야 한다. 제품을 수명주기상에 위치시키는 작업은 쉬운 일이 아니다. 만약 광고대행사가 이 작업을 한다면 광고주와 큰 마찰을 일으킬 수도 있기 때문에 신중을 기해야만 한다. 흔히 광고주는 자사의 제품이 성숙기에 있다거나 쇠퇴기에 있다고 하면 심리적으로 강한 저항이나 부정적 반응을 보이기 쉽다. 따라서 제품 수명주기를 분석하고 판단하는 작업은 매우 조심스럽게 진행해야 한다.

제품 수명주기를 분석하기에 앞서 자사의 제품이 어떤 수명주기 형태를 가지

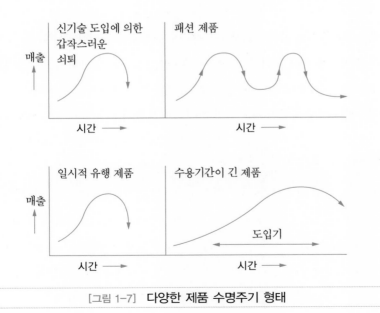

[그림 1-7] **다양한 제품 수명주기 형태**

는지부터 파악하면 도움이 된다. 제품유형에 따라 수명주기의 형태는 같지 않다. [그림 1-7]에는 몇 가지 특징적인 제품 수명주기 형태가 제시되어 있다. 자사 제품이 어떤 수명주기 형태에 해당하는지 알 수 있는 방법에 대해 알아보자. 〈표 1-3〉의 매트릭스를 활용하여 다음 사항을 분석해 보라.

- 개략적인 매출, 이익, 마진, 시장점유율 그리고 지금까지의 가격 변화 등을 적어 보라. 정확한 수치가 없어도 좋다. 단지 매출이 높은지 낮은지 또는 평균인지, 아니면 매우 높거나 낮은지 정도를 적어 보라.
- 매출 추이를 살펴보고 그 특징을 급속하강, 하강, 정체, 상승, 급속상승 등으로 기술해 보라.
- 자사 제품과 유사 제품이나 관련 제품의 수명주기 정보를 훑어보라. 이를 통해 각 단계별로 주요 사항을 알아보라. 경쟁자의 수, 그들의 이익, 가격 등에 관한 정보를 분석해 보라.
- 향후 3 내지 5년 정도의 자사 제품 판매 추이를 예측해 보라.

제품 수명주기는 앞서 살펴본 포트폴리오 분석과도 밀접한 관련이 있다. 기업의 이익 균형을 취하기 위해 제품이나 제품라인 또는 사업단위의 포트폴리오를 구성한다면 포트폴리오의 각 사분면은 수명주기가 서로 다른 분석단위들로 구성되는 것이 가장 바람직하다. 만약 자사의 포트폴리오가 성숙기나 쇠퇴기에 있

표 1-3 추이 분석을 위한 매트릭스

	기간 1	기간 2	기간 3	기간 4	추 이
매 출					
이 익					
마 진					
시장 점유율					
가 격					

주: 추이는 ↗, →, ↘ 또는 +, – 등으로 표시.

는 제품들로 구성된다면 미래 수입은 불확실할 것이며, 반면에 모든 제품이 도입기나 성장기에 있다면 너무 많은 자원이 투입되어야 하므로 재정적으로 고충을 겪거나 기업의 재무 위험성이 증가한다.

브랜드 수명주기

제품은 왔다가 사라진다. 어떤 물리적인 속성이나 특징의 묶음이라 할 수 있는 제품은 결코 영원할 수는 없다. 다만 그 주기가 얼마나 기냐 짧으냐의 차이 밖에는 없다. 왔다가 사라져 간 많은 제품들이 이를 입증한다. 하지만 브랜드는 분명 제품이 아니다! 물론 브랜드는 제품을 토대로 하지만 브랜드는 제품의 물리적인 속성이나 특징의 묶음 그 이상의 것이다. 브랜드는 이름, 기호, 상징 또는 이들의 조합이지만 브랜드의 본질은 소비자의 머릿속에 존재한다. 브랜드는 소비자의 머릿속에 존재하는 연상의 묶음이다. 연상의 묶음에는 제품 본연의 기능이나 성능에 대한 지각된 가치만 있는 것은 아니다. 오히려 현대에는 제품 외의 속성, 예컨대 이미지, 느낌, 사용 상황, 그리고 사용자 개성 등 다양한 무형의 속성들이 브랜드 연상을 이루고 있고 이것이 구매에 강력한 영향을 미친다.

■ 브랜드의 기능은 유형, 무형의 연상을 통해 제품에 부가가치를 불어 넣는 것이다.

그러면 이러한 브랜드도 제품과 같은 수명주기를 가질까? 수명주기와 관련해 브랜드는 두 가지 유형으로 나누어 볼 수 있다. 한 가지는 독립적인 하나의 개별 제품으로서의 브랜드이다. 대표적인 예로는 프록트 앤 갬블(Procter & Gamble)의 '하나의 제품, 하나의 브랜드(one product, one brand)' 정책이 해당된다. 각 제품마다 독자적인 브랜드가 부여된다. 다른 한 가지는 다양한 제품에 하나의 브랜드가 사용되는 것이다. 비록 처음에는 하나의 제품에서 시작되겠지만 시간이 지나면서 여러 제품에도 동일한 브랜드가 사용되는 것이다. 루이비통은 처음에는 상류층을 위한 짐 가방에 붙여진 이름이었지만 이후로 의류, 향수 등 다양한 제품에 루이비통을 사용하였다. 나이키는 운동화에서 시작하여 의류, 기구 등 다양한 제품군에서 사용되고 있다. 루이비통이나 나이키와 같은 브랜드 관리전략을 '브랜드 확장(brand extension)'이라고 한다.

하나의 제품에 부여되는 이름으로서의 브랜드는 확장된 브랜드에 비해 제품 수명주기의 영향에서 벗어나기란 결코 쉽지 않다. 만약 브랜드가 게을러진다면 하나의 제품에 부여되는 이름으로서의 브랜드는 제품 수명과 대개 운명을 같이한다. 하나의 제품에 대한 브랜드일 경우, 수명주기를 연장하는 가장 효과적인 전략은 '지속적인 개선과 혁신'이다. 이는 제품 본연의 성능이나 기능에 대한 소비자의 욕구를 충족함과 동시에 브랜드에 대한 무형의 자산을 강화하는 역할을 한다. 만약 제품 자체에 대한 욕구가 쇠퇴기에 접어들어서 더 이상 시장가능성이 없더라도(카메라 필름처럼) 브랜드의 연상 묶음은 소비자 머릿속에 존재한다. 이때는 쇠퇴기의 제품을 대체하는 혁신제품에 브랜드를 적용함으로써 오히려 브랜드의 연상을 더욱 풍부하게 강화할 수 있다. 리포지셔닝(repositioning)도 브랜드의 수명을 연장하는 효과적인 전략이다. 리포지셔닝에서는 브랜드의 개성이나 이미지를 새롭게 하거나 사용 상황이나 사용자를 재정의하고, 가치제안을 새로운 경쟁 상황에 맞게 변화시키는 노력을 한다.

■ 브랜드의 수명은 도입, 성장 등의 주기보다는 건강한지 아니면 노화의 조짐을 보이는지를 기준으로 진단할 수 있다.

글로벌 광고대행사인 영 앤 루비캠(Young & Rubicam)은 브랜드의 상태를 진단하는 유용한 도구인 '브랜드 자산평가 모형(brand asset valuator)'을 개발하였다. 이 모형은 '브랜드 성장력(brand strength)'과 '현재의 브랜드 능력(brand stature)'의 두 축으로 구성되며, 차별성(differentiation: D), 관련성(relevance: R), 존중(esteem: E), 그리고 지식(knowledge: K)의 네 가지 지표를 중심으로 브랜드를 평가하여 어떤 상태에 있는지를 진단한다(그림 1-8).

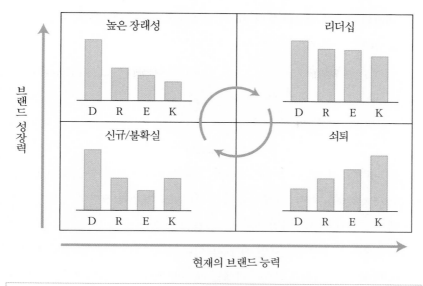

[그림 1-8] 브랜드 성장과 쇠퇴

차별성(D)과 관련성(R)은 브랜드의 '인지적' 요소이며, 존중(E)과 지식(K)은 브랜드에 대한 호감과 유대의 '정서적' 요소이다. [그림 1-8]을 보라. 브랜드의 쇠퇴는 인지적 요소, 즉 브랜드에 대한 지각된 차이가 저하되면서 시작된다. 비록 호감과 유대와 같은 정서적 연결고리는 유지되지만 소비자들은 경쟁 제품과 비교해 더 이상 제품차이가 없음을 깨닫기 시작한다. 아직 브랜드를 좋아는 하겠지만 언제든 경쟁자로 돌아설 준비가 된 상태이다. 브랜드에 대한 호감이 높다고 해서 결코 안심해서는 안 된다는 것이다. 리더십 상태를 보라. 브랜드가 이 상태일 때에는 브랜드에 대한 지각된 제품차이와 정서가 골고루 강력한 상태에 있음을 알 수 있다. 이 모형이 시사하는 핵심은 무엇일까?

■ 브랜드의 지각된 제품차이가 브랜드 장수를 결정하는 핵심이다.

다시 [그림 1-8]을 보라. 리더십과 쇠퇴의 결정은 정서가 아니라 인지, 즉 브랜드의 지각된 제품차이에 있다. 만약 지속적인 제품의 개선과 업그레이드, 새로운 소비자의 욕구에 적절하게 대처하기 등에 게으르다면 언제든 브랜드는 쇠퇴의 길로 접어들 수 있다.

2. 마케팅 전략

전략 피라미드(그림 1-1))에서 전략적 마케팅 관리의 아래 수준은 마케팅 전략(marketing strategy)이다. 마케팅 전략은 피라미드 상위의 전략적 마케팅 관리 수준에서 결정된 하나의 사업이나 제품라인 또는 개별 상품이나 서비스의 비즈니스를 지원하기 위한 구체적인 집행전략이다. 최고 경영자가 신제품을 개발하기로 했다고 하자. 이것은 전략적 마케팅 관리 수준의 결정이다. 그러면 이제 마케팅 전략 수준으로 한 단계 내려와 보자. 새로운 상품이나 서비스를 개발한다면 이를 어떻게 성공시킬 것인가? 이러한 과제는 바로 마케팅 전략 수준에서 다루어진다.

■ 마케팅 전략은 마케팅 목표에 의해 구체화된다.

모든 기업은 자사의 특정 상품이나 서비스에 대해 정해진 기간 내에 달성하고자 하는 어떤 목표를 수립하고 이를 달성하기 위해 전력투구한다. 이를 마케팅 목표(marketing goal)라고 한다. 마케팅 목표의 가장 일반적인 유형은 매출이나 시장 점유율 또는 매출이나 시장점유의 신장률 등이다. 마케팅 목표는 마케팅 전략과 불가분의 관계이다. 신제품을 시장에 도입하기로 했다면 정해진 기간 동안 무엇을 성취하려고 하는지 결정해야 하며 마케팅 전략은 '어떻게' 목표를 달성할 것인지에 대한 것이다. 만약 단기에 높은 시장점유를 누리고자 한다면 더욱 공격적인 마케팅 전략을 구사해야만 한다. 하지만 장기간에 걸쳐 점진적으로 시장에 안착하려 한다면 덜 공격적이고 보수적인 전략을 취하게 될 것이다. 광고의 경우, 전략적 마케팅 관리 수준에서 마케팅 전략 수준으로 내려올수록 관련성이나 구체성 그리고 기여도는 증가하기 마련이다. 광고는 마케팅 전략의 직접적인 집행수단 중의 하나이기 때문이다. 따라서 마케팅 전략의 유형과 의미를 안다는 것은 광고기획자에게 매우 중요하다. 그러면 몇 가지 핵심적인 마케팅 전략에 대해 알아보자.

신 시장 침투

신 시장 침투는 여태껏 마케팅 활동을 하지 않았던 새로운 시장에 진입하는 것이다. 신 시장 침투전략으로는 '진입 시기에 의한 전략' '틈새시장 전략' '확장 전략'을 들 수 있다. 상황에 따라 두 가지 이상의 전략을 동시에 추구할 수도 있다.

■ 진입 시기 전략

신 시장에 침투할 때에는 언제 진입하느냐에 따라 '최초 진입' '조기 진입' '후발 진입'의 세 가지 전략이 있다. 최초 진입전략을 구사하면 학습곡선(learning curve)의 이득을 볼 수 있다. 학습곡선이란, 한 기업이 마케팅이나 제조에 대한 경험을 쌓았기 때문에 이로 인해 신 시장에 침투하는 데 소요되는 비용이 감소하는 효과를 말한다. 최초로 진입한 기업은 경쟁자가 시장에 들어오더라도 선점 효과에 힘입어 효율적으로 대응할 수 있다. 최초 진입 기업은 비용 우위로 벌어들인 수익으로 부가적인 광고·판촉활동을 전개하거나 새로운 유통 경로를 확보하면서 효과적으로 후발 진입한 경쟁자에 대응할 수 있다. 최초로 제품을 구입한 소비자나 최초 구매로 욕구를 충족한 소비자는 '첫 경험의 관성' 때문에 쉽사리 다른 제품으로 전환하지 않는 경향이 있다. 이처럼 시장에 최초로 진입한 기업은 어떤 형태의 관성(inertia)을 선점하지만 나중에 진입한 기업은 이를 뒤따라 잡아야 하는 위치에 서게 된다. 때문에 최초 진입 기업이 덕을 보기 마련이고 후발 경쟁자를 압도하여 선두를 유지하기 위해 잇따라 혁신을 추구할 수 있다.

최초 진입 기업은 시장 지배라는 경쟁 우위 확보 측면에서 유리한 위치에 있게 된다.

진입의 두 번째 방법은 최초는 아니지만 '일찍' 시장에 진입하는 조기 진입전략이다. 의도적으로 일찍 진입할 수도 있고 어쩔 수 없이 일찍 진입하게 되는 수도 있다. 최초로 진입하려 했지만 경쟁자에게 그 기회를 빼앗긴 경우가 이에 해당할 것이다. 최초 진입의 기회를 빼앗긴 기업은 최초 진입자가 되지 못한 불리한 점을 감수하면서 유리한 점은 하나도 얻지 못할 수 있다. 하지만 조기에 진입한 자가 최초 진입자에 대항할 수 있는 충분한 자원을 가진다면 오히려 최초보다는 조기 진입이 나을 수도 있다. 수요의 위험성, 기술의 진부성, 그리고 기타 위험을 최초 진입 기업이 이미 흡수한 상태이므로 조기에 진입한 기업은 위험부담을 그만큼 줄일 수 있다. 어떤 전술이 더 효과적인지도 알게 된다. 이 모든 것이 최초가 아니라 조기 진입자가 누리는 이점이다. 조기 진입자가 누릴 수 있는 다른 이점으로는 아직도 시장에는 상당한 기회가 존재한다는 것이다. 감소한 시장점유율을 두고 많은 경쟁자가 서로 싸우는 시장 성숙기도 아니며 경쟁자가 앞다투어 시장에 진입하는 성장 후기도 아니기 때문이다. 조기 진입에 따른 불이익은 주로 최초 진입자가 쳐 놓은 진입장벽에서 비롯된다. 시장성공기회가 다소 감소할지 모른다. 그러나 이러한 불리한 점도 물론 극복할 수 있다. 과거에 애플사가 개인용 컴퓨터 시장에 최초로 진입했지만 후발 기업인 IBM은 여러 불이익을 극복하고 마침내 개인용 컴퓨터 시장의 상당 부분을 점유하지 않았는가!

마지막 방법은 후발 진입전략이다. 시장이 형성된 후에 진입해도 누릴 수 있는 이점이 있다. 예컨대, 초기 진입자는 제품 개발을 대개 과거의 추진 방향대로 밀고 나간다. 그렇기 때문에 후발 진입자는 더욱 혁신적인 기술로 초기에 시장에 진입한 경쟁자에 대항할 수도 있다. 아울러 초기 진입자는 협상에 묶이거나 고착된 경영방식에 얽매일 수도 있다. 그렇기 때문에 오히려 후발 진입자는 더욱 혁신적이고 참신한 전략을 구사하여 공급자나 종업원 또는 소비자로부터 호평을 받을 수 있다. 후발 진입자는 초기 진입자가 완료한 연구개발을 다시 시도할 필요가 없기 때문에 연구개발 비용도 줄일 수도 있다. 초기 진입자는 모든 시장을 방어해야 하는 처지이지만 후발 진입자는 초기 진입자의 취약 시장을 선별, 공략할 수도 있다. 물론 후발 진입자가 감수해야 하는 불이익이 있다. 이미 경쟁자는 나름대로 시장에서의 지위를 확보했기 때문에 아무래도 시장점유를 확장하는 기회는 줄어들 수밖에 없다.

■ 틈새시장 전략

틈새시장 전략은 확인 가능한 시장규모나 욕구 그리고 목적별로 뚜렷한 세분시장을 찾아서 그 세분시장을 지배하는 것이다. 이 전략은 다른 시장에는 눈을 돌리지 않고 오로지 특별한 세분시장의 욕구를 충족하는 데 모든 자원을 집중하는 것이다. 틈새시장(niche)은 통상 대기업이 대응하기에는 시장 크기가 작기 때문에 중소기업이 효과적으로 이용할 수 있는 전략 대안이다. 틈새시장을 '기회시장'과 혼동해서는 안 된다. 경쟁자가 탐지하지 못한 새로운 시장을 발견하면 이를 틈새시장이라고 하는데, 만약 새로 발견한 시장의 잠재력이 경쟁자가 군침 흘릴 만큼 크다면 이는 틈새시장이 아니다. 틈새시장 전략을 추구하는 기업은 비록 규모는 작지만 틈새시장에서만큼은 왕이 될 수 있다. 용의 꼬리보다는 뱀의 머리가 되고자 하는 전략이다. 틈새시장 전략은 세 가지로 분류할 수 있다. '톨게이트 전략' '전문기술 전략' '전문시장 전략'이다.

톨게이트 전략   이 전략은 시장에서 독보적인 위치를 추구하려는 것이다. 즉, 자사의 제품 없이는 잠재 소비자가 살아갈 수 없도록 만든다. 톨게이트 전략은 말 그대로 통행료를 받는 전략으로 꼭 필요한 제품이면서 반드시 구입해야 하는 제품으로 시장을 장악하려는 것이다. 만약 톨게이트 전략으로 틈새시장을 장악하려 한다면 기업은 후발기업이 뛰어들지 못하도록 시장을 사전에 봉쇄해 버려야 한다.

전문기술 전략　　　이 전략은 다른 기업이 가지지 못한 특별한 기술을 보유할 때 구사하는 것이다. 예컨대, 우수한 재무적 지식과 노하우로 무장한 경영 컨설턴트는 다른 컨설턴트가 침범할 수 없는 독특한 자기만의 틈새시장을 가지는 것이다. 전문기술 전략을 추구한다면 기업은 독특한 자기만의 기술이나 노하우를 지속적으로 강화하면서 고유의 포지셔닝을 유지하기 위한 노력을 경주해야 한다.

전문시장 전략　　　이 전략은 전문기술 전략과 유사하지만 차이점이 있다면 독특한 기술보다는 시장을 특화한다는 것이다. 모든 화장품 회사가 백화점이나 독립매장을 통해서 제품을 판매할 때 어떤 회사는 오로지 가정방문을 통해서만 제품을 판매한다면 이 회사는 유통구조를 통해 시장을 전문화시킨 것이다.

■ 확장 전략
신 시장 침투의 다른 전략으로 수직 확장전략과 수평 확장전략이 있다.

수직 확장전략　　　하나의 소유주가 두 가지 또는 그 이상의 생산이나 마케팅 과정을 하나로 결합하는 것이다. 예컨대, 식품 가공업자에게 닭을 판매하던 농장주가 아예 식품 가공업을 인수하여 가공 닭고기를 소매업자에게 판매하는 것이다. 수직 확장전략도 어떤 의미에서는 틈새시장 전략과 같다. 수직 확장은 특정 시장에 기업의 자원을 집중시켜 초점을 좁히고 마케팅활동의 시너지를 통해 이익을 얻기 때문이다. 아울러 수직 확장은 규모의 경제(economies of scale) 측면에서도 이점이 있다. 예컨대, 원료공급을 인수하면 거래 비용을 줄일 수 있고 결국 이익을 높일 수 있다. 수직 확장의 단점은 전문성의 상실이다. 모 기업과는 성격이 다른 회사를 수직 확장해서 운영하면 경영 조건이 같지 않기 때문에 자칫 전문성을 잃게 될 수도 있다. 투입자본과 고정 비용도 증가한다. 경영, 마케팅 그리고 생산방법도 다르다. 닭을 기르는 기술이나 장비는 닭을 가공하는 데 필요한 기술이나 장비와는 다를 것이다. 그러므로 가공회사를 인수한다는 것은 비용의 감소가 아닌 비용 증가를 초래할 수 있다.

수평 확장전략　　수직 확장전략과 달리 관련성이 없는 전혀 새로운 시장으로 비즈니스 영역을 확장하는 것이다. 의류업을 하는 기업이 외식업을 한다든지 혹은 식품업을 하는 기업이 레저사업을 하는 것 등이 수평 확장에 속한다. 수평 확장의 이점은 수직 확장보다 많은 매출을 올릴 수 있다는 것이다. 수평 확장은 기업이 아직 침투하지 않은 시장에 진출하기 위해 구사할 수 있는 매우 효과적인 전략이다. 그러나 침투하고자 하는 시장에 이미 경쟁자가 위치를 확보하고 있을 때는 전략 구사가 용이하지 않다.

시장 점유율 확장

신 시장 침투 이외에 마케팅 전략의 다른 한 가지 유형에는 시장 점유율의 확장이 있다. 신 시장 침투가 새로운 시장으로 진입하는 것이라면 시장 점유율의 확장은 기존 시장에서 자사의 파이 크기를 더 키우는 전략이다. 시장 점유율 확장 전략에는 '제품 차별화 대 시장 세분화' '제한적 확장 대 포괄적 확장'의 두 가지가 있다.

■ 제품 차별화 대 시장 세분화

제품 차별화와 시장 세분화는 때때로 서로 대체안으로 사용되는 전략이다. 제품 차별화 전략은 목표시장에 자사 제품의 차이점을 알리는 것이며, 시장 세분화 전략은 공통 욕구를 지닌 하위 소비자 집단에 초점을 맞춰 각 집단별로 별도의 전략을 구사하는 것이다. 이 두 가지 전략을 동시에 집행할 수도 있지만 통상 한 가지를 선택해서 집행한다. 그 이유는 만약 제품 차별화가 성공하면 폭넓은 전체 시장에서 시장 점유율을 높이지만 시장 세분화가 성공하면 특정 세분시장에서 매출을 높일 수 있기 때문이다. 하지만 어떤 전략을 택하든 시장과 제품 간의 공동보조가 필요하다.

제품 차별화의 기본 아이디어는 더욱 광범위한 시장에서 매출을 올려 경쟁사보다 우월한 위치를 점하는 데 있다. 한편, 시장 세분화의 기본 아이디어는 전체 시장이 아니라 선택한 목표시장에 대해서만 최적의 제품을 공급하여 분명한 경쟁 우위를 달성하는 데 있다. 그러나 둘 또는 그 이상의 경쟁자가 동일한 세분시장을 노릴 때에는 두 가지 전략을 동시에 구사할 수도 있다. 상황을 고려해 전략을 달리 선택해야 한다. 어떤 전략을 택할지 결정하기 위해 고려할 상황변수는 다음과 같다.

- 시장 규모: 만약 현재 시장 규모가 작다면 더 이상 시장을 세분화하는 것은 의미가 없다. 금전적인 매력이 없기 때문이다.
- 제품차이 민감도: 소비자가 제품차이에 민감하지 않다면 제품 차별화는 큰 의미가 없기 때문에 시장 세분화 전략이 더 효과적이다.
- 제품 수명주기: 도입기의 신제품에서 무엇보다 중요한 것은 가능한 한 큰 규모의 세분시장을 구축하는 것이다. 이럴 경우에는 시장 세분화보다는 제품 차별화 전략이 더 낫다.
- 제품 유형: 제품의 유형도 중요하다. 예컨대, 생활필수품을 차별화할 수 있다면 차이점이 두드러져서 잠재 고객에게 판촉하기가 더 용이하다.
- 경쟁자 수: 경쟁자가 많으면 제품을 차별화하기가 그만큼 어렵다. 이런 경우에는 시장 세분화 전략이 더 효과적이다.
- 경쟁자 전략: 만약 대다수의 경쟁자가 시장 세분화 전략을 구사하면 제품 차별화로 맞대응하기란 어렵다. 왜냐하면 모든 세분시장에 제품을 판매하려고 시도하는 것은 결국 만인을 위한 제품을 만들려고 하는 것과 같기 때문이다. 이때 최선의 선택은 목표시장으로 자사만의 독자적 세분시장을 목표로 선택하는 것이다. 다른 한편으로 경쟁자가 제품 차별화 전략을 추구하면 시장 세분화 전략으로 대응할 수 있다.

표 1-4	전략적 의사결정 도표	
	제품 차별화 전략	시장 세분화 전략
시장 규모	협소	광범위
제품차이 민감도	높다	낮다
제품 수명주기	도입기	포화기
제품 유형	일용품	희소품
경쟁자 수	적다	많다
경쟁자 전략	제품 차별화	시장 세분화

이상의 상황변수별 추구전략의 유형은 〈표 1-4〉와 같이 정리할 수 있다.

■ 제한적 확장 대 포괄적 확장

기업의 가용한 자원이나 추구하는 목적 또는 경쟁 상황에 따라 제한적으로 확장할 것인지 아니면 포괄적으로 확장할 것인지 결정해야 한다. 자원이 한정된 경우에는 특정 세분시장에서 시장 점유율의 확장을 꾀하는 편이 나을 것이다. 아울러, 경쟁자가 경쟁 우위를 가지는 경우에도 특정 세분시장에서 시장 점유율을 확장하는 편이 낫다. 경쟁자의 강점 때문에 시장을 폭넓게 확장하는 것이 불가능하기 때문이다.

현 시장 고수

현 시장 고수 전략은 전시에 참호를 파는 것에 비유할 수 있다. 현재의 위치를 고수하는 전략은 시장철수도 아니며 신 시장 침투나 시장 점유율 확장도 아니다. 현 시장 고수 전략은 통상 자사의 특정 제품이 제품 수명주기에서 성숙기나 쇠퇴기에 접어들 때 구사할 수 있다. 성숙기나 쇠퇴기에는 더 이상의 시장 확장은 크게 기대하기 어려울 것이다. 현재의 위치를 고수하기 위한 두 가지 대표적 전략은 '리포지셔닝'과 '정면 대응'이다.

■ 리포지셔닝

포지셔닝(positioning)이란 표적 소비자의 마음속에 상대적으로 경쟁자보다 더 나은 점을 심어 주는 것이다. 자사 제품의 포지션은 언제나 중요하다. 그러나 자사와 경쟁자 간에 항상 분명한 차이가 있는 것은 아니다. 그렇지만 전략가는 마음속에 자사 제품의 특정한 포지션을 염두에 두고 있어야 하고 여러 전략 목적을 가지고 그 포지션을 확보하기 위해 노력해야 한다. 총체적인 상황에서 때로는 포지셔닝이 다른 어떤 전략보다 중요할 수 있다. 포지셔닝 전략은 지금까지 살펴본 진입 시기, 틈새시장, 확장 전략만큼 중요하다(포지셔닝 전략에 대해서는 광고기획 과정에서 상세히 다룬다).

리포지셔닝(repositioning)이란 소비자 마음속에 심어져 있는 자사 제품의 포지션에 '변화'를 주는 것이다. 리포지셔닝은 단지 브랜드의 이미지나 개성을 변화시키는 것이 아니다. 제품 개선, 표적 소비자의 변화, 유통 변화 등의 전략수정이 동반되어야 한다. 리포지셔닝 전략은 과거의 위치를 더 이상 고수하지 않으며 그 대신 현재의 포지션을 유지할 수 있는 무언가 다른 요소를 찾아 제품을 소비자의 마음속에 심어 주려 하는 것이다. 리포지셔닝의 이점은 '덜 치열하면서 더 쉽게 극복할 수 있는 경쟁력 있는 포지션을 발견하는 것'이다. 불리한 점이라면 '소비자에게 새로 알려야 할 판촉비'와 '포장 변경 비용' 그리고 '새로운 유통 경로 확보' 등을 위한 비용이 든다는 것이다. 물론 리포지셔닝이 기존 제품의 변화와 결부된다면 현 위치의 고수 외에도 신 시장 침투나 시장 점유율의 확장을 위한 전략으로 발전될 수도 있다.

■ 정면 대응

이는 현재의 위치를 고수하기 위해 경쟁자에 정면 대응해 치열한 한판 승부를 벌이는 것이다. 만약 승리에 대한 확신이 없으면 이 전략을 구사해서는 안 된다. 정면 대응 전략은 경쟁자보다 상대적으로 자원이 우세하거나 자원을 효율적으로 활용할 수 있는 노하우가 있을 때 구사해야 한다. 정면 대응을 통한 현

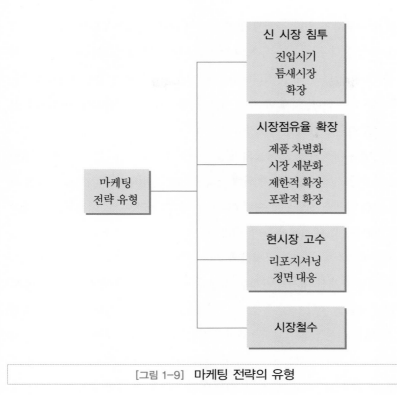

[그림 1-9] 마케팅 전략의 유형

위치 고수 전략은 곧 힘의 전략이다. 경쟁자를 능가할 힘이 없다면 결코 시도해서는 안 된다.

3. 마케팅 전술

전략 피라미드의 가장 아래 수준은 마케팅 전술이다. 마케팅 전술이란 마케팅 전략을 지원하는 행위이다. 맥카시(Jerome McCarthy) 교수는 기업이 통제 가능한 전술을 첫 글자가 'p'로 시작되는 4개의 개념으로 유목화하였는데, 이를 4P(Product, Price, Place, Promotion)라고 한다. 4P는 마케팅 목표를 달성하고 마케팅 전략을 지원하기 위한 구체행위이다. 4P의 마케팅 믹스에 대한 모든 구체적인 전술 유형을 다루는 것은 이 책의 범위를 넘어서는 것이다. 하지만 광고기획자는 적어도 마케팅 전략과 광고가 포함되는 마케팅 전술 간의 관계에 대해서는 명확히 이해해야 한다. 이제 한 가지 예를 통해 마케팅 전략과 4P를 중심으로 한 마케팅 전술 간의 관계를 알아보자.

어떤 기업은 자사의 특정 상품의 매출을 전년대비 20% 신장하는 것을 마케팅 목표로 설정했고 이를 달성하기 위해 더욱 폭넓은 연령대와 지역으로 시장을 확산하는 것을 마케팅 전략으로 수립했다고 하자. 그러면 이제 '이 전략을 어떻게 수행할 것인가?'를 해결해야 한다. 이때 4P는 각자의 역할을 통해 마케팅 전략지원에 어떻게 기여할 것인지 규정하게 된다. '제품(product), 즉 서비스나 편의시설 등을 어떻게 개선 내지는 강화할 것인가?' 현 수준을 그대로 유지하는 것도 4P 중에서 제품의 역할이 될 수 있다. '가격(price)은 어떤 역할을 해 주어야 하는가?' '더 많은 이동통신사와 제휴하여 할인의 범위를 넓힐 것인가?' 아니면 '가격을 인하하여 침투 가격전략을 추구할 것인가?' 등이 4P에서 가격이 해결해 주어야 할 역할이다. 그리고 '유통(place)은 어떤 역할을 해 주어야 하는가?' '중소도시로 확장할 것인가?' 아니면 '중소도시보다는 대도시 외곽지역으로 확장해야 하는가?' 이러한 사항이 바로 유통이 해 주어야 할 역할인 것이다. 마지막으로 '촉진활동(promotion)은 어떤 역할을 해야 하는가?' '인지율을 더 높여야 하는가?' 아니면 '자사 상품의 이점에 대한 인식을 강화해야 하는가?' 이러한 것이 바로 프로모션의 역할이다([그림 1-10] 참고).

이처럼 마케팅 믹스는 서로 일관성을 유지하면서 하나의 정해진 마케팅 전략을 지원하는 구체행위이다. 하나의 전술 요소만으로 마케팅 전략을 지원하기란 불가능하며 각 전술 요소 고유의 역할이 함께 어우러져 마침내 마케팅 전략 수행이 가능해진다. 따라서 마케팅 전술에서는 각 전술 요소의 구체행위도 중요하지만 전술 요소 간의 '일관성에 의한 시너지'가 무엇보다 중요하다. 광고기획자도 광고기획 과정에서 다른 마케팅 전술 요소 간의 조화에 계속 주의를 기울이

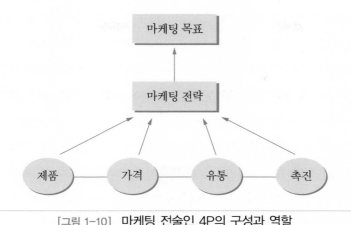

[그림 1-10] 마케팅 전술인 4P의 구성과 역할

면서 작업을 진행해야 한다.

우리는 지금까지 전략 피라미드를 통해 크게는 전략적 마케팅 관리 수준에서, 그리고 그 아래 수준의 마케팅 전략을 살펴보면서 마케팅이라는 숲을 보는 안목을 가져 보았다. 특히 전략 피라미드의 두 번째 위계(hierarchy)인 마케팅 전략은 광고기획을 위한 내비게이션과 같은 역할을 한다는 점을 상기하기 바란다. 이제 이 장을 마치면서 마케팅이라는 숲에서 광고라는 나무의 역할을 정리해 보기로 한다.

반복해서 이야기한 바와 같이 광고는 4P 중에서 프로모션에 해당하는 여러 활동 중 하나이다. 프로모션에는 광고 외에도 판매촉진, PR, 이벤트, 그리고 퍼블리시티 등과 같은 다양한 유형의 촉진활동이 포함된다(여러 활동 중 하나라고 해서 광고의 중요성이 과소평가되는 것은 결코 아니다!). 다른 마케팅 전술활동과 마찬가지로 광고 역시 기업의 마케팅전략을 지원하고 마케팅 목표를 달성하기 위해 기업이 행하는 다양한 마케팅활동의 위계에서 자신의 고유한 역할과 위치를 가진다. 위계를 가진다는 것은 상위의 목표나 전략이 구체화되지 않고서는 하위의 활동이 구체화될 수 없음을 의미한다. 마케팅 목표와 전략이 무엇인지 알지도 못하면서, 또는 구체화하지도 않은 채 광고를 기획한다는 것은 마치 택시를 잡아 타고 는 택시기사에게 "되는 대로 가 주세요."라고 부탁하는 것과 조금도 다르지 않다. 가야 할 목적지가 명확해야 택시를 탈지, 지하철을 탈지, 또는 걸어서 갈지 결정할 수 있는 것이다. 목적지를 분명하게 말해 주어야 택시기사는 막히지 않는 길이나 최단거리로 목적지를 향해 운전할 수 있다. 마케팅 목표와 전략이 구체적이지 않고 제작, 집행된 광고의 효과 역시 결코 장담할 수 없다. 많은 기업이 비효과적 광고를 집행하는 데 매년 엄청난 광고비를 낭비하고 있다. 가장 큰 이유는 무엇일까? 사전에 마케팅 계획을 제대로 수립하지 않거나 또는 마케팅 계획을 수립했다 하더라도 이것이 광고와 유기적으로 연결되지 않기 때문이다.

여기서 '계획'의 개념을 살펴보는 것이 도움이 된다. 계획(plan)이란 목적(objective)이나 목표(goal) 그리고 전략(strategy)으로 구성된 로드맵이다. 마케팅 계획이란, 기업 또는 상품이나 서비스의 시장, 서비스, 소비자 그리고 경쟁자 등에 관련된 모든 사실을 체계화하고 조직화하여 그 결과를 토대로 특정 기간에 달성해야 하는 마케팅 목표와 이를 달성하기 위한 상세한 전략과 전술을 입안하는 것이다. 따라서 광고계획 역시 광고를 통해 달성하고자 하는 목표와 광고목표를 달성하기 위한 광고전략으로 구성된다. 마케팅 목표가 상위목표라면 광고목표는 마케팅 목표를 달성하기 위한 하위목표, 즉 광고가 해 주어야 할 구체적인 '역할'에 관한 것이다(그림 1-11).

어떤 기업이 새로운 상품이나 서비스를 출시했을 때 조기에 일정 비율의 시장침투를 달성하는 것을 마케팅 목표로 설정할 수 있다. 그러면 광고는 이러한 마케팅 목표를 달성하기 위해 일정 수준의 브랜드 인지도를 달성하는 것을 목표로 설정하고, 목표를 달성하기 위해 특정 소비자에게 브랜드 명에 대한 기억을 높이는 크리에이티브를 제작한다는 광고전략을 수립할 수 있다. 만약 이미 시장에 나와 있는 제품인데 지금보다 일정 비율의 판매를 높인다는 마케팅 목표를 설정했다면 이를 달성하기 위해 자사 제품을 소비자가 더욱 빈번히 사용하게 한다는 마케팅 전략을 수립할 수 있다. 이 경우에 광고는 표적 소비자가 자사 제품을 더욱 빈번히 사용하게 하기 위해 무엇을, 어떻게 해 주어야 하는가에 초점을 맞추게 된다. 제품의 폭넓은 사용용도를 알리는 것을 광고목표로 설정할 수 있을 것이다. 이러한 광고목표를 달성하기 위해 최적의 광고 표적 집단을 설정하고 이에 적합한 광고 제작물을 고안하게 될 것이다.

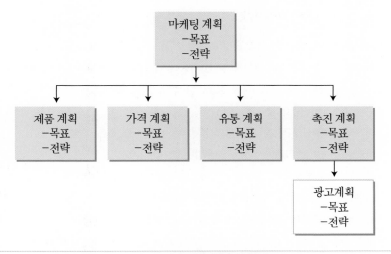

[그림 1-11] **광고계획의 위계**

- 유능한 광고기획자가 되려면 광고라는 나무만 보아서는 안 되며 마케팅이라는 숲을 볼 줄 알아야 한다.
- 광고기획자는 전체적인 커뮤니케이션 툴을 통합하고 조율하는 오케스트라의 지휘자여야 한다.
- 전략 피라미드: 전략적 마케팅 관리, 마케팅 전략, 마케팅 전술
- 전략적 마케팅 관리는 한 기업의 거시적인 사명의 성취방안을 모색하는 것이다.
- 전략적 마케팅 관리 툴: 포트폴리오 분석, 제품 수명주기 분석
- 마케팅 전략은 피라미드 최상위의 전략적 마케팅 관리 수준에서 결정된 하나의 사업이나 제품라인, 또는 개별 상품이나 서비스의 비즈니스를 지원하기 위한 구체적인 집행전략이다.
- 마케팅 전략: 신 시장 침투, 시장 점유율 확장, 현 시장 고수, 시장철수
- 마케팅 전술이란 마케팅 전략을 지원하는 행위이다.
- 마케팅 전술 4P(Product, Price, Place, Promotion): 4P는 마케팅 목표를 달성하고 마케팅 전략을 지원하기 위한 구체행위이다.
- 광고는 4P 중에서 프로모션에 해당하는 여러 활동 중 하나이다.
- 다른 전술적 활동과 마찬가지로 광고 역시 기업의 마케팅 전략 수행을 통해 마케팅 목표를 달성하기 위해 기업이 행하는 다양한 마케팅활동의 위계에서 자신의 고유한 역할과 위치를 가진다.
- 계획이란 목적이나 목표 그리고 전략으로 구성된 로드맵이다.
- 광고계획 역시 광고를 통해 달성하고자 하는 목표와 이를 달성하기 위한 광고전략으로 구성된다. 마케팅 목표가 상위목표라면 광고목표는 마케팅 목표를 달성하기 위한 하위목표, 즉 광고가 해 주어야 할 구체적인 역할에 관한 것이다.

읽·을·거·리

전략 피라미드와 피라미드 계층 간의 관계를 깊이 있게 이해하고자 하면 "Malcom
 McDonald, *Marketing Plans*, Butterworth Heinmann, 1998." 을 참고하기
 바란다.

전략적 마케팅 관리(SMM)에 대해 더 알고자 하면 "David A. Aaker, *Strategic
 Market Management*, John Wiley & Sons, 1998." 을 참고하기 바란다.

마케팅 계획수립 과정을 자세히 알고자 하면 "서정희, 우석봉, **마케팅 플랜**, 21세기북
 스, 1999." 를 참고하기 바란다.

다양한 마케팅의 전략 툴에 대해 알고자 하면 "Richard Koch, *Guide to Strategy*,
 Pitman Publishing, 1995." 를 참고하기 바란다.

마케팅 전략에 대한 깊이 있는 이해를 하고자 하면 "Dennis Adcock, *Marketing
 Strategies for Competitive Advantage*, Wiley, 2000." 을 참고하기 바란다.

THE ESSENCE OF
REAL-WORLD

ADVERTISING

PLANNING

제2부

광고기획 과정

광고는 마케팅 목표 및 전략과 불가분의 관계인 것처럼 지금부터 알아보게 될 광고기획 역시 마케팅 전략과 유기적 관계를 가진 단계로 구성되는 계획입안의 과정이다. 이제 광고기획 과정의 매 단계마다 마케팅이란 숲을 놓치지 않으면서 무엇을 해야 하며, 어떻게 해야 하는지 실무 중심적으로 탐색해 나갈 것이다.

광고기획 과정의 첫 번째 단계는 광고할 상품이나 서비스가 처한 상황을 전반적으로 들여다봄으로써 '우리는 지금 어디에 있는가?'에 답하고자 하는 것이다. 어디에 있는지를 정확히 알지 못한다면 왜 특정 위치에 있게 되었는지 그 이유도 알 수 없을 것이다. 상황분석은 통상 광범한 자료의 탐색과 분석으로 인해 시간을 요하는 단계이다. 하지만 상황분석은 결코 기계적이며 형식적으로 진행되는 단순한 자료정리 작업이 아니다. 상황분석은 논리적이자 동시에 통찰을 요하는 광고기획의 매우 중요한 출발점이다.

다음 단계는 상황분석 결과를 토대로 광고할 상품이나 서비스의 핵심 이슈, 즉 핵심문제는 무엇이며 또한 기회는 무엇인지를 추출하는 과정이다. 상황분석이 '우리는

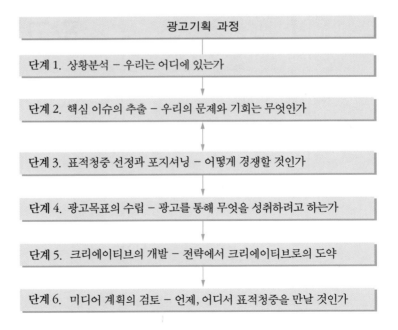

광고기획 과정

단계 1. 상황분석 – 우리는 어디에 있는가

단계 2. 핵심 이슈의 추출 – 우리의 문제와 기회는 무엇인가

단계 3. 표적청중 선정과 포지셔닝 – 어떻게 경쟁할 것인가

단계 4. 광고목표의 수립 – 광고를 통해 무엇을 성취하려고 하는가

단계 5. 크리에이티브의 개발 – 전략에서 크리에이티브로의 도약

단계 6. 미디어 계획의 검토 – 언제, 어디서 표적청중을 만날 것인가

현재 어디에 있는가?'에 대한 것이라면 핵심 이슈의 추출 단계는 '왜 우리는 여기에 있게 되었는가?'와 함께 '어디로 가야 하는가?'에 대한 통찰의 기회를 얻는 단계이다. 문제와 기회는 마케팅 믹스의 다양한 요소와 관련된다. 예컨대, 어떤 문제는 제품에 기인하는 것이고 어떤 기회는 촉진과 관련된 것일 수 있다. 하지만 이 단계에서는 미리 광고로 초점을 좁히기보다는 마케팅 전반적인 틀에서 문제와 기회를 조망하는 것이 도움이 된다.

문제와 기회를 중심으로 광고의 핵심 이슈를 찾았다면 다음으로 할 일은 광고의 표적청중을 선정하고 포지셔닝을 수립하는 것이다. 광고의 효과를 결정하는 주인공은 소비자이며 광고 역시 투입할 재원이 제한되기 때문에 광고의 효과와 비용의 효율성을 최대화하도록 표적청중에게 정밀하게 초점을 맞추어야만 한다. 포지셔닝은 선정된 표적청중의 인식과 한바탕 전쟁을 치루는 단계이다. 또한 포지셔닝은 '어떻게 경쟁할 것인가?'를 결정하는 작업이다. 앞의 단계에서 도출된 주요 사항들을 정리하면서(표적시장, 경쟁의 틀 그리고 핵심 역량 등) 표적청중의 마음속에 자사의 브랜드를 어떻게 인식시킬 것인가를 통해 시장에서 경쟁 우위를 확보하는 과정이다.

다음 단계는 광고목표의 수립이다. 핵심 이슈를 추출하고 포지셔닝의 수립 과정에서 표적 소비자와 자사가 시장에서 승리할 핵심 경쟁 우위를 찾았다면 이제는 이를 토대로 광고가 무엇을 해 주어야 하는지를 구체화해야 한다. 다시 말해, '광고를 통해 무엇을 성취하려고 하는가?'에 답하는 단계이다. 광고목표는 마케팅 목표를 성취하기 위한 것이므로 마케팅 전략과의 일관성 유지가 필수이다. 광고목표의 수립은 표적청중과 밀접한 관계에 있음을 주지해야 한다. 광고의 표적청중은 마케팅 시장 표적과는 같을 수도 있고 다를 수도 있다. 표적청중은 광고목표를 달성하기 위해 커뮤니케이션으로 해결할 문제나 강화할 기회의 열쇠를 가진 자들이므로 광고의 표적청중은 '누구를 통해 광고목표를 수립할 것인가?'에 대한 답을 제공하는 중요한 요소이다.

다음 단계는 크리에이티브의 개발 단계로서 어떻게 표현하고, 어떻게 전달할 것인가에 답하는 것이다. 이 단계는 구체적인 크리에이티브 제작과 직접적인 관련을 가지는 것으로 전략적 논리에서 창의적인 크리에이티브 아이디어로 도약이 일어나는 단계이다.

미디어 계획의 검토 단계에서는 언제, 어디서 크리에이티브를 표적청중에게 노출할 것인지를 결정한다. 아무리 뛰어난 크리에이브라 하더라도 표적청중이 보지 못한다면 무용지물에 지나지 않는다. 광고목표와 크리에이티브 전략에 일관된 미디어 계획의 수립은 성공적인 광고를 위한 필수요소이다.

여기서 한 가지 사항을 짚고 넘어가는 것이 좋겠다. 이상의 단계는 주로 시장에 새로이 도입되는 상품이나 서비스에 적용되는 매우 전형적인 단계라는 것이다. 하지만 실무를 하다 보면 단계가 뒤바뀔 수도 있으므로 이에 대한 유연한 사고를 가져야 한다. 만약 광고 대상이 신규 상품이나 서비스가 아니라면 포지셔닝은 이미 수립되어 있을 가능성이 높다. 포지셔닝은 수시로 바뀌는 것이 아니라 장기적인 전략 지침이기 때문이다. 이럴 경우에는 포지셔닝 수립 단계는 뛰어넘을 수 있다. 광고목표의 수립과 표적청중의 설정 단계도 뒤바뀔 수 있다. 예컨대, 상황분석을 통한 핵심 이슈의 추출 결과, 다음과 같은 결론에 도달했다고 가정해 보자.

• 다이렉트 보험사 ABC의 핵심문제: '소비자 마음속에 자사의 차별우위가 명확하지 않다.'

위와 같은 핵심 이슈의 경우에 '자사의 차별우위에 대한 정확인지를 높인다.' 는 광고목표를 먼저 수립하였다고 하자. 그런 다음에는 '누구를 대상으로 차별우위에 대한 정확인지를 높여야 하는가?' 하는 표적청중의 설정 문제를 논의하게 될 것이다. 이 경우는 광고목표가 수립되고 이 광고목표를 달성하기 위한 표적청중의 설정이라는 전형적인 광고기획 단계를 따르는 흐름이다. 한편, 다음과 같은 경우를 보자.

• 건강음료 ABC의 핵심 기회: '건강음료의 남성 소비자가 급격히 증가한다.'

앞서 다이렉트 보험사의 예와는 달리 이 경우에는 광고목표보다는 잠재 소비자인 남성시장에 대한 면밀한 검토에 먼저 돌입할 가능성이 크다. '남성 소비자 시장에서 자사의 시장 점유율을 높인다.'고 설정할 수 있지만 이는 광고목표라기보다는 마케팅 전략이다. 따라서 광고목표를 수립하기 위해서는 남성시장에 대한 면밀한 검토가 이루어져야 할 것이다. 따라서 남성 중에서 특히 어떤 계층이 건강음료를 많이 마시며, 이들의 건강음료에 대한 욕구는 어떠한지 등에 대한 검토를 토대로 남성시장을 세분화해 보고 특정 계층을 광고의 표적청중으로 설정할 것이다. 그런 다음에는 설정된 표적청중을 대상으로 무엇을 성취할 것인지, 즉 광고목표를 무엇으로 할 것인지가 논의될 것이다.

두 가지 유형의 예를 통해 본 것처럼 문제와 기회의 핵심 이슈 추출 이후의 단계는 광고할 대상이 신상품이나 서비스인지 아닌지, 기존 상품이나 서비스라면 포지셔닝이 이미 수립되었는지 아닌지, 그리고 핵심 이슈가 무엇인지에 따라 광고기획의 단계는 바뀔 수 있으며 설사 단계가 바뀐다고해도 문제가 될 것은 없다. 이는 광고기획 과정이 마치 공장에서 제품을 찍어 내는 것처럼 기계적인 과정이 아니기 때문이다. 그러면 이제 광고기획 과정의 세부 단계를 알아보자.

제 **2** 장
단계 1. 상황분석

우리의 임무는 죽어 있는 사실에 생명을 불어넣는 것이다.
-William Bernbach-

우리는 어디에 있는가

　어떤 상품이나 서비스의 광고를 기획하려면 먼저 그것이 속한 상품이나 서비스의 시장, 경쟁자, 소비자 등 다양한 요인을 들여다봐야 한다. 이는 전쟁을 승리로 이끌기 위해 사전에 싸움터를 치밀하게 조사하는 것과도 같다. 상황분석은 자사 상품 또는 서비스의 현재 위치는 어떠하며 어떻게 하면 성공할 수 있는가에 대한 답을 얻기 위한 논리적이면서 동시에 통찰을 요하는 작업이다. 상황분석을 제대로 해야만 우리의 문제나 기회가 무엇인지 확인할 수 있으며, 이를 토대로 광고목표를 수립하고 광고의 역할도 구체화할 수 있다.

　광고기획을 위한 상황분석은 경우에 따라 달리 수행될 수 있다. 전형적인 두 가지 경우는 다음과 같다.

• 광고할 제품의 마케팅 목표와 전략이 수립되지 않은 경우

상황분석의 범위나 방법은 사전에 광고할 상품이나 서비스의 마케팅 목표나 전략이 정해져 있느냐 아니면 정해지지 않았느냐에 따라 달라진다. 만약 광고할 상품이나 서비스의 마케팅 목표나 전략이 수립되어 있지 않다면 광고기획을 위한 상황분석은 범위가 넓어질 뿐만 아니라 시간도 더 많이 소요된다. 이 같은 상황은 광고주가 광고대행사에 광고를 의뢰할 때에도 종종 발생하며 광고대행사가 모든 것을 분석하고 이를 토대로 전반적인 광고목표와 전략, 그리고 크리에이티브 아이디어를 제안해 주어야 할 때 발생한다(심지어 광고대행사에 마케팅 전략까지 요구하는 광고주도 있다). 이 경우 상황분석의 관점은 당연히 마케팅 수준에서 시작하여 광고기획으로 진행되어야 한다.

• 광고할 제품의 마케팅 목표와 전략이 수립된 경우

광고할 상품이나 서비스의 마케팅 목표나 전략이 이미 수립되어 있다면 상황분석의 초점은 어떻게 하면 광고가 수립된 마케팅 목표를 달성하거나 성공적으로 마케팅 전략을 수행하는 데 도움을 줄 수 있는지를 중심으로 좁혀져서 진행되므로 분석의 범위나 소요시간이 단축될 것이다. 하지만 마케팅 목표나 전략이 이미 수립된 경우라 하더라도 광고기획자는 마케팅이라는 숲을 들여다보는 자세를 가지는 것이 좋다. 왜 그럴까?

나는 어떤 아기기저귀 브랜드의 광고를 기획한 적이 있었다. 당시 그 아기기저귀 브랜드는 시장에 출시된 지 1년 남짓 되었다. 1년가량 광고를 했지만 판매가 기대치를 밑돌자 광고주는 기존 광고의 문제를 진단하고 새로운 광고를 만들어 줄 것을 요청했다. 먼저 팀원이 모여 여러 가지 2차 자료(secondary data)를 검토하였다. 검토과정에서 상품에 대한 소비자 평가나 브랜드의 인지도는 별 문제가 없는 것 같았고 상품의 가격도 충분히 경쟁력이 있는 것 같았다. 잠정적으로

광고주 상품의 판매부진은 광고가 핵심 문제라기보다는 다른 마케팅 요소 때문일 것이라는 가설에 도달했고 이를 확인하기 위해 소비자 조사를 실시하였다. 조사 자료를 분석한 결과, 판매부진의 주원인은 유통 문제에 있다는 확신을 가지게 되었다. 예컨대, 브랜드의 최초 인지와 제품평가 그리고 최근 구매율 간의 큰 차이는 바로 이러한 유통문제를 보여 주는 단서인 것이다(내구재를 제외한 일반 소비재의 경우, 브랜드 최초 인지와 최근 구매는 거의 일대일의 관계를 보인다). 우리는 곧바로 광고주에게 지역별, 형태별 유통 상태를 점검해 줄 것을 요청했고 이러한 문제는 사실로 드러난 것이다. 특정 지역에 유통이 편중되어 있을 뿐만 아니라 형태별로도 다양한 유통을 총망라하지 못하였다. 결론적으로 보면 광고는 제 역할을 제대로 한 것이다. 유통문제가 해결되면서 판매의 상당 부분이 개선되기 시작했다. 광고대행사에 대한 광고주의 신뢰가 강화된 것은 두 말할 필요도 없다! 만약 상황분석의 초점을 광고로만 좁혔다면 어떤 일이 벌어졌을까? 아마 그것이 무엇이든 새로운 광고를 제작했을 것이다. 설사 새로운 광고가 이전 광고보다 아무리 좋다고 한들 판매는 여전히 제자리걸음이었을 것이다. 이 예는 광고기획자가 마케터의 시각을 가지는 것이 얼마나 중요한지 잘 보여 준다. 그 첫 출발이 바로 상황분석인 것이다.

1. 상황분석은 이렇게 하라

이제 상황분석의 실제를 현장 실무 중심으로 구체화해 보자. 앞서 이야기한 바와 같이 상황분석 시에는 실로 다양한 종류의 1차 또는 2차 자료나 정보가 동원된다(상황분석에 이용되는 자료나 정보의 유형에 대해서는 다음 절에서 상세하게 살펴볼 것이다.). 하지만 방대한 자료나 정보를 하나도 빠짐없이 모두 검토하려고 마음먹는다면 상황분석에만 매달려 세월을 다 보내게 될 것이다. 현대 기업의 성패는 시간 싸움에 달려 있다. 광고제작을 위해 주어지는 시간도 그리 많지 않

은 것이 현실이다. 그러니 상황분석은 최대한 경쟁력 있는 시간 내에서 효과적
으로 신속히 진행될수록 좋다. 어떻게 하면 될까?

분석 틀을 사용하라

상황분석을 위한 '틀'은 다양하지만 보편적으로는 자사, 경쟁자 그리고 소비
자 영역으로 구분하여 진행한다([그림 2-1] 참고). 이 틀을 반드시 사용해야 하는
것은 아니며 더 구체화된 틀을 사용해도 물론 무방하다. 중요한 것은 나름의 체
계화된 틀을 사용하라는 것이다. 분석 틀을 사용하면 혹시 분석에서 놓친 자료
는 없는지 확인하는 데도 도움이 된다. 자사 제품과 경쟁 제품의 역사, 성장, 판
매량, 시장 점유율, 경쟁적 위치, 공급시장, 유통체계, 집행한 광고 프로그램, 기
업역량, 강점과 약점 그리고 소비자에 대한 다양한 정보와 자사 및 경쟁브랜드
에 대한 소비자 인식과 평가 등의 분석이 포함된다. 기업의 통제 밖에 있는 요인,
예컨대 기업이나 제품을 둘러싸고 있는 정치, 경제, 사회, 기술 혹은 다른 환경요
소에 대한 분석도 포함될 수 있다. 실로 방대한 작업이다. 그럼에도 불구하고 광
고를 기획하려면 이 과정을 거치는 것은 필수이다. 만약 광고기획자가 상품이나
서비스에 대해 이미 풍부한 경험이 있다면 상황분석 작업은 단축될 수도 있다.

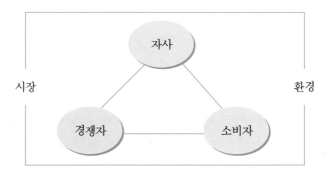

[그림 2-1] **상황분석의 구성요소**

하지만 시장이나 경쟁자, 그리고 소비자는 언제나 변하기 때문에 경험이 많더라도 상황분석을 소홀히 해서는 안 된다.

맹목적으로 상황분석에 착수하지 마라. 분석 전에 중점 점검해야 할 의문사항이나 가설을 도출하라

흔히 신입사원에게 상황분석 작업을 맡기노라면 책상에 온갖 자료를 가져다 놓고는 형광펜으로 줄 쳐 가며 학창시절 기말고사 공부하듯 매달린다. 얼마간 시간이 지난 뒤에 뭘 건졌냐고 물어보면 아직도 정리 중이라는 대답을 듣기 일쑤이다. 그럼 지금까지 분석한 결론이라도 말해 보라고 하면 그저 단편적인 사실(fact)만 늘어놓는다. 그래서 도대체 어떻게 됐다는 것인가? 이 같은 분석방법은 대단히 문제가 있는 것이다. 별로 건질 게 없을 뿐만 아니라 소중한 시간만 허비하기 십상이다. 그렇다면 효과적인 상황분석 방법은 무엇일까?

상황분석에 들어가기 전에 광고할 제품이나 서비스에 대한 의문이나 가설을 미리 정리해 보는 것이다. 이 작업은 분석자 스스로 해도 되고 또는 팀으로 진행해도 된다. 의문이란 중요한 사항에 대해 질문을 던져 보는 것이다. 예컨대, '왜 우리 제품에 대한 품질평가는 긍정적인데 판매가 제자리걸음일까?'와 같이 답을 찾아야 되는 의문을 가져보는 것이다. 가설은 어떤 의문에 대한 잠정적인 답(tentative answer)을 해 보는 것이다. 예컨대, '지금 집행 중인 광고는 제품기능보다는 이미지 전달에 치우쳐 있기 때문에 구매 설득력이 떨어질 것이다.'와 같다.

의문이나 가설은 방대한 자료를 선별하거나 이해하는 데 있어 일종의 가이드 역할을 한다. 망망대해를 항해하는 배의 레이더와 같은 역할을 할 수 있다. 광고할 상품이나 서비스에 대한 경험이 어느 정도 있는 기획자라면 의문이나 가설을 도출하기는 더 쉬울 것이다. 예컨대, 어떤 맥주의 광고기획을 위해 상황분석을 한다고 하자. '연령별 음용 경험 증가의 차이는 판매에 직접적인 영향을 미치는 게 아닐까?' '우리는 경쟁자에 비해 젊은 층을 표적으로 삼는데 요즘 젊은이가 TV를 보는가?' '최근 경쟁자가 판매촉진을 공격적으로 하는데 이 때문에 우리 고객이 이동하는 것은 아닐까?' '우리 브랜드의 젊은 브랜드 개성 때문에 나이 든 계층에서 구입을 회피할 것이다.' 등과 같은 의문이나 가설을 던져 볼 수 있다.

- 의문이나 가설을 사용하면 상황분석은 사실을 수집하는 기계적인 과정이 아니라 의문에 답하거나 가설을 확인하는 '생산적인 과정'이 된다.

사전에 광고 상품이나 서비스의 마케팅 목표나 전략이 주어진다면 의문이나 가설을 도출하는 것은 더 구체적이고 용이할 것이다. 기획의 경험이 많지 않다면 의문이나 가설을 수립하는 것 역시 쉬운 일은 아니다. 어디서부터 어떤 것에 대해 의문이나 가설을 생각해 보아야 하는지 막막하기 때문이다. 의문이나 가설을 효율적으로 정리하는 방법에 대해 알아보자.

- 3c 틀 중심으로 정리하기
- 4P 중심으로 정리하기
- 기획과제 중심으로 정리하기

■ 3C 틀 중심으로 정리하기

3C 틀을 중심으로 정리하기는 시장, 자사, 경쟁자, 그리고 소비자에 관한 전략적인 체크포인트를 설정하고 이를 중심으로 자료를 수집하고 분석해 보는 것이다. 이 방법은 다음에 소개될 '4P 중심으로 정리하기'와 함께 사용하면 더욱 효과적이며, 광고를 기획할 브랜드에 대해 지식이나 사전 경험이 많지 않을 때 적용할 수 있다. 3C 틀을 중심으로 정리할 때 검토의 대상이 되는 핵심적인 질문과 함의는 다음과 같다.

- 시장 추이: 광고를 기획할 브랜드가 속한 제품 범주의 시장 추이는 어떠한

가? 예컨대, 막 형성되기 시작한 시장인가, 성장 중인 시장인가, 아니면 정체 또는 감소하는 시장인가?

- 경쟁구도: 현재 시장에는 경쟁자가 얼마나 되며, 자사와 경쟁자의 위치는 어떠한가? 뚜렷한 시장 리더가 존재하는가? 또는 비슷한 점유율로 치열하게 경쟁하는가? 자사와 경쟁자가 시장을 어떤 형태로 나누어 가지는가?

- 브랜드 충성행동: 브랜드 충성은 존재하는가? 존재한다면 충성의 강도는 어떠한가? 자사 브랜드에 대한 충성도와 경쟁 브랜드에 대한 충성도는 어떠한가? 브랜드 충성은 변화하기 어려운가?

- 소비자 욕구와 동기: 소비자가 제품을 구입하는 것은 어떤 문제를 해결하려는 것인가? 제품사용을 통해 추구하는 동기는 무엇인가? 기능적인 것인가, 또는 사회적, 심리적인 것인가? 소비자가 제품을 구매하지 않는다면 무엇때문인가?

- 선택기준: 브랜드를 선택하는 핵심적인 기준은 무엇인가? 이러한 기준에서 자사와 경쟁 브랜드는 차이가 있는가? 차이가 있다면 무엇인가? 자사 브랜드를 선택하는 이유는 무엇이며, 경쟁 브랜드를 선택하는 이유는 무엇인가? 선택하지 않는 이유는 무엇인가?

- 광고의 역할: 광고는 구매와 브랜드 선택에서 어떠한 역할을 하는가?

- 광고에 대한 반응: 자사 광고와 경쟁 브랜드 광고에 대한 소비자 반응은 어떠한가?

이상의 7가지 체크포인트는 독립적이 아니라 연결 지어 검토해야 한다. 예컨대, 시장이 형성되기 시작하였다면 잠재 소비자에 주의를 기울여야 하고, 이들의 욕구 파악에 더욱 주의를 기울여야 할 것이다. 뚜렷한 시장 리더가 존재하지만 브랜드 충성도가 강하지 않다면 선택기준을 파악하는 데 주력할 수 있다. 시장이 정체되고 뚜렷한 리더가 존재한다면 리더의 고객을 빼앗아야 할지 또는 그 아래에 있는 추종자들의 고객을 빼앗아야 할지 검토하는 데 자료가 필요할 것이다.

■ 4P 중심으로 정리하기

우리는 앞서 4P가 무엇인지 알아보았다. 상황분석을 효율적으로 하기 위해 의
문이나 가설을 정리하는 한 가지 방법은 바로 이 4P를 이용하는 것이다. 이 방법
은 특히 광고기획을 해야 할 상품이나 서비스의 마케팅 목표나 전략이 수립되지
않았거나 또는 광고의 목표나 해결해야 할 과제가 구체화되지 않았을 때 유용하
다. 예컨대, 4P에서 '제품'의 경우 '우리 제품의 시장성과는 어떠한가?' '우리 제
품의 질은 경쟁 브랜드에 비해 얼마나 경쟁력이 있는가?' '우리 제품의 문제는
무엇인가?' '우리 제품의 강점은 소비자에게 제대로 인식되고 있는가?' 등과 같
은 핵심적인 의문을 던져 볼 수 있다. 같은 방식으로 나머지 3P, 즉 가격, 유통, 광
고를 중심으로 한 촉진활동 영역별로도 의문이나 가설을 던질 수 있다.

이렇게 4P를 중심으로 의문이나 가설을 정리할 때 얻는 이점은 첫째, 영역
별로 빠진 것 없이 방대한 자료를 정리할 수 있으며, 둘째, 영역별로 집중하게
되므로 의문이나 가설이 더욱 구체화될 수 있다. 4P를 중심으로 정리한 내용
은 〈표 2-1〉과 같은 매트릭스를 활용하면 되는데 이를 자사, 소비자, 경쟁자
로 재정리할 수 있다.

표 2-1 4P 중심의 의문 및 가설 정리 매트릭스

	의 문	가 설
제 품		
유 통		
가 격		
촉 진		

■ 기획과제 중심으로 정리하기

한편, 기획과제 중심으로 의문이나 가설을 정리하는 방법은 사전에 광고를 기획해야 할 상품이나 서비스의 마케팅 목표나 전략이 구체화되었거나, 광고가 성취하고자 하는 것 그리고 광고를 통해 해결하려는 것이 명확할 때 사용할 수 있다. 예컨대, '우리 건강음료는 18세에서 25세의 여성을 핵심 마케팅 표적으로 출시 1년 후에 전체 건강음료 시장에서 8%의 시장 점유율을 달성한다.'라는 마케팅 목표와 전략이 수립되었을 경우에는 이를 달성하기 위한 마케팅 과제를 중심으로 의문과 가설을 집중할 수 있다. 이 경우 '현재 건강음료 소비자의 브랜드 충성도는 어떠한가?' '소비자는 건강음료의 기능에 민감한가?' '가격에 대한 민감도는 어떠한가?' '유통에서 구입용이성은 브랜드 전환에 어떤 영향을 미치는가?' 등과 같은 마케팅 과제 중심의 의문이나 가설을 도출하게 될 것이다.

의문에 답하고 가설을 확인하는 것이 기계적 과정이 되지 않도록 하라

어떤 방법으로 진행하든지 간에 상황분석은 의문에 답하거나 가설을 확인하면서 '우리는 어디로 가야 하는가?' 또는 '우리는 어디로 갈 수 있는가?'라는 질문에 대한 답을 찾기 위한 과정이라는 점을 잊어서는 안 된다. 이는 상황분석이 의문이나 가설에 대해 기계적으로 빈칸을 채워 넣어 가는 과정이 아님을 뜻한다. 누누이 강조하듯이 광고기획은 마케팅이라는 전체 숲을 보면서 광고가 어떤 역할을 해야 하는지를 모색하는 과정이다. 좀 더 정확히 표현하자면, 광고라는 마케팅 수단을 중심으로 했을 때 상황분석은 마케팅 목표를 달성하기 위한 광고 목표와 전략을 찾아내기 위한 첫걸음인 것이다. 광고목표를 설정하려면, 현재 우리가 어디에 있는지를 알아야만 한다.

또 한 가지 명심해야 할 것은 '소비자 중심 분석'이다. 광고효과의 열쇠는 소비자가 쥐고 있다.

• 의문이나 가설을 수립하고 관련 자료를 분석할 때는 항상 소비자 관점을 염두에 두어야 한다.

제품이든 가격이든 유통이든 객관적인 사실도 중요하지만 소비자를 고려하지 않는다면 상황분석의 효과는 반감된다. 특히 광고를 포함한 촉진을 분석할 때는 소비자 관점이 더욱 중요하다.

2. 상황분석 자료의 유형

그러면 이제 상황분석에서 점검해야 하는 사항을 알아보자. 아래의 정보들은 상황분석을 할 때 가장 많이 사용되는 것들이다. 물론 이 모든 사항을 점검할 필요는 없다. 이미 마케팅 목표나 전략이 수립된 상태인지 아닌지, 4P 중심인지 아니면 3C, 또는 기획과제 중심으로 분석을 할 것인지, 그리고 상품이나 서비스의 유형은 어떤 것인지 등에 따라 상황분석을 할 때 집중해야 할 자료의 유형과 중요도 및 우선순위 역시 달라진다.

브랜드 연상

브랜드 연상(brand association)이란 소비자가 특정 브랜드를 생각할 때 그 브랜드에 대해 떠오르는 모든 유형의 지식이다. 브랜드 연상은 브랜드 자산을 구성하는 핵심요소의 하나라는 점에서 광고기획을 위한 상황분석에서는 빠트려서는 안 될 필수 요소이다. 우리가 뒤에서 알아보게 될 포지셔닝 전략 수립의 대부분을 차지하는 내용도 브랜드 연상과 관련되어 있다. 먼저 브랜드란 무엇인지에 대해 간략히 살펴보자.

브랜드는 제품 그 자체가 아니다. 브랜드는 상품이나 서비스 그 이상의 것이다. 청바지는 상품이다. 하지만 디젤(Diesel)과 리바이스(Levis)는 브랜드다. 스마트폰은 상품이지만 갤럭시와 옵티머스는 브랜드이다. 상품만이 아니라 서비스도 마찬가지이며 영리를 추구하는 기업뿐만 아니라 비영리 조직도 브랜드인 것은 변함이 없다. 동일한 제품 범주에 속한 브랜드 간의 차이는 제조방법이나 원료 또는 제품의 성능이나 특징과 같은 유형의 것에서 비롯된다. 하지만 현대와 같이 제품 간 특징이나 성능이 엇비슷한 제품동위의 시대에 사는 소비자는 제품 그 자체의 특정보다는 브랜드의 의미와 인상에 의해 특정 브랜드를 선택한다.

- 기업이 만드는 것은 제품이지만 소비자가 구입하는 것은 브랜드이다. 현대 소비자는 제품을 사는 것이 아니라 브랜드의 의미를 사는 것이다. 브랜드는 경쟁자의 제품과 차별화하며 고객에게 무언가를 약속한다.

그러면 브랜드 연상의 기능은 무엇일까? 우리가 음료를 구입하기 위해 편의점에 들어가서 냉장고에 진열된 특정 브랜드를 바라보거나 또는 옷을 구입하기 위해 백화점을 방문해 의류코너에 입점한 브랜드의 로고를 본다고 가정해 보자. 그 순간 우리 머릿속에는 그 브랜드에 대한 광고나 느낌 그리고 다양한 지식이 떠오르기 시작한다. 굳이 구입 상황이 아니라 길을 가다 우연히 어떤 매장의 브랜드 로고를 보더라도 그 브랜드에 대한 다양한 지식은 거의 자동적으로 떠오를 수 있다. 마치 길을 가다 어디선가 흘러나오는 음악을 듣는 순간, 옛 추억을 떠올리는 것과 같다. 이러한 브랜드 연상이 특정 브랜드의 구입에 얼마나 많은 영향을 미치는지는 우리의 일상 구입 상황을 되돌아봐도 잘 알 수 있을 것이다. 그러면 브랜드 연상의 유형은 무엇이며 그 기능은 어떠한지 살펴보자.

■ 구체적 제품 속성
대부분의 브랜드는 정도의 차이는 있으나 특정 제품 속성이나 특징과 결합되어 있다. 만약 이러한 결합이 소비자 욕구와 들어맞는다면 소비자 구매를 유도

하는 강력한 작용을 한다. 롯데 자일리톨 껌은 '100% 핀란드 산' '대한치과 의사 협회 공식인증'이라는 연상과 결합됨으로써 구매동인을 제공할 뿐만 아니라 경쟁자 공격에 효과적으로 대처할 수 있다. 동일한 제품 범주라고 하더라도 브랜드는 나름대로 차별적인 제품 속성이나 특징과 결합될 수 있다. 예컨대, 볼보는 내구성, BMW는 주행성능, 그리고 메르세데스는 엔진의 우수성 등 차별적인 제품 속성의 연상을 가진다. 브랜드의 어떤 연상이 진실인지 아닌지는 아무런 의미가 없다는 것을 기억해야 한다. 진실은 객관적 실체가 아니라 소비자의 인식이 만들어 낸다!

■ 추상적 제품 속성

구체적인 제품 속성이나 특징에 토대한 연상은 몇 가지 문제가 있을 수 있다. 첫째, 제품 속성은 경쟁자의 제품 혁신에 의해 쉽게 모방되거나 손상당할 수 있다. 둘째, 최초의 주장을 지속적으로 가져가기 어렵다. 만약 어떤 상처치료 연고제 브랜드가 '가장 빠른'이라는 연상과 결합되었다고 하자. 과연 이러한 결합이 제약기술 환경의 변화에도 불구하고 지속성을 가질 수 있는지는 의문이다. 하지만 브랜드는 구체적인 제품 속성이나 특징 이외에도 추상적인 속성이나 특징과 결합될 수 있다. 추상적 속성이라 함은 품질, 기술력, 서비스 등과 같이 구체적인 속성이 응축된 포괄적 차원의 속성을 말한다.

앞서 살펴본 구체적 속성과 추상적 속성의 상대적인 영향력은 어떨까? 한 연구에서는 실험참가자에게 2개의 카메라 브랜드를 보여 주었다. 한 브랜드는 기술력을, 그리고 다른 브랜드는 사용 편리성을 주장하였다. 포지셔닝 주장과 함께 상세한 제품 속성도 함께 보여 주었는데 사용 편리성을 주장한 브랜드의 제품 속성은 명백히 기술력을 주장하는 브랜드보다 더 우수한 기술력을 뒷받침하는 것이었다. 두 브랜드에 대한 평가를 실시하였다. 그 결과, 전체 참가자의 94%가 사용 편리성을 주장한 브랜드를 더 우수한 브랜드로 평가하였다. 하지만 이틀 후에 사용 편리성을 주장한 브랜드를 실험 참가자에게 다시 평가하도록 했더니 단지 36%만이 더 나은 기술력의 브랜드라고 평가하였다. 이러한 연구결과는 제품 질, 기술력, 혁신 또는 서비스와 같은 추상적 속성이 구체적 속성 보다 더욱 강력한 기능을 할 수 있음을 보여 주는 것이다. 이처럼 상황분석에서는 자사나 경쟁 브랜드의 제품 속성을 구체성과 추상성 수준에서 분리해 보아야 한다.

◢ 가격

어떤 제품 범주이든지 간에 그 범주에 속한 브랜드는 가격대에 따라 분류된다. 물론 제품 범주에 따라 가격대의 범위는 다를 것이다. 어떤 범주는 이코노미, 프리미엄으로 구분되며, 어떤 범주는 이코노미, 프리미엄, 슈퍼 프리미엄으로 구분될 수 있다. 가격 연상은 두 가지 점을 시사한다. 첫째, 특정 브랜드 가격은 절대적이기보다는 상대적이라는 점이다. 자사 브랜드가 프리미엄 가격대에 속한다면 이코노미나 슈퍼 프리미엄에 속하는 브랜드도 존재한다는 것이다. 둘째, 가격은 단순한 화폐가치만을 의미하는 것이 아니다. 가격은 제품의 질이나 브랜드 명성과 같은 관련 요소의 강력한 신호이다. 와인 초보자가 누군가에게 선물하기 위해 와인을 구입할 때 적합한 와인을 선택하는 한 가지 유용한 방법은 바로 고가의 와인을 구입하는 것이다.

◢ 위험 지각

소비자는 특정 브랜드 구매 시 얻는 기회뿐만 아니라 위험(risk)도 지각한다. 어떤 브랜드라도 구매 시에는 어느 정도의 위험을 수반하기 마련이다. 이러한 위험의 유형은 다르다.

- 기능적 위험은 신뢰도에 관한 것이다. 즉, 제품이 제 기능을 발휘하는가에 관한 것이다
- 심리적 위험은 제품 질이나 성능이 기대에 미치지 못하게 될 때 느끼는 실망감이나 속았다는 느낌이다.

- 사회적 위험은 브랜드를 사용할 때 다른 사람에게서 배척당하거나 어리석게 보일 수 있다는 느낌과 관계있다.
- 재정적 위험은 가치 없는 브랜드 구매로 돈을 낭비했다는 인식에서 비롯되는 위험이다.

위험 정도는 소비자의 주관적 인식에 의해 결정된다. 실제 위험은 존재할 수도 있고 존재하지 않을 수도 있다. 중요한 것은 소비자가 어떻게 지각하느냐 하는 것이다. 신뢰도가 높은 제품이라도 소비자는 그것을 위험한 것으로 지각할 수 있으며, 별로 신뢰할 만한 것은 아니더라도 안전한 것으로 지각할 수 있다. 광고에서는 인식이 곧 실체(perception is the reality)라는 것을 명심하라!

■ 소비자 편익

대부분의 경우에 구체적이건 또는 추상적이건 간에 어떤 속성이나 특징, 그리고 위험 지각은 편익과 결부되기 마련이다. 예컨대, 간의 쿠퍼스 세포에 작용하는 성분은 요구르트 쿠퍼스의 제품 특징이며 그로 인한 소비자 편익은 '간의 건강유지'가 될 수도 있고, 간의 건강으로 인한 '일의 성취'가 될 수도 있다. 100% 프랑스산 포도씨라는 어떤 브랜드의 제품 특징은 '더욱 맛있는 요리'라는 편익이나 '주부로서의 자부심'이라는 편익을 제공할 수도 있다. 편익은 구체적인 제품 속성에서 출발하며 위계를 이룬다(그림 2-3).

어떤 편익이 브랜드 평가에 더 긍정적으로 작용할까? 한 연구에서 두 가지 편익 중 어떤 것이 브랜드 평가에 좀 더 긍정적인 영향을 미치는지 실험을 통해 알아보았다. 제품은 샴푸였으며 조건별로 브랜드의 편익을 달리하여 제시하였다. 이성적 편익은 '굵고 풍성한 모발'이었으며, 감성적 편익은 '멋있고 자신감 있는 외모'였다. 어떤 조건에서는 이성적 편익만을 제시하였으며, 다른 조건에서는 감성적 편익만을, 그리고 또 다른 조건에서는 이성적 편익과 감성적 편익을 함께 제시하였다. 각 조건별로 브랜드에 대한 평가를 실시하였는데 이성적 편익

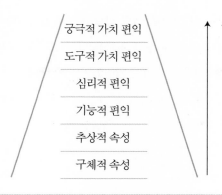

궁극적 가치 편익

도구적 가치 편익

심리적 편익

기능적 편익

추상적 속성

구체적 속성

[그림 2-3] **편익의 위계**

을 제시했을 때보다 감성적 편익을 제시했을 때 브랜드에 대한 평가는 더 긍정적이었다. 하지만 이성적 편익과 감성적 편익을 동시에 제시했을 때 브랜드에 대한 평가가 가장 긍정적이었다. 앞서 살펴본 구체적·추상적 제품 속성의 상대적 영향도 이와 유사하다. 제품 속성 수준의 구체적 편익에 비해 추상적 속성인 심리적·사회적 편익이 더 강력한 브랜드 연상으로 작용할 수 있다.

■ 유명 인사나 전문가

브랜드는 궁극적으로 경쟁 브랜드에 대해 경쟁 우위를 점하고자 한다. 경쟁 우위는 제품이 되었건, 아니면 디자인이 되었건 브랜드에 대한 소비자의 신뢰와 확신을 심어 줌으로써 용이하게 달성할 수 있다. 브랜드가 특정 유명 인사나 전문가와 연계되는 것은 바로 이러한 목적을 달성하는 데 매우 효과적일 수 있다. 유명 인사나 전문가는 전문성, 신뢰, 앞서 감, 최고 또는 세련됨 등 그 나름의 독특한 연상 망을 가진다. 유명 인사나 전문가가 지닌 이러한 연상이 브랜드와 결합하면서 브랜드로 전이되는 것이다. 유명 인사나 전문가도 유형화될 수 있다. 어떤 인물은 브랜드의 기능이나 성능을 보증하는 역할을 한다. 한편, 어떤 인물은 기능이나 성능보다는 브랜드의 상징성을 전달하는 역할을 한다. 가장 성공적인 사례로 나이키를 꼽을 수 있다. 1980년대 중반에 나이키는 당시 에어로빅 붐을 타고 대중적인 운동화 시장을 집중 공략한 리복에게 고전하고 있었다. 하지만 나이키는 공기 주입을 통해 쿠션 기능을 가진 농구화 개발로 시장에서 엄청난 성공을 거둘 수 있었다. 제품이 주역이었지만 성공의 또 다른 기여요소는 바로 광고 모델이었던 마이클 조던이었다. 마이클 조던은 제품의 우월성뿐만 아니라 브랜드의 상징가치 모두를 강화하는 역할을 하였다.

◢ 개성과 라이프스타일

우리는 브랜드를 사람처럼 지각할 수 있다. 소나타가 사람이라면 어떤 사람일까? SM5는 어떤 사람일까? 그러면 K5는 어떤 사람일까? 브랜드를 사람과 연계할 때 우리는 개성(personality)과 라이프스타일(lifestyle)을 손쉽게 떠올리는 경향이 있다. 풀무원은 정직하고 믿을 수 있으며 다른 사람을 배려하는 사람과 연계될 수 있다. 신한은행은 젊고 도전적이며 스마트한 사람과 연계된다. 개성뿐만 아니라 라이프스타일과 연계되기도 한다. BMW Mini가 사람이라면 어떤 라이프스타일의 소유자일까? 와인 바를 즐겨 찾는 사람일까? 아니면 칵테일 바를 즐겨 찾는 사람일까? 티파니 보석이 사람이라면 연극을 좋아할까? 아니면 오페라 관람하기를 좋아할까?

우리는 자신의 개성이나 라이프스타일과 유사한 사람에게 호감을 보이는 경향이 있다. 만약 BMW Mini를 진보적이며 관습에 매이는 것을 싫어하는 사람으로 본다면, 대체로 그러한 성향의 소비자가 BMW Mini를 구입할 가능성이 높다(물론 경제적 여건이 허락한다면). 브랜드 개성은 광고 제작물의 톤이나 무드의 방향을 설정하는 데 유용한 지침이 될 것이며, 연상 라이프스타일은 프로모션이나 이벤트 또는 PPL(Product Placement) 등의 운영에 유용하게 이용될 수 있다. 예컨대, BMW Mini가 와인 바를 즐기는 라이프스타일과 연계된다면 와인 바에서 이벤트를 하는 것이 더욱 효과적일 것이다.

브랜드 스키마

우리는 정보를 가능한 신속하고 경제적으로 처리하려는 경향이 있다. 그래서 인간을 인지적 구두쇠(cognitive miser)라고도 한다. 소비자는 가능한 한 시간이 덜 소요되는 방식으로 정보를 처리하며, 모든 정보가 없더라도 가용한 몇몇 정보만으로도 누락된 정보를 메우기도 한다. 심지어 새로운 브랜드여서 그 브랜드에 대한 세세한 정보가 없더라도 소비자는 기존 정보를 통해 새로운 브랜드에 대해서도 기대를 형성하고 예측하기도 한다. 이러한 기능을 가능케 하는 것이 바로 브랜드 스키마(brand schema)이다.

브랜드 스키마란 특정 브랜드에 대해 잘 조직화된 지식체계 또는 지식 덩어리이다. 그런데 브랜드 스키마는 어떤 브랜드에 대한 구체적이고 세세한 원 자료 그 자체가 아니라 이들 자료가 압축, 요약된 형태로 이루어진 지식구성체이다([그림 2-4]). 스키마는 우리가 살아오면서 가지는 누적된 경험을 토대로 형성되기 때문에 브랜드 스키마는 주관적이며 브랜드의 객관적 실체와 다를 수도 있다. 따라서 브랜드 연상과 함께 브랜드 스키마를 살펴보는 것은 상황분석에서 빠트려서는 안 되는 중요한 작업이다. 브랜드 스키마는 어떤 유형의 지식으로 구성되는 걸까? 브랜드 스키마를 구성하는 지식은 다음과 같이 분류해 볼 수 있다.

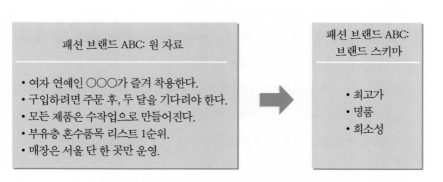

패션 브랜드 ABC: 원 자료

- 여자 연예인 ○○○가 즐겨 착용한다.
- 구입하려면 주문 후, 두 달을 기다려야 한다.
- 모든 제품은 수작업으로 만들어진다.
- 부유층 혼수품목 리스트 1순위.
- 매장은 서울 단 한 곳만 운영.

패션 브랜드 ABC: 브랜드 스키마

- 최고가
- 명품
- 희소성

[그림 2-4] 브랜드 스키마: 원 자료형태의 브랜드 지식과 브랜드 스키마

- 브랜드의 제품 속성: 기능, 성능, 원료, 소재 등
- 브랜드의 비제품 속성: 가격, 사용자, 개성, 체험 등
- 브랜드의 편익: 기능적, 상징적 또는 사회적, 심리적 편익 등
- 브랜드에 대한 느낌, 감정, 태도 등
- 브랜드 경험과 행위

브랜드 이미지

브랜드 이미지는 상대적으로 차별적이건 아니건 또는 우위에 있건 아니건, 현재 있는 그대로의 브랜드에 대한 소비자 인식의 조직체(organized set of perceptions)이다. 브랜드 이미지는 다양한 차원으로 구성된다. 흔히 현장에서는 브랜드 이미지를 주로 브랜드 개성과 동일하게 사용하는 경향이 있는데 브랜드 개성은 브랜드 이미지를 구성하는 하나의 차원으로 보는 것이 낫다. 브랜드 이미지를 구성하는 차원은 다음과 같이 정리할 수 있다.

- 브랜드 개성: 브랜드에 대해 소비자가 가지는 인상이다. 브랜드를 사람으로 비유했을 때 가지는 인상과도 같다. 세련된, 활기찬, 섹시한, 진보적인 등과 같이 주로 우리가 브랜드 이미지라고 부르는 차원이다.
- 브랜드 암시(connotation): 소비자가 브랜드를 마주쳤을 때 떠오르는 것, 즉 브랜드가 소비자에게 제안하는 것을 브랜드 암시라 한다. 브랜드 암시는 제품에 관련된 것일 수도 있고, 제품 외적인 것일 수도 있다.
- 브랜드 이점: 특정 브랜드를 사용함으로써 소비자가 얻는 구체적인 편익을 말한다. 브랜드 이점은 '이 브랜드는 나에게 무엇을 약속하는가?'로 집약될 수 있다. 이러한 이점은 기능적인 것일 수도 있고 상징적, 심리적인 것일 수도 있다. 동일한 제품 범주에 속한 것이라도 브랜드마다 이점은 당연히 다를 수 있다. 예를 들면, 볼보(Volvo)는 안전을 약속하지만 메르세데스

(Mercedes)는 성공과 위신을 약속한다.

- 사용자 프로필: 특정 브랜드의 사용자 유형을 말한다. 브랜드를 사용하는 사람은 누구인가? 사용자 프로필은 브랜드 관리전략에 따라 소비자가 이상적으로 되고자 하는 사람을 표방할 수도 있고 실제의 나를 확인시키고 강화하는 것일 수도 있다. 사용자 연상은 브랜드의 시장 세분화 전략과 연계되기 때문에 브랜드 연상으로서 중요하다. 더 페이스 샵을 생각하면 어떤 사용자 유형이 떠오르는가? SK II의 경우는 어떤가? 그러면 랑콤은 어떤가? 통상 우리가 연상하는 브랜드의 사용자 유형은 대체로 브랜드의 실제 마케팅 표적 집단과 일치하는 경향이 있다. 사용자 연상은 브랜드가 마케팅 전략상의 변화를 시도할 때 빈번히 사용된다. 통상 브랜드 사용자 연령이 점차 높아져 매출이 줄어들고 이미지가 노령화되는 등의 브랜드 노후화 조짐이 있을 때 주로 사용되는 연상전략이기도 하다. 사용자 연상은 주로 광고에 의해 형성되지만 주위의 실제 사용자를 관찰함으로써 광고가 전달하는 사용자 프로필과 다른 연상이 형성되기도 한다. 하이트나 카스 모두 동일한 연령대의 광고 모델이 등장한다. 하지만 브랜드 사용자 이미지 조사를 해 보면 하이트가 카스에 비해 연상되는 사용자 연령이 높다. 사용자 연상에서 브랜드가 추구하는 연상과 소비자 연상 간의 불일치 여부를 확인하는 작업은 상황분석에서는 필수일 만큼 중요하다.
- 사용 상황: 브랜드는 특정 사용 상황이나 맥락과 연계된다. 특정 사용 상황이나 맥락과 브랜드와의 연계는 브랜드의 사용을 확대하기 위한 마케팅 전략의 수단으로서 매우 중요한 기능을 할 뿐만 아니라 광고전략에도 직접적인 영향을 미친다. 예컨대, 일요일과 연계한 짜파게티, 결혼과 연계한 드 비어스(De Beers), 초기 감기와 연계한 판피린, 커피 음용과 연계한 아이비 스낵, 식사와 연계한 코카콜라 등이 사용 상황이나 맥락의 브랜드 연상을 적용한 예이다. 어떤 브랜드는 특정 시점이나 날이 강하게 연상될 수 있다. 밀러는 하루 일을 마치고 마시는 맥주이며, 레벤브로이는 주말에 마시는 맥주

이다. 사용 상황은 사용자를 포함할 수 있다. 밀러는 주량이 센 육체노동자가 하루 일을 마치고 마시는 맥주이며, 레벤브로이는 가볍게 술을 즐기는 남녀 직장인이 주말에 즐기는 맥주이다.

의사결정 과정

소비자가 자사 제품이나 브랜드를 어떻게 선택하는지 면밀하게 파악하고 이해해야 한다. 최근 시장은 많은 선택 대안으로 넘쳐나고 있다. 소비자의 구매 선택 대안 목록에 진입하기란 갈수록 어려워지는 것이 현실이다. 이런 상황에서 소비자의 의사결정 과정을 이해하는 것은 상황분석 단계에서 반드시 필요하다.

소비자 구매의사 결정에 대한 전통적인 관점은 구매의사 결정이 선형적으로 이루어지며 체계적인 정보처리 과정을 토대로 한다는 것이다. 전통적인 모형은 대부분의 소비자가 예측 가능한 단계를 따라 구매의사를 결정하는 것으로 가정한다. 단계란, 욕구인식–정보탐색–대안 평가–구매결정–구매 후 평가이다. 각 단계는 다음과 같다.

- 욕구인식은 불균형에서 초래되어 무언가 결핍된 것을 소비자가 인지하는 것이다. 결핍은 심각성이나 중요도에 따라 변한다. 만약 광고가 이 단계를 목표로 한다면 소비자의 특정 욕구를 활성화하거나 자극하는 데 초점을 맞추게 된다.
- 정보탐색은 우연적인 것일 수도 있고 의도적인 것일 수도 있다. 저 관여 제품인 경우에 소비자는 정보탐색에 많은 시간을 할애하지 않는다. 인지욕구가 강한 소비자는 정보탐색을 더 많이 하겠지만 충동구매 성향의 소비자는 그렇지 않을 것이다.
- 대안의 평가 단계에서는 소비자가 여러 제품이나 브랜드의 특징을 비교하고 대안의 수를 줄여 가게 된다. 어떤 기준을 정하고 그 기준을 중심으로 대

안을 집중 비교하기도 한다.

- 구매결정 단계는 두 부분에 대한 결정으로 구성된다. 처음에 브랜드를 선택하고 어디서 구매할지를 결정한다. 물론 백화점이나 대형 할인매장과 같은 구매 장소를 먼저 결정하기도 한다. 충동구매의 경우가 그럴 것이다.

- 마지막 단계인 구매 후 평가에서는 구매를 하고 난 뒤에 구매결정에 대해 재평가한다. 구입한 제품이나 브랜드는 나의 기대를 충족했는가? 성능은 만족스러운가? 만약 기대에 미치지 않거나 만족스럽지 않다면 소비자는 심리적으로 불편함을 느낄 것이며 이는 재구매에도 영향을 미칠 것이다.

이상에서 살펴본 의사결정 단계는 위계를 가정하기 때문에 한계도 있다. 예컨대, 제품에 대한 관여에 따라 의사결정 과정은 변할 수 있다. 저 관여 구매결정과 고 관여 구매결정에 따라 앞서 살펴본 단계는 같지 않을 것이다. 저 관여 구매결정을 할 때는 체계적인 대안 평가 단계를 거치지 않을 수 있고 구매 후 평가도 고 관여 구매결정에 비해 정교하지는 않을 것이다.

소비자 욕구와 가치

욕구(needs)는 음식이나 주거와 같이 생존에 필요한 기본 요소이지만 원망(wants)은 반드시 필요하다기보다는 소유하면 기분 좋아지는 인간의 욕망이다. 이들 중에 어느 한 가지를 만족시켜도 광고의 기회가 된다. 욕구에 관해 한 가지 중요한 이론을 들어 보았을 것이다. 그것은 욕구의 위계를 제시한 매슬로(Abraham Maslow)의 이론으로 인간의 욕구가 다섯 가지 위계로 이루어진다고 가정하였다.

- 생리 욕구
- 안전(또는 안심) 욕구

- 소속과 사랑에 대한 욕구
- 자존 욕구
- 자아실현 욕구

자아실현 욕구보다 상위에 있는 최고 수준에는 심미(aesthetic) 욕구와 알고 이해하고자 하는 욕구 등 두 가지 욕구가 더 있다. 이들 욕구는 서로 배타적인 것이 아니라 하위 욕구가 충족되면 다음 상위 욕구가 동기화된다. 숨쉬기는 기본 생리 욕구이다. 만약 어떤 사람이 갑자기 숨이 막히게 되면 숨 쉬려는 것 이외의 다른 어떤 것에도 관심을 두지 않게 된다. 이런 순간에는 매력적인 제품을 싼 가격에 주더라도 이 소비자의 관심을 끌 수 없다. 일단 숨 쉴 수 있어야만 다음 단계의 욕구 충족에 관심을 두게 된다. 그다음은 안전 또는 안심에 대한 욕구이다. 끼니를 어떻게 해결해야 할지 막막한 상태라면 자동차 구매에 신경 쓸 사람이 누가 있겠는가?

매슬로의 욕구위계 모형은 광고에 적용하는 데 문제가 전혀 없는 것도 아니다. 예컨대, 생수라는 것은 기본적으로 갈증해소라는 생리 욕구에 관한 제품이지만 브랜드 수준에서 보면 어떤 생수 브랜드는 생수의 기본적인 속성을 주장하고 어떤 브랜드는 젊음과 같은 생리 욕구와는 무관한 상징성을 주장한다는 것이다. 매슬로의 욕구위계 모형을 상황분석에 적용하더라도 '상대적' 관점에서 들여다볼 필요가 있다. 즉, 경쟁자는 어떤 욕구를 이용하느냐 하는 것을 살펴보아야 한다. 그럼에도 불구하고 욕구라는 것은 구매자로 하여금 어떤 제품이나 서비스를 구입하도록 동기화시키는 데 매우 중요한 것임에는 틀림없다. 제품이나 서비스가 아무리 좋더라도 욕구를 충족시키지 못하면 소비자의 관심을 끌 수 없다. 이처럼 자사의 제품이나 서비스가 충족시킬 소비자의 구체적인 욕구가 무엇인지 검토해 보아야만 한다.

욕구 외에 가치(values) 역시 동기의 중요한 구성요인이다. 가치는 특정 상황에 구애되지 않고 행동에 영향을 미치는 것으로 바람직한 어떤 결과에 대해 개인이 지속적으로 가지는 신념이다. 가치는 개인의 삶을 안내하는 원리이며, 어떤 행동양식에 대한 상대적인 선호라는 특징을 가진다. 굳이 비교하자면 가치는 욕구에 비해 더욱 장기적이며 지속적으로 개인의 행동에 영향을 미친다고 할 수 있다. 가치는 '도구적 가치'와 '궁극적 가치'로 구분할 수 있다. 도구적 가치는 '어떻게 행동해야 하는가?'에 대한 신념이며, 궁극적 가치는 바람직한 인생의 최종목표에 대한 신념이다. 도구적 가치는 궁극적 가치를 위한 '도구'인 셈이다. 만약 표적 소비자가 추구하는 인생의 최종 목표가 '행복한 삶'이라면 이는 궁극적 가치이며, 행복한 삶을 얻기 위해 건강이 중요하다면 건강은 도구적 가치이다. 궁극적 가치가 같다 하더라도 도구적 가치는 개인에 따라 다를 수 있다. 가치는 주관적이기 때문이다.

인구/심리통계

▨ 소비자 성, 연령, 라이프 타입
잠재목표 집단이 어디에 있는지 확인하는 것도 중요하지만 그 규모와 특징을 확인하는 것이 더 중요하다. 세분 집단마다 그들이 선호하는 제품 유형이나 브랜드도 다르다. 다이어트에 신경 쓰는 여성에게 패스트푸드나 탄산음료를 판매하기란 어렵다. 건강에 신경 써서 순한 술을 원하는 사람에게 알코올 도수가 높은 술을 판매하기도 역시 어렵다. 혼자 살기를 원하는 싱글 족에게 대용량의 세탁기는 별반 필요가 없을 것이다. 표적청중의 선호취향은 자사 브랜드의 성패를 가늠하는 매우 중요한 요소이다.

▨ 사회계층
사회계층은 기본적으로는 상중하로 구분하지만 좀 더 세분화할 수 있는데, 예컨대 하-하층(비숙련 노동자), 하-상층(숙련된 작업자), 중-하층(화이트칼라 봉급자), 중-상층(전문인과 비즈니스맨) 그리고 상층(부유층) 등으로 나눌 수 있다. 비록 소득 수준이 같다고 하더라도 사회계층에 따라 행동 특성은 다를 수 있다. 소득이 같은 집단이 있다고 하자. 젊은 변호사 집단은 부유한 동네에 집을 얻으려 했고 그러다 보니 자연히 그들의 집은 대체로 작았다. 한편, 소득은 같지만 다른 계층의 사람도 있다. 이들은 오랫동안 대기업에서 사무직으로 일했기 때문에 젊은 변호사와 수입은 같다. 하지만 이들은 사는 동네에 크게 신경 쓰지 않을 수 있다. 적당한 평수의 아파트에 살면서 좋은 차, 좋은 가재도구를 구입하는 데 더 많은 돈을 쓸 수 있다. 사회계층 간의 구매행동은 어떤 형태로든 차이를 보일 가능성이 크다. 그러므로 사회계층을 중심으로 상황을 들여다보는 것이 유용하다.

■ 가구 소득과 가처분 소득

이 정보는 특히 흥미롭다. 왜냐하면 개인이 아니라 가족 전체 소득, 즉 가구 소득에 따라 특정 제품이나 서비스의 구매 능력과 구매 가능성은 크게 달라질 수 있기 때문이다. 주로 가전이나 자동차와 같은 내구재는 물론 펀드나 보험 같은 금융상품의 소비는 가구 소득의 영향을 받는 경향이 크다. 가구 소득 이외에 가처분 소득도 고려해야 한다. 가처분 소득(disposable income)은 식비나 주거비 같은 기본 필수 항목에 지출하고 남는 금액을 말한다. 이는 오락이나 여행, 휴가를 즐기고 사치품, 유명 의류, 액세서리와 같은 값비싼 제품을 구입하는 데 사용될 수 있다. 소득은 같지만 가처분 소득이 많고 적음은 가구마다 다를 수 있으며 이는 특정 제품의 구매에 명백히 영향을 미칠 것이다.

■ 라이프스타일

과거 대부분의 시장 세분화는 인구통계 변수를 중심으로 이루어졌다. 하지만 인구통계 변수만으로 점차 분화되고 복잡해져 가는 소비자를 이해하기에는 한계가 있다는 것을 깨닫게 되었다. 이들을 더 깊이 있게 이해할 필요성이 대두되었다. 특히 제품의 질이나 성능이 엇비슷해지면서 라이프스타일에 어필하는 브랜드에 대한 욕구가 증가하면서 라이프스타일은 인구통계 자료를 보완하는 도구로 사용되기 시작했다. 행위, 관심, 취미, 의견, 욕구, 가치, 태도 그리고 성격 등 수많은 변수가 포함된다. 라이프스타일은 AIO(Activity, Interest, Opinion)라고도 하는데, 사람들이 시간과 에너지, 그리고 돈을 어떻게 운용하는지를 알려고 하는 것이다. 즉, 사람들의 행위, 관심 그리고 의견을 측정하고자 한다. 의견은 라이프스타일의 중요한 요소이다. 의견 연구는 다른 사람이나 제품, 브랜드, 그리고 최근의 트렌드 등에 대해 어떻게 느끼는지를 알고자 하는 것이다. 광고에서 의견의 가장 중요한 영역은 제품과 브랜드에 대한 인식이다. 광고전략을 개발하기에 앞서 소비자가 제품에 대해 어떻게 느끼는지를 아는 것은 매우 중요하다. 나아가, 소비자가 제품에 대해 어떤 것들을 연상하는지를 아는 것도 중요하다.

널리 사용되는 라이프스타일 연구시스템으로 스탠퍼드 리서치 인스티튜트 (SRI)가 개발한 VALS(Values and Lifestyles)가 있다. VALS는 가치(value)와 라이프스타일(lifestyle)을 복합시킨 것이다. SRI는 소비자를 9개의 VALS(가치와 라이프스타일 집단)로 나눈다. 우리나라의 경우, 대홍기획과 제일기획 그리고 광고대행사 연합의 정례적으로 실시하는 소비자 라이프스타일 연구가 있으며 각 대행사는 그 결과를 광고기획 과정에 유용하게 사용하고 있다. 특히 라이프스타일은 소비자의 다양한 트렌드를 파악하여 시장을 세분화하는 유용한 도구로 이용된다.

■ 가족 생애주기

제품에도 수명주기란 것이 있듯이 가정도 수명주기를 가진다. 그러나 그것을 표현하는 단계별 명칭은 제품 수명주기 용어와는 다르다. 가족 생애주기(family life-cycle)는 9단계로 구분해 볼 수 있다. 각 주기별로 집단에 소구할 수 있는 상품이나 서비스가 무엇이며 그것들이 서로 왜 다른지 살펴볼 수 있다.

① 미혼독신
② 신혼부부: 자녀 없음
③ 보금자리 1기: 6세 미만의 자녀 있음

④ 보금자리 2기: 6세 이상의 자녀 있음

⑤ 보금자리 3기: 부양 자녀가 있는 나이 많은 부부

⑥ 빈둥지 1기: 자녀가 떠나고 없으나 가장이 아직 일하고 있음(부부 동거)

⑦ 빈둥지 2기: 가장이 은퇴했음(부부 동거)

⑧ 독신 노년기

⑨ 은퇴기

의사결정자와 구매자

의사결정자는 어떤 제품의 구매 여부를 결정하는 사람이고 구매자는 그것을 실제 구입하는 사람이다. 어떤 남편은 특정 브랜드의 김치냉장고를 선호하지만, 만약 아내와 함께 쇼핑한다면 실제로 브랜드를 결정하는 사람은 바로 그 아내일 수 있다. 아파트는 어떠한가? 승용차는 어떠한가? 중요한 것은 의사결정자와 구매자는 다를 수 있음을 염두에 두는 것이다. 이 점을 이해한다면 배우자 모두를 광고의 표적 집단으로 삼아야 할 제품도 꽤 있을 것이다. 의사결정과 구매과정에 영향을 주는 자가 누구인지도 알아보아야 한다. 아이들은 식품이나 장난감 광고를 보지만 이들이 의사결정자나 구매자는 아닐 수 있다. 그러나 제품 구매를 결정하는 가족에게 미치는 자녀의 영향력이 큰 제품도 많기 때문에 많은 기업이 아이들을 대상으로 많은 판촉비를 투자하기도 한다.

준거 집단

준거 집단(reference group)은 정보를 구하려는 사람에게 영향을 미치는 사람들이다. 이들은 특히 다른 사람이 정보를 필요로 할 때 매우 중요한 역할을 한다. 예컨대, 당신이 어떤 제품을 추천해 주는 협회의 일원이라고 가정해 보자. 구매 예정자가 다른 정보가 없거나 (있어도) 이용할 수 없다면 당신의 추천은 아주 큰 영향력을 발휘한다. 어떤 준거 집단은 매우 신뢰하는 친구일 수도 있다. 준거 집단의 규모는 중요하지 않다. 중요한 것은 구매의사 결정 시 조언을 구하려고 하는 정보 의존도이다. 준거 집단은 별도의 광고 표적이 될 수 있기 때문에 상황분석에 반드시 포함되어야 한다.

시장 추이

시장에서 성장률이 증가 중인가, 감소 중인가, 정체인가, 등을 따져라. 어떤 조건에서도 이익은 발생할 수 있지만 각각의 경우에 따라 취할 마케팅 행위는 다르다. 그러므로 시장에서 성장 추이가 어떤지 알아야 한다. 펩시콜라는 탄산음료보다 건강음료 시장이 성장한다는 추이자료를 토대로 건강음료 제품의 마케팅에 집중하였고 그 결과 코카콜라의 전체 판매를 앞지르기도 하였다.

경쟁자

경쟁자는 환경요인 중에서 자사의 사업을 교묘하게 방해하는 유일한 대상이다. 지지부진하거나 성장이 불확실한 시장을 목표로 할 때는 특히 경쟁자를 주의 깊게 분석해야 한다. 만약 경쟁자와 동일한 소비자층을 겨냥한다면, 경쟁자는 자사의 판매를 잠식해야만 성공할 수 있다. 그렇기 때문에 경쟁자를 잘 알면 알수록 그만큼 유리하다. 경쟁자 분석에는 4P를 중심으로 경쟁 제품의 강점과 약점, 시장 점유율, 표적시장, 광고전략은 물론이며, 앞서 살펴본 경쟁자의 브랜드 연상, 브랜드 이미지 등도 포함된다.

기술 및 경제 환경

기술은 빠른 속도로 변화하고 확산된다. 과거와 비교해 최근 몇 년 사이에 노트북 컴퓨터의 가격은 내렸지만 성능은 오히려 나아졌다. 컴퓨터나 IT 기술은 아직도 급속히 발전되고 있다. 이동통신 기술은 하루가 다르게 진화하고 있다. 기술과 관련해 자사 상황을 완벽하게 분석해 봐야 한다. 경제 환경은 시장 진입 시 직면하게 되는 경제와 경영 여건이다. 경기 후퇴, 불경기, 인플레이션, 호경기 어디서든 행운을 잡을 수 있다. 불경기에 소주 판매가 증가한다든지, 호경기에 남성복 판매가 증가한다든지 하는 것은 이미 잘 알려진 현상이다. 그러나 경제 여건에 따라 상품이나 서비스가 성공하는 가능성도 달라진다. 그러므로 상황분석 시 자사 상품이나 서비스가 직면하게 될 경제나 경영 여건을 검토해 보는 것이 좋다.

법 · 규제 환경

법이나 규제 환경은 골칫거리가 될 수 있다. 미국의 어떤 중소기업은 경찰용 방탄 헬멧을 개발하려고 10만 달러 이상을 투자했지만 제조자 책임 보험료를 물어야 했기 때문에 이익을 남기지 못하고 회사를 처분해야 했다. 어떤 회사는 과일 주스에 혼합할 와인이 자사 것이나 타사 것이나 똑같은 세금을 낼 것이라는 가정 하에 새로운 와인 냉각기를 개발하는 데 수천 달러를 투자했지만 실제 많은 세금차이가 났기 때문에 결국 이익을 보지 못했다. 광고관련 법, 규제도 예외가 아니다. 일례로 우리나라의 경우 맥주광고에서 맥주를 마시는 장면이 15초 광고의 경우 5초를 초과해서는 안 된다. 만약 자사 제품이 이 같은 법, 규제환경과 관련이 있다면 상황분석에서 점검해 보는 것은 필수이다.

사회 · 문화 환경

잘 알다시피 50년 전만 해도 대중이 모여드는 해변에서 비키니를 입고 있으면 체포되었다. 일본에서는 초밥이나 회가 수백 년 전부터 대중 음식이었지만 미국에서는 초밥 식당 사업이 성공한 것은 최근의 일이다. 사회·문화 환경이 급변할 때 시장 진입 타이밍은 아주 중요한 요인이다. 만약 자사 제품이 최신의 트렌드에 영합하는 것이라면 상황분석에서 사회·문화 환경의 분석은 매우 중요하다. 문화의 분석에서는 하위문화(sub culture)에도 관심을 기울여야 한다.

3. 상황분석 자료의 수집방법

조사(research)는 광고기획을 위한 상황분석에서 사실적인 토대를 제공하는 매우 중요한 역할을 한다. 경험이 풍부한 기획자는 조사보다는 자신의 직관을 더 믿는 경향이 없진 않다. 과거 경험도 전문지식의 일종으로 계획수립에서 결정적인 역할을 할 때가 있다. 하지만 시장과 소비자, 그리고 경쟁자는 계속 변화한다는 점을 간과해서는 안 된다. 변화하는 환경에서 직관에만 의존하는 것은 분명 한계가 있다. 직관은 사실적인 정보에 의해 더욱 유용한 통찰로 연결될 수 있다. 만약 많은 경험을 가지지 않은 기획자라면 사실적인 정보를 수집하고 분석하는 작업은 광고기획에서 필수이다. 조사는 경험이 많고 적음에 관계없이 객관적인 정보를, 때로는 전혀 예상하지 못한 놀라운 정보를 획득하고 현명한 관점을 가지기 위한 체계적인 방법이다. 수집되는 자료의 형태를 기준으로 보면 조사는 크게 정성조사(qualitative research)와 정량조사(quantitative research)로 분류할 수 있다.

정성조사

정성조사는 소비자들이 어떻게, 그리고 왜 특정한 방식으로 생각하고 느끼며 행동하는지를 이해하는 데 도움을 준다. 정성조사는 정량조사에 비해 자료의 수집과 분석시간이 짧다는 이점이 있다. 서베이와 같은 정량조사에서는 표준화된 질문지를 사용하지만 정성조사에서는 '면접 가이드라인'을 사용하게 된다. 표준화된 질문지는 정해진 질문순서에 따라 면접을 진행해야 하지만 가이드라인의 경우에는 탐색항목의 순서가 정해져 있는 것은 아니다. 면접자는 탐색항목은 유연하게 적용할 수 있다. 다른 차이점은, 정성조사의 자료는 숫자가 아니라 주로 글로 표현된다는 것이다. 자료의 분석과 해석에는 수치와는 달리 주관적인 의견이 개입되므로 전문적인 경험과 역량이 요구된다. 초점집단면접(focus group interview)이나 개별 심층면접(individual depth interview)이 정성조사의 대표적인 방법이다.

초점집단면접은 관심 대상인 소비자를 선정하고 이들을 6~7명 정도의 집단으로 구성하여 숙련된 면접진행자(moderator)가 특정 주제에 대해 참여자들이 자유롭게 이야기하도록 하여 대화의 내용을 수집하고 분석하는 방법이다. 초점집단면접은 일면경이 설치된 관찰실을 통해 집단면접 장면을 직접 관찰할 수 있기 때문에 현장에서 의사결정을 신속하게 할 수도 있다. 개별 심층면접은 집단이 아니라 일대일의 형태로 특정 주제에 대해 자유롭게 면접하는 것이다. 개별 심층면접은 집단으로 토론하기에 부적합하거나 타인을 의식하여 개인의 의견이 왜곡될 가능성이 있는 제품에 대한 질적인 자료를 얻을 때 유용하다. 실제 동기 대신 사회적으로 바람직한 반응을 하고자 하는 경향도 초점집단면접 자료의 질을 떨어트리는 요인으로 작용한다. 정성조사 자료의 질은 면접진행자의 경험과 전문성에 크게 영향을 받는다. 최근에는 온라인을 통한 초점집단면접과 개별 심층면접도 활성화되는 추세이다.

정성조사에 속하는 것으로 최근 들어 현장에서 사용이 크게 증가하는 것은 관찰조사와 문화기술조사이다. 관찰조사(observation research)는 인위적이 아닌, 실제 소비자가 생활하고 일하고 쇼핑하는 자연 상태에서의 실제 행동을 조사하는 것이다. 관찰조사는 다른 유형의 정성조사에 비해 밀착되고 사적인 조사라고 할 수 있다. 가정에서의 제품 사용 행동이나 매장에서의 쇼핑행동 등을 비디오나 카메라로 일일이 기록한다. 예컨대, 욕실에서의 샴푸 사용 행동을 분석하여 욕실에 적합한 용기 개발 아이디어를 얻을 수 있다. 여성 운전자의 소지품과 운전행동을 관찰함으로써 여성 운전자에 더욱 적합한 실내 공간을 설계할 수도 있다. 매장에서의 쇼핑행동의 경우, 매장에 들어와서 어떤 경로로 쇼핑을 하며, 어디에서 얼마나 머무는지, 그리고 이동을 하면서 시선을 어디에 두는지를 관찰함으로써 매장 내 광고의 배치와 크기 등에 대한 통찰을 얻을 수 있다. 이러한 아이디어는 IMC 광고기획에서 미디어 믹스 전략을 수립할 때 중요한 정보원이 되기도 한다.

문화기술조사(ethnographic research)는 인류학자들의 연구방법인 민속지학 연구와 마케팅을 접목한 조사방법으로 관찰조사와는 달리 조사자가 제삼자의 관찰자적인 입장이 아니라 조사 대상의 일원으로 직접 생활에 참여하는 것이다. 조사자는 참여 관찰자가 되어 소비자의 행동, 언어 그리고 제품과의 상호작용을 함께, 직접 체험하면서 제품, 브랜드 그리고 광고 등에 대한 통찰을 얻게 된다. 문화기술조사는 특히 제품이나 브랜드에 관한 그들만의 의미나 언어를 탐색함으로써 브랜드나 광고기획자의 관점이 아닌 표적청중이 공감할 수 있는 메시지를 개발하는데 유용하게 사용할 수 있다.

정량조사

정량조사는 다양한 마케팅 관련 사항들에 대한 백분율(%)이나 평균과 같은 수적인 자료를 수집하는 것이다. 표준화된 질문지를 이용한 서베이 조사(survey research)가 정량조사의 대표적인 방법이다. 표준화된 도구를 이용하기 때문에 질적인 정성조사와 같이 면접진행자의 전문성에 크게 영향을 받지 않지만 설문의 구성과 질문의 방식, 선택형 질문에서 제시하는 보기의 종류와 유형, 그리고 표본의 선정과 관련한 오차 등이 자료의 질에 상당한 영향을 미치게 된다. 정량조사 자료의 신뢰도는 표본의 크기에 영향을 받는다. 조사 대상자의 수가 많을수록 자료의 정확도는 증가한다. 하지만 표본의 크기가 클수록 조사기간이 길어지기 때문에 정성조사에 비해 정보를 획득하는 데 많은 시간이 소요되어 의사결정의 순발력이 떨어지는 한계가 있다.

수집된 자료는 SPSS나 SAS와 같은 통계 소프트웨어에 의해 컴퓨터 처리된다. 서베이 조사의 유형에는 전화면접, 우편면접, 이메일 면접, 면대면 개별 면접과 조사 대상을 집단으로 구성하여 서베이를 실시하는 갱 서베이(gang survey) 등이 있다.

무엇을 규명하려고 하는가 하는 목적에 따라 정성조사를 사용할 것인지 아니면 정량조사를 사용할 것인지 결정되겠지만 두 가지 조사는 서로 보완관계를 가질 때가 많다. 정량조사는 시장이나 경쟁자 또는 소비자를 전반적으로 이해하고자 할 때 도움이 되고 정성조사는 양적인 결과로부터 좀 더 구체적이고 근원적인 이유나 원인을 탐색하고자 할 때 도움이 된다. 만약 시장이나 소비자에 대해 상당한 정보가 있다면, 좀 더 구체적인 사항이나 가설을 탐색하기 위한 정성조사만 수행할 수도 있다. 예컨대, 소비자의 40%가 자사 광고에 대해 부정적이라는 양적 조사결과가 있다면 왜, 무엇 때문에 그러한 반응을 하는지를 심층적으로 이해하려고 할 때 정성조사를 사용하게 된다.

조사의 또 다른 분류는 조사의 탐색 영역에 따른 것이다. 마케팅 조사(marketing research)는 소비자의 욕구를 확인하거나 신제품을 개발하고자 할 때, 가격과 유통 전략을 평가하거나, 광고와 마케팅 커뮤니케이션 전략의 효과를 검증하고자 할 때와 같이 마케팅과 관련된 전반적인 자료를 획득하고자 하는 조사이다. 시장 조사(market research)는 마케팅 조사의 한 영역으로 특정한 시장에 관한 정보를 획득하기 위해 보다 구체적인 시장에 초점을 맞춘다. 소비자 조사(consumer research)는 소비자가 어떻게 생각하고, 느끼며, 결정하고, 행동하는지를 이해하는 데 초점을 맞춘다. 한편, 광고 조사(advertising research)는 광고 메시지의 개발조사, 미디어 계획수립 조사와 평가, 그리고 경쟁자의 광고에 대한 정보 등을 포함한 광고의 모든 요소에 초점을 맞춘다. IMC(Integrated Marketing Communication)를 위한 조사는 다양한 마케팅 커뮤니케이션 도구의 사용을 기획하는 데 필요한 정보를 수집한다는 것을 제외하면 광고조사와 유사하다. 따라서 IMC 조사에서는 다양한 출처의 복수의 메시지가 어떻게 상호작용하는지에 특별히 관심을 기울이게 된다.

조사 유형과 조사의 초점

시장 조사는 관심 시장에 대한 전반적인 윤곽을 이해하는 데 초점을 맞춘다. 해당 제품시장에 대한 이해와 경쟁자에 대한 자료의 수집이 시장 조사의 주목적이다. 소비자는 해당 제품을 어떤 용도로, 어떻게 사용하는지, 해당 제품의 시장점유율은 어떠한지, 시장은 성장할 것인지 또는 감소할 것인지, 해당 제품의 시장 주기는 어떠한지 등에 대한 자료를 수집하는 데 초점을 맞춘다. 시장 조사의 또 다른 목적은 경쟁자에 대해 이해하려는 것이다. 누가 직접적인 경쟁자인지, 혹시 다른 유형의 제품임에도 불구하고 같은 사용목적을 충족하는 간접적인 경쟁자는 없는지, 누가 시장의 선도자이며, 시장 추종자는 누구인지, 경쟁의 강도는 어떠한지 등과 같은 경쟁 상황과 환경에 대해 이해하려는 것이다. 물론 광고와 마케팅 커뮤니케이션 경쟁 상황에 대한 이해도 포함된다. 마케팅 커뮤니케이션을 공격적으로 하는 경쟁자는 누구인지, 어떤 형태, 그리고 어떤 전략의 마케팅 커뮤니케이션을 구사하는지, 광고전략은 무엇인지 등에 대한 이해도 필수적으로 포함된다.

소비자 조사는 표적청중의 선정과 직접적으로 관련된다. 세분시장이나 특정 시장의 소비자가 어떻게 생각하고 느끼며, 그리고 결정하고 행동하는지를 이해하는 데 초점을 맞춘다. 그들은 누구인가? 연령, 소득, 학력 등과 같은 인구통계나 의견, 관심 그리고 일상의 행위 등과 같은 라이프스타일은 어떠한가? 해당 제품이나 브랜드에서 그들이 좋아하는 것은 무엇인가? 어떤 생각을 하는가? 그들은 자사 제품이나 브랜드에 대해 어떻게 인식하는가? 경쟁자에 대한 인식은 어떠한가? 그들이 원하는 것은 무엇인가? 왜 특정 제품이나 브랜드를 구매하는가? 아울러, 그들은 어떤 미디어를 이용하는가? 어떤 마케팅 커뮤니케이션에 반응하는가? 이와 같은 소비자에 대한 전반적인 이해를 토대로 세분 소비자 집단을 서로 비교해 보고 어떤 세분 소비자 집단을 표적청중으로 선정할 것인지에 대한 통찰을 얻을 수 있다.

핵심 포인트

- 상황분석은 형식적인 과정이 아니라 광고기획의 초석을 놓는 가장 중요한 단계라는 점을 인식해야 한다.
- 상황분석은 '현재 우리는 어디에 있는지'를 이해하면서 '왜 여기에 있게 되었는지'를 객관적으로 검토하는 체계적이며 비판적인 작업이다.
- 상황분석을 효과적으로 하려면 체계화된 분석 틀을 사용하는 것이 도움이 된다.
- 맹목적으로 상황분석을 실시하지 말아야 한다. 3C 틀 중심으로 정리하기, 4P 중심으로 정리하기, 기획과제 중심으로 정리하기 등을 실시하여 먼저 의문이나 가설을 도출하고 이에 체계적으로 답하는 생산적 과정이 되도록 해야 한다.
- 책상에 앉아서만 상황분석을 하는 것을 피해야 한다. 통찰을 가져다주는 가장 가치 있는 자료는 언제나 소비자와 시장으로부터 나온다. 인터넷 검색자료나 정량화된 자료에만 의존해서는 안 된다. 직접 소비자를 만나고 시장에 나가 보는 것이 필요하다.

읽·을·거·리

브랜드 연상, 브랜드 이미지 등 브랜드 관련 현상이해와 자료를 분석 하고자 하면 "우석봉, 브랜드 심리학(2판), 학지사, 2010."을 참고하기 바란다.

소비자 욕구, 동기 등 심리학적 현상에 대한 이해는 "김재휘 등, 광고심리학, 커뮤니케이션북스, 2009."와 "Gordon R. Foxall & R. E. Goldsmith, *Consumer Psychology for Marketing*, Routledge, 1994."를 참고하기 바란다.

인구통계 관련 자료를 얻고자 하면 통계청 사이트(http://www.nso.go.kr.)를 방문하기 바란다. 성, 연령별 구성, 소득분포, 직업분포, 차량소유 등 다양한 자료를 입수할 수 있다.

제3장

단계 2. 핵심 이슈의 추출

문제를 모르면 결코 해결책도 얻을 수 없다.
　　　　　　　　　　　　　　　　－익명의 광고인－

우리의 문제와 기회는 무엇인가

　상황분석은 장황한 사실(facts)의 나열이 아니다. 광고기획에서 상황분석의 목적은 마케팅 목표와 전략하에서 광고의 역할을 구체화하기 위한 핵심 문제와 기회를 찾아내는 것이다. 이는 무엇을 말하는가? 광고기획자는 상황분석 시에 마케팅이라는 전체 숲을 보기는 하지만 결코 마케팅 전략을 수립하려는 것은 아니라는 것이다. 광고기획자의 초점은 두말할 필요 없이 언제나 광고에 맞추어져야 한다. 상황분석이 완료되면 다음으로 해야 할 일은 상황분석 결과를 토대로 광고할 상품이나 서비스의 핵심 이슈를 추출하는 것이다.

　광고는 마케팅 목표를 달성하는 수단 중의 하나이고 4P라는 마케팅 믹스에 통합될 한 부분이므로 마케터의 영역과 광고기획자의 영역을 무 자르듯 구분할 수는 없으며 또 그럴 필요도 없다. 하지만 광고기획자의 본원적 역할과 임무에 대해서는 철저한 인식을 가져야 한다. 광고기획자에게 맡겨진 본원적 역할과 임무는 두말할 필요도 없이 광고전략의 개발이지 결코 포괄적인 마케팅 전략의 개발은 아닌 것이다. 다시 강조하건대, 상황분석을 토대로 추출하게 될 문제와 기회의 초점은 광고가 해결할 핵심 이슈를 발견하는 데 집중되어야 한다.

광고가 다루어야 할 핵심 이슈를 규정하기 위해 상황분석의 결과를 체계적으로 정리하는 유용한 틀이 바로 SWOT 분석이다. 앞서 상황분석에서도 자사, 소비자, 그리고 경쟁자로 구성되는 분석 틀을 사용할 것을 권하였다. 상황분석을 토대로 핵심 문제와 기회를 추출하는 단계에서도 SWOT라는 틀을 사용할 것을 권한다. SWOT라는 '틀' 역시 기획자가 뭔가를 빠트리지 않고 체계적으로 점검하도록 도움을 주는 도구이다.

1. SWOT 분석

상황분석 결과를 일목요연하게 체계적으로 정리하는 유용한 틀이 SWOT 분석이다. SWOT는 자사 상품이나 서비스의 강점(Strength)과 약점(Weakness) 그리고 기회(Opportunity)와 위협(Threat)을 나타낸다([그림 3-1] 참고). 이들 간의 차이는 다음과 같다.

- 강점과 약점, 즉 S와 W는 기업 내부 요인이거나 기업이 직접 통제할 수 있는 것이다.
- 기회와 위협, 즉 O와 T는 기업 외부 요인이며 기업의 통제 밖에 있는 것으로 주로 외부 환경요인과 관련된다.

강점 (Strength)	약점 (Weakness)
기회 (Opportunity)	위협 (Threat)

[그림 3-1] SWOT 매트릭스

'자사 브랜드의 인지율이 높다.' 또는 '자사 브랜드의 인지율이 낮다.'는 것은 강점이나 약점으로, 이는 자사가 통제할 수 있다. 자사 브랜드의 인지율은 브랜드 기억을 높이는 크리에이티브를 개발하거나 또는 광고비를 증액하는 것과 같이 기업이 통제할 수 있는 요인이다. '유통이 강하거나 취약하다.' 또는 '제품 질에 대한 소비자 평가가 긍정적 혹은 부정적이다.'라는 것도 강점과 약점에 해당한다. 자사 유통이나 제품 질 모두 기업이 통제할 수 있기 때문이다.

한편, 건강음료 브랜드의 경우, '소비자의 건강에 대한 관심이 증가한다.'는 것은 강점이 아니라 기회로 보아야 한다. 소비자의 건강에 대한 관심이 증가하는 현상은 기업이 직접적으로 통제할 수 있는 것이 아니기 때문이다. 돼지고기의 경우 자유무역협정으로 인해 소고기 수입이 자유화되고 그로 인해 소고기 값이 떨어져서 돼지고기 소비가 줄어든다면 이는 약점이 아니라 위협요인이다. 국가 간 자유무역협정이라는 환경요인은 기업이 어찌할 수 있는 것이 아니기 때문이다. 그러면 '경쟁사가 공격적으로 가격할인 정책을 전개한다.'는 것은 어디에 해당할까? 이 역시 위협요인에 해당한다. 경쟁사의 행위에 대응할 수는 있지만 경쟁사 행위 자체를 자사가 통제할 수는 없기 때문이다. 지구온난화로 인한 기후의 변화, 미세먼지의 증가, 청년실업, 노령화, 1인 가구의 증가 등은 모두 기업의 비즈니스에 영향을 미치지만 이들은 기업의 직접적인 통제를 벗어난 외적인 환경요소로 기회 또는 위협요인에 해당한다.

광고기획과 SWOT 분석의 실제

SWOT는 상황분석 결과를 일목요연하게 정리하는 틀임에도 불구하고 이를 광고기획에 좀 더 효과적으로 사용하려면 다음의 두 가지 점을 고려해야 한다.

• 강점(S)과 약점(W)은 핵심 경쟁자 대비 '상대적 관점'에서 정리하라. 상대적 관점은 소비자 인식(perception)을 토대로 한 것이어야 한다.
• 기회(O)와 위협(T)의 경우 광고할 상품이나 서비스에 '실질적인' 영향을 미 치는 핵심요인 중심으로 정리하라.

SWOT 분석을 할 때 실무자가 흔히 간과하는 것 중의 하나가 바로 '상대적 관점'이다. 왜 상대적 관점에서 강점과 약점을 정리해야 할까? SWOT는 광고할 상품이나 서비스의 모든 이슈가 아니라 '핵심' 이슈를 찾기 위한 것이기 때문이다. 광고할 서비스는 인터넷 통신망으로 전송속도가 빠르다는 특징을 가진다고 가정하자. 그러면 어떤 브랜드의 전송속도가 빠르다는 것은 강점인가? 그럴 수도 있고 아닐 수도 있다. 만약 경쟁자보다 전송속도에서 확실히 경쟁 우위에 있다면 분명히 강점이다. 하지만 경쟁자도 엇비슷한 속도 경쟁력을 가지고 있다면 전송속도는 더 이상 자사의 강점이 아니다. 속도를 SWOT 상의 강점으로 정리하면 곤란하다. 반면, 경쟁자에 비해 확실히 기술적 우위에 있음에도 불구하고 소비자가 그 차이를 인식하지 못한다면 이는 약점일 것이다. 약점도 마찬가지이다. 화상통화 휴대폰이 통화 도중에 화면의 끊김 현상이 자주 발생한다고 치자. 우리 브랜드만 그렇다면 이는 분명히 약점이다. 하지만 다른 경쟁자도 같은 현상을 가진다면 약점으로 볼 필요가 없다.

'상대적 관점'의 의미를 좀 더 분명히 해 보자. 상대적 강·약점의 기준은 무엇일까? 그 기준은 바로 객관적 실체가 아니라 소비자 인식이다. 마케팅이나 광고에 관한 한 객관적 실체는 별 의미가 없다. 객관적으로 자사 서비스의 전송속도가 아무리 빠르다 하더라도 소비자가 그렇게 인식하지 않는다면 더 이상 강점이 아니다. 경쟁자에 비해 성분이나 효능에서 숙취해소 효과가 분명히 우수하다하더라도 소비자가 그렇게 인식하지 않으면 이 역시 강점으로 볼 수 없다. 마케팅이나 광고에서는 소비자 인식이 곧 실체라는 사실을 잊지 말아야 한다. 일반적으로 광고주는 자사의 강·약점에 대해 상대적 관점이나 소비자 인식 현상을 좀처럼 수용하지 않는 경향이 있다. 하지만 광고기획자는 이 문제를 반드시 해결해야만 한다. 그렇지 않으면 '광고주가 좋아하는 광고'는 제작할지언정 '소비자를 움직이는 광고'는 결코 기획할 수 없다.

SWOT 분석 시에 실무자가 간과하는 또 다른 문제는 기회와 위협요인의 정리에 관한 것이다. 어떤 상품이나 서비스든지 간에 영향을 미치는 환경적인 기회와 위협요인은 매우 다양할 뿐만 아니라 영향력에서도 많은 차이가 있다. 하지만 SWOT 분석에서는 가능한 기회와 위협요인을 모두 고려할 수는 없으며 핵심적인, 즉 실질적으로 영향력이 큰 요인을 기회와 위협요인으로 다루어야 한다는 것이다. 예컨대, 즉석 쌀밥의 경우 전자레인지의 보급증가, 간편한 식생활 선호확산, 1인 가구의 증가, 햄버거 등 패스트푸드의 유해성에 대한 인식 고조, 시간에 쫓기는 라이프스타일 패턴 증가, 이 모든 것이 기회로 작용할 수 있다. 그렇다고 해서 이 모든 것을 SWOT 분석에서 동일한 중요도의 기회로 정리해서는 별로 얻을 것이 없다. 기업의 자원은 제한적이므로 핵심적인 기회나 위협요인에 자원을 집중해야 한다.

2. 핵심 이슈의 추출

상황분석과 마찬가지로 SWOT 분석 시에도 '왜 SWOT 분석을 하는가?'에 대해 명확한 목적의식을 가져야 한다. 통상 '다들 하니까 우리도 한다.'거나 '상황 분석을 정리하기 위해'라는 생각으로 SWOT 분석에 임하는 것은 별반 도움이 되지 않는다. 많은 경우에 특히 광고기획의 경험이 일천한 경우에, "SWOT 결과는 무엇인가?" "SWOT를 통해 우리 광고가 뭘 해야 하는가?"를 질문하면 주저하기 일쑤이다. SWOT분석을 표면적으로만 이해하였기 때문이다. SWOT 분석은 분명 장황한 상황분석 결과를 정리하기 위한 것이다. 하지만 정리를 통해 무엇을 얻고자 하는지, 즉 SWOT 분석을 왜 하는지의 목적을 분명히 인식해야 한다.

- SWOT 분석은 광고할 상품이나 서비스의 '핵심 이슈'를 추출하기 위한 것이다.
- SWOT 분석은 핵심 이슈 추출을 위한 '정리 도구'이다.

SWOT 분석의 궁극적인 목적은 광고할 상품이나 서비스의 강점과 약점, 기회와 위협요인 그 자체를 분류하기 위한 것이 아니다. 광고기획자도 바로 이 점을 자주 간과하는 경향이 있다. SWOT 분석은 광고할 상품이나 서비스의 핵심 이슈, 즉 광고에 관련된 결정적인 해결요소 또는 활용요소를 들여다봄으로써 '그래서 자사 상품이나 서비스가 당면한 핵심 이슈는 무엇인가?'를 발견하기 위한 것이다.

- SWOT는 상황분석을 통해 핵심 이슈를 추출하기 위한 중간과정이자 도구이다(그림 3-2] 참고).

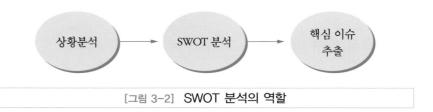

[그림 3-2] **SWOT 분석의 역할**

SWOT를 문제와 기회로 압축하라

SWOT 분석결과로부터 핵심 이슈를 추출하는 한 가지 유용한 방법은 바로 강·약점 그리고 기회와 위협요인을 핵심 '문제(problem)'와 '기회(opportunity)'의 두 요소로 압축하는 것이다. SWOT 분석에서 약점과 위협요인은 문제로, 그리고 강점과 기회요인은 기회로 재정리할 수 있다. 강점과 약점처럼 자사가 통제할 수 있는 것은 기회나 위협요인처럼 자사의 통제를 벗어난 것에 비해 언제나 더 중요하다고 결코 단언할 수 없다. 어떤 경우에는 오히려 위협과 기회요인에서 광고의 해결책을 찾을 수도 있기 때문이다. 유능한 광고기획자라면 이러한 관점을 가져야만 한다. SWOT를 문제와 기회로 압축함으로써 광고할 상품이나 서비스의 핵심 이슈를 더욱 분명히 할 수 있다(그림 3-3).

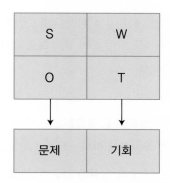

[그림 3-3] SWOT의 재정리

문제는 곧 기회일 수 있다는 관점을 가져라!

문제와 기회로 압축하는 과정에서 다음 사항을 염두에 두어야 한다. 문제와 기회는 동전의 양면일 때가 있다. '가격이 비싸다'는 것은 소비자의 가격저항 측면에서 보면 문제일 수 있지만 브랜드 이미지 측면에서 보면 프리미엄 이미지를 줄 수 있기 때문에 기회로 작용할 수 있다. '구구콘'은 과거 시장에 출시될 때 가격이 500원이었다. 콘 타입의 아이스크림 유목에서 500원은 그 당시에는 매우 비싼 가격이었다. 소비자 수용도 조사결과에서 핵심 문제는 당연히 높은 가격저항이었다. 하지만 당시 광고기획팀은 비싼 가격을 오히려 기회로 보았다. 고가격을 프리미엄 퀄리티라는 기회로 정의한 것이다. 그 결과로 탄생한 광고 슬로건이 바로 "그래서 500원입니다!" 였다. 비싼 가격에도 불구하고 출시한 지 얼마되지 않아 매출은 가히 폭발적이었다. 광고기획자 중 많은 사람이 문제의 구렁에서 헤어나지 못하거나 문제를 골칫덩이로 취급하여 포기해 버리는 것도 문제에 대해 광고의 시각에서 분석적으로 정의하지 못하기 때문이다. 그 바탕에는 문제와 기회를 서로 동떨어진 별개의 것으로 보는 잘못된 사고방식이 깔려 있다. 문제와 기회를 상호 관련이 없는 독립적인 것으로 해석해서는 안 된다. 문제는 곧 기회일 수도 있다는 관점을 가지는 것이 필요하다.

광고기획자는 문제의 중요성을 인정해야 한다. 기회를 인정하는 데는 아무런 어려움도 느끼지 않는 기획자도 막상 문제점을 논의할 때는 주저하는 경향이 있다. 이것은 분명 잘못된 것이다.

- 일단 전략 개발에 착수했으면 문제점을 극복하고 기회를 포착하기 위해서라도 문제를 명확하게 확인해야 한다.
- 만약 문제를 포함시키지 않고 기회만 기술했다면, 광고주는 의도적으로 그것을 누락시켰거나 또는 문제 자체를 알아차리지 못할 만큼 광고기획자가 멍청하다고 생각할 수 있다.

'증상'이 아닌 '원인'에 집중하라!

문제를 구체화하면 할수록 해결책도 더욱 명료해진다. 문제를 구체화하는 과정에서 흔히 저지르는 실수 중의 하나는 증상과 원인을 혼동하는 것이다. '배가 아프다.'는 것은 증상이다. 배가 아픈 것은 간의 이상 때문일 수도 있고 위궤양 때문일 수도 있다. 치료를 위해 중요한 것은 배가 아프다는 증상이 아니라 간 또는 위의 이상과 같이 배가 아픈 원인을 밝히는 일이다. SWOT를 통해 문제를 추출하고 정리하는 것도 다를 바 없다. 중요한 것은 문제의 증상이 아니라 원인이다.

'판매가 감소한다.'가 문제라고 하자. 이 경우 '왜 판매가 감소하는가?'라는 질문을 던져 보라. 만약 '소비자가 점차 소형 매장이 아니라 대형 할인점에서 구매하는 경향이 증가하기 때문이다.'라는 결론에 도달했다면 진정한 문제는 '판매 감소'가 아니라 '대형 할인점 유통침투의 실패'일 것이다. 다른 예를 보자. '전년 대비 브랜드 인지가 정체이다.'를 문제로 정리했다고 하자. 그렇다면 '왜 브랜드 인지가 정체되는 것일까?'를 질문해 보라. 만약 '경쟁사가 공격적으로 광고를 집행했기 때문에 소비자의 인식에서 우리 광고의 존재가 부각되지 못해서'라는 결론에 도달했다면 진정한 문제는 브랜드 인지의 정체라기보다는 자사의 미디어전략이라 할 수 있다. 이처럼 문제를 증상이 아니라 원인 중심으로 들여다봄으로써 해결책이 더욱 분명해진다.

중요도에 따라 문제, 기회의 우선순위를 매겨라!

SWOT 분석과 마찬가지로 문제와 기회도 나열에 그치게 되면 핵심 이슈 추출 도구로서의 가치가 떨어진다. 이를 해결하는 방법은 추출한 문제와 기회에 대해 우선순위를 매기는 것이다. 문제와 기회는 중요도가 같을 수는 없다. 추출한 문제와 기회에 대해 우선순위를 매겨 보면 문제 중에서 가장 시급히 해결해야 할 것은 무엇이며, 기회 중에서는 가장 활용가치가 높아서 우선적으로 이용하거나 강화해야 할 것이 무엇인지 더욱 명확해진다. 우선순위를 어디까지로 해야 하는지는 물론 정해진 것은 아니다. 어떤 경우에는 우선순위가 확연하게 드러날 수도 있지만 우열을 가리기 힘든 경우도 있다. 하지만 문제와 기회의 우선순위를

표 3-1 문제·기회 평가 매트릭스

우선순위	문제	기회
1		
2		
3		
4		
5		

따져 보는 과정 자체가 중요하다. 다양한 문제와 기회를 두고 서로 목소리 높여 가며 우왕좌왕하는 일이 벌어지지도 않는다. 문제와 기회의 우선순위를 정하기 위해 〈표 3-1〉의 매트릭스를 이용해 보라.

문제와 기회는 구체적으로 진술하라

핵심 이슈인 문제 및 기회의 정리에 관한 또 다른 실무적 지침은 '진술의 구체성'에 대한 것이다. 광고기획은 개인이 혼자서 진행하는 작업이 아니다. 기획과 크리에이티브 그리고 매체 등 연관 부서 다수 인원이 공동으로 진행하는 작업이다. 따라서 광고기획의 핵심 이슈인 문제와 기회는 기획에 참여한 인원 누구나 제각기 해석하지 않고 정확히 이해할 수 있게 구체적으로 진술되어야만 한다. 다음과 같은 문제 진술의 예를 보자.

- 브랜드 이미지가 부정적이다.
- 광고에 대한 평가가 부정적이다.
- 브랜드 인지율이 낮다.

이상과 같은 문제는 구체적으로 진술된 것이라 할 수 있을까? 아마 아닐 것이다. 왜 그럴까? 첫째, 모호하다. 브랜드 이미지가 부정적이라면 구체적으로 어떤 이미지가 부정적이란 말인가? 브랜드 이미지는 아마 수십 가지가 될 것이다. 이렇게 모호하게 진술한다면 기획 회의에 참석한 사람마다 각자 해석도 다를 수 있다. 해석이 다르면 해결책도 달라질 수밖에 없다. 광고에 대한 평가가 부정적이라는 진술도 모호하기는 마찬가지이다. 광고의 어떤 측면이 부정적이란 말인가? 모델? 소구방법? 아니면 카피?

둘째, 정도(degree)가 구체적이지 않아 기준에 대한 공감을 끌어내는 데 문제가 있을 수 있다. 브랜드 인지율이 낮다면 도대체 인지율이 몇 %이기에 낮다는 것인가? 인지도가 낮다는 것은 절대적인 것인가 아니면 경쟁자 대비 상대적 관점에서 내린 평가인가? 광고에 대한 평가가 부정적이라면 누구를 대상으로 어느 정도 부정적이란 말인가? 광고 표적청중의 90%가 부정적으로 평가하는가? 아니면 전체 광고청중의 65%가 부정적으로 평가하는가? 이제 앞서 제시한 세 가지 문제를 다음과 같이 진술해 보자.

- 잠재 소비자의 75%는 브랜드가 '시대에 뒤떨어진' 것으로 본다.
- 광고 표적 청중의 65%가 광고 모델을 선호하지 않는다.
- 핵심 경쟁 브랜드 인지율은 48%인 데 비해 우리 브랜드 인지율은 15%이다.

만약 당신이 카피라이터나 혹은 그래픽 디자이너라면 어떤 진술문이 크리에이티브 아이디어를 정교화하는 데 도움이 된다고 생각하는가? 문제와 기회는 구체적일수록 좋다.

3. 문제와 기회를 영역별로 분류하라

SWOT 분석을 문제와 기회로 압축하고 이들에 대해 우선순위를 매겼다면, 다음으로 할 일은 문제와 기회를 마케팅 믹스 영역별로 구분하는 것이다. 앞서 누누이 강조했지만 광고기획자의 핵심 임무는 광고전략을 개발하는 것이지 결코 마케팅 전략을 개발하는 것이 아니다. 하지만 광고기획자가 마케팅이라는 전체 숲을 봄으로써 광고의 역할을 더욱 구체화하고 광고기획의 정교함을 높일 수 있다. 이를 위해 광고기획자는 추출된 문제와 기회를 마케팅 영역별로 구분해 보아야 한다.

문제와 기회를 마케팅 믹스 영역별로 구분하라

SWOT 분석을 토대로 추출해 낸 핵심 이슈인 문제와 기회가 모두 광고만으로 해결 가능하거나 활용할 수 있는 것이 아님은 너무나 분명하다. 어떤 문제는 광고보다는 제품이나 유통으로 해결해야 하는 것일 수 있다. 그러니 광고목표를 수립하거나 광고전략을 개발하려면 광고가 떠맡아야 할 요인과 다른 마케팅 믹스가 떠맡아야 할 역할을 분명히 해야만 한다. 어떤 드럼세탁기 전용 세제가 SWOT 분석을 통해 다음과 같은 문제를 도출했다고 가정해 보자.

> **드럼세탁기 전용 세제 ○○○의 문제**
> • 찬물에 잘 녹지 않는다.
> • 대형 할인매장에서만 구입이 가능하다.
> • 매대에서 용기 디자인이 눈에 잘 띄지 않는다.
> • 소비자의 브랜드 인지율은 10%에 지나지 않는다.

위의 네 가지 문제 중에서 무엇보다 광고가 결정적으로 해결할 수 있는, 즉 광고와 직접적으로 관련된 문제는 '소비자의 낮은 브랜드 인지도'이다. 찬물에 잘 녹지 않는다는 첫 번째 문제는 제품, 즉 제품 개발부서가 해결해야 할 사항이다. 두 번째 문제는 유통이, 세 번째 문제는 용기 디자인 개발부서가 해결해야 할 사항인 것이다. 많은 광고기획자가 문제와 기회는 분명히 추출해 놓고도 이들을 마케팅 믹스 영역별로 제대로 분리하는 것을 간과하는 경향이 있다. 한편, 위의 예와는 다른 유형의 문제가 있을 수도 있다. 다음의 예를 보자.

> ### 패션 브랜드 ○○○의 문제
> • 브랜드 개성(personality)이 촌스럽다.

패션 브랜드 ○○○의 경우는 드럼세탁기 전용 세제와 달리 핵심 문제가 단 하나로 압축되어 있다. 이럴 경우, 광고의 역할은 어떻게 규정되어야 할까? 이때 는 핵심 문제에 대해 각 마케팅 믹스가 해 주어야 할 역할을 역으로 구분해 보아 야 한다. 촌스러운 브랜드 개성을 해결하기 위한 제품 디자인은? 매장전략(인테 리어, 아웃테리어 등)은? 그리고 가격전략은 어떤 역할을 해 주어야 할까? 그러면 광고는 어떤 역할을 해 주어야 할까? 아마 광고는 스타일리시한 유명 모델을 기 용하거나 프리미엄 패션 매거진에 광고를 게재하는 등의 전략을 고려할 수 있을 것이다. 이렇게 함으로써 광고의 역할이 더욱 명료해진다.

문제와 기회를 마케팅 커뮤니케이션 영역별로 구분하고 확장하라.

현대 광고기획자는 비단 광고기획에만 그 역할이 한정되지는 않는다. 최근 들 어 광고기획자의 역할은 광고기획이라기보다는 오히려 마케팅 커뮤니케이션 전 반의 기획으로 확장되고 있다. 이러한 경향은 소비자 라이프스타일이 복잡, 다 양해지고 미디어 혼잡도는 지속적으로 증가하며 미디어와 비히클도 갈수록 분 화되어 전통적인 4대 매체의 광고의 비중은 예전 같지는 않다. 최근 들어 관심이 고조되고 있는 '통합 마케팅 커뮤니케이션(IMC)'은 이 같은 경향을 반영한 결과 이다.

광고의 경우, 과거에는 TV를 중심으로 한 4대 매체 중심의 광고가 주를 이루었다. 하지만 이제 전통적인 4대 매체 광고만으로 마케팅 전략을 지원하기에는 사실상 한계가 있다. 미디어 광고뿐만 아니라 세일즈 프로모션, PPL(Product Placement), 이벤트, PR 그리고 휴대폰, 인터넷 게시판과 블로그, 그리고 소셜 네트워크와 소셜 미디어 등 소비자 접점을 망라하는 전 방위 커뮤니케이션이 요구되는 시대이다. 이제 광고기획자는 문제와 기회 중에서 4대 미디어 광고 중심이 아니라 커뮤니케이션이 총체적으로 해결하거나 활용할 문제나 기회를 추출하고 이를 구체적인 커뮤니케이션 영역별로 분화하는 작업을 해 보아야 한다. 그리고 이 과정에서 광고의 유형과 역할을 확장해 보아야 한다.

앞서 예를 들었던 '드럼세탁기 전용 세제'의 경우로 돌아가 보자. 이 제품의 경우 SWOT 분석을 통해 추출한 문제의 해결책을 마케팅 믹스 중심으로만 구분하면 광고의 역할은 브랜드 인지도를 높이는 데 국한될 가능성이 높다. 하지만 광고의 기회는 마케팅 믹스 어느 요소에서든 있을 수 있다. 〈표 3-2〉를 보라. 4P 마케팅 믹스 중심의 문제를 총체적인 커뮤니케이션 믹스로 확장하게 되면, 광고를 포함한 다양한 형태의 커뮤니케이션이 기여할 수 있는 영역은 브랜드 인지뿐만 아니라 다른 문제영역으로까지 넓혀진다. 예컨대, 유통이 대형 할인매장에 국한됨으로써 시장 진입 초기의 제품 구매 시도가 떨어질 수 있다면 경품행사나 가격할인 등의 세일즈 프로모션을 통해 의도적으로 대형 할인매장으로 유인하거나 또는 대형 할인매장 입점객의 구매를 유도할 수 있다. 판매대에서 용기 디자인이 눈에 잘 띄지 않는다면 장기적으로는 용기 디자인의 개선이 필요하다. 그리고 이는 디자인 개발부서가 맡아 주어야 할 임무이다. 하지만 당장 디자인 개선이 가능하지 않다면 매장 내 자사 제품이 위치한 매대에 POP(point-of-purchase)를 설치함으로써 소비자의 주의를 끌 수 있다. 이러한 과정을 거치게 되면, 다양한 커뮤니케이션 도구들의 믹스를 이용한 문제해결 능력의 제고는 물론 광고의 역할이 더욱 명료해지고 구체화될 수 있다.

강조하건대, SWOT 분석의 목적은 광고로 해결할 핵심 이슈를 추출하는 것이

표 3-2 총체적인 커뮤니케이션을 통한 문제해결의 확장

드럼세탁기 전용 세제 ○○○의 문제	마케팅 믹스 역할 구분	커뮤니케이션 믹스 역할 구분
• 찬물에 잘 녹지 않는다.	제품 개발	–
• 대형 할인매장에서만 구입이 가능하다.	유통	세일즈 프로모션
• 매대에서 용기 디자인이 눈에 잘 띄지 않는다.	디자인	매장 POP
• 소비자가 브랜드를 잘 모른다.	프로모션	광고, 세일즈 프로모션

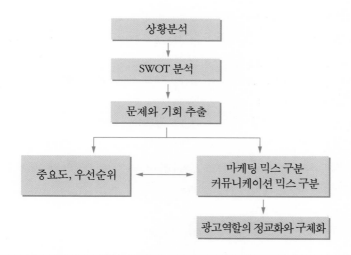

[그림 3-4] 광고로 해결할 핵심 문제와 기회의 추출 과정

다. 그리고 'SWOT 분석을 통해 추출한 최종적인 문제와 기회는 마케팅 목표를 달성하는 데 어떤 영향을 미치는가?' '마케팅 목표를 달성하는 데 이러한 문제와 기회를 활용하기 위해서는 어떤 수단이 동원되어야만 하는가?'라는 후속 질문에 답하는 데 초점이 맞추어져야 한다. 광고로 해결할 수 있는 문제, 또는 광고로 강화하거나 활용할 수 있는 기회일 때 그것은 비로소 광고가 다루어야 할 핵심 문제와 기회인 것이다.

- 상황분석의 목적은 마케팅 목표와 전략하에서 광고의 역할을 구체화하기 위한 핵심 문제와 기회를 찾아내는 데 있다.
- 상황분석을 토대로 추출하게 될 문제와 기회의 초점은 광고로 해결할 핵심 이슈를 발견하는 데 집중되어야 한다.
- 상황분석의 결과를 체계적으로 정리하는 유용한 분석 틀은 SWOT 분석이다.
- SWOT는 자사 제품이나 서비스의 강점과 약점 그리고 기회와 위협이다.
- 강점과 약점, 즉 S와 W는 기업 내부 요인이거나 기업이 통제할 수 있는 것인 반면 기회와 위협, 즉 O와 T는 기업 외부 요인이며 기업의 통제 밖에 있는 것으로 주로 외부 환경요인이다.
- 강점과 약점은 핵심 경쟁자 대비 상대점 관점에서, 그리고 소비자 인식 중심으로 정리해야 한다.
- 기회와 위협의 경우 광고할 제품이나 서비스의 현재와 미래에 결정적 영향을 미칠 핵심요인 중심으로 정리하라.
- SWOT 분석의 궁극적인 목적은 광고할 제품이나 서비스의 강점과 약점, 기회와 위협요인 그 자체를 찾기 위한 것이 아니다. SWOT 분석은 광고할 제품이나 서비스의 핵심 이슈, 즉 상황을 들여다봄으로써 자사 제품이 해결해야 할 핵심 이슈가 무엇인지 찾기 위한 것이다.
- 핵심 이슈 추출의 실체
  - 문제는 곧 기회일 수 있다는 관점을 가져라!
  - '증상'이 아닌 '원인'에 집중하라!
  - 중요도에 따라 우선순위를 매겨라!
  - 문제와 기회는 구체적으로 진술하라!
- 문제와 기회를 마케팅 믹스 영역별로 분류하여 광고의 역할을 구체화해 보라.
- 문제와 기회를 마케팅 커뮤니케이션 영역별로 구분하고 확장하라.

읽·을·거·리

마케팅 커뮤니케이션 믹스에 대해 구체적으로 알고자 한다면 "우석봉, IMC 광고기획
　　　의 원리와 응용, 학지사, 2014."를 참고하기 바란다.

SWOT 분석에 대해 더 깊이 있는 이해를 하고자 한다면 "Nadin 등, SWOT analysis-
　　　Idea, methodology, and a practical approach, 2009."를 참고하기 바란다.

제**4**장

단계 3. 표적청중 선정과 포지셔닝

포지셔닝은 광고전략의 진수이다.
-Keith Reinhard-

소비자 욕구를 반영하지 않는 그 어떤 것도 전략이라 할 수 없다.
경쟁자도 사용할 수 있는 것이라면 그 어떤 것도 전략이라 할 수 없다.
-John Lyons-

어떻게 경쟁할 것인가

지금까지 상황분석과 핵심 이슈의 추출에 대해 알아보았다. 이제는 광고기획의 세 번째 단계인 포지셔닝을 다룰 차례이다. 광고기획 과정에서 포지셔닝은 하나의 중요한 전환점이다. 상황분석과 SWOT을 통한 핵심 문제와 기회의 추출이 광고가 궁극적으로 해결해야만 되는 핵심 이슈를 추출하는 단계라면, 포지셔닝은 본격적인 광고전략 수립 단계로 돌입하는 전환점인 것이다.

포지셔닝이란, 표적청중의 마음속에 자사의 상품이나 서비스에 대해 경쟁자와는 상대적으로 차별되는 인식을 심어 주는 '과정'이다. 정의에서 알 수 있듯이 포지셔닝은 선행 단계인 상황분석과 핵심 이슈를 토대로 광고전략을 마무리하는 과정이라고 할 수 있다.

111

포지셔닝 전략을 수립하려면, 3개의 핵심요인인 '표적청중' '경쟁자' '표적청중을 움직일 그 무엇'이 구체화되어야만 한다. 이들 요인에 대한 규정은 결코 선행 단계인 상황분석과 핵심 이슈 추출과 단절된 것이 아니다. 핵심 이슈인 문제와 기회를 정리하면서 '누구에게 말할 것인가?' '누구와 경쟁할 것인가?' '무엇을 표적청중의 마음에 심어 줄 것인가?'에 대한 윤곽을 잡아 나가야 한다. 그리고 포지셔닝의 차원, 즉 마케팅 포지셔닝과 광고 포지셔닝에 대해서도 구분해야만 한다.

1. 마케팅 포지셔닝과 광고 포지셔닝

포지셔닝은 마케팅 차원과 광고 차원으로 구분되는 것일까? 광고 포지셔닝이 필요한 것일까? 이제 둘 간의 차이를 살펴보면서 왜 광고 포지셔닝에 대해 고려해 보아야 하는지 알아보자.

마케팅 포지셔닝은 마케팅 믹스를 이끄는 길잡이이다

우리는 앞서 전략 피라미드라는 개념을 살펴보았다. 전략적 마케팅 관리의 아래 수준인 마케팅 목표는 마케팅 전략을 결정하는 가이드 역할을 한다는 점을 알았다. 포지셔닝은 마케팅 전략으로서 마케팅 전술, 즉 마케팅 믹스를 이끄는 길잡이 역할을 한다. 포지셔닝 전략에 따라 가격, 유통, 제품, 촉진활동의 구체적 역할이 결정되는 것이다. 마케팅 믹스 요소들이 어두운 밤에 항해하는 배라면, 포지셔닝은 이들 배를 인도하는 등대와도 같은 역할을 한다.

길잡이로서 포지셔닝 역할의 예를 들어 보자. 하겐다즈 아이스크림의 포지셔닝은 집약하면 '최고급 아이스크림'이다. 이러한 포지션의 전략적 결정은 마치 오케스트라의 지휘자처럼 모든 마케팅 믹스의 구체 행위들이 조화를 이루도록 지휘한다. 먼저 제품의 경우, 최고급이란 포지셔닝에 맞게 하겐다즈 아이스크림의 모든 원료는 전 세계에서 가장 유명한 원산지에서 엄선하여 구입한다. 유통을 보자. 하겐다즈 아이스크림은 어디에 진열되어 있는가? 다른 아이스크림과 섞여 보관되는가? 그렇지 않다. 하겐다즈는 독자적인 냉장고에 보관, 판매된다. 가격은 어떤가? 가격 역시 경쟁자에 비해 언제나 고가이다. 촉진, 그중에서도 광고는 어떠한가? 최고급이란 포지셔닝답게 하겐다즈는 연인의 최고의 순간에 함께하는 아이스크림으로 표현된다. 이처럼 포지셔닝은 마케팅 믹스 요소들이 서로 일관성과 조화를 유지하면서 한 방향으로 매진하도록 이끄는 길잡이 역할을 하는 것이다. 이러한 포지셔닝의 역할은 궁극적으로 표적시장에 어떤 효과를 발휘하는 것일까?

포지셔닝은 시너지를 가져다준다

20세기 초에 일단의 독일 심리학자는 어떻게 인간의 마음이 외부자극을 의미 있는 것으로 조직화하는가에 관심을 가졌다. 외부에서 감각정보가 주어지면 우리는 이를 조직화하여 의미 있는 형태로 구성하는데 이를 게슈탈트(gestalt)라 한다. 게슈탈트는 '형태'나 '전체'를 의미한다. [그림 4-1]를 보라. 그림은 3개의 직선을 가진 8개의 원에 지나지 않는다. 하지만 우리는 이를 3개의 직선을 가진 8개의 원으로 분리하여 보기보다는 전체적으로 의미 있는 하나의 정육면체로 보게 된다. 이와 같이 게슈탈트 심리학자는 전체는 부분들의 단순 합 그 이상이라고 말하기를 좋아한다. 이런 점에서 본다면, 1+1은 2일 수도 3일 수도, 또는 그 이상일 수도 있다. 게슈탈트 원리는 포지셔닝 원리에 그대로 적용된다. 하나의 상품이나 서비스는 다양한 마케팅 활동을 전개하지만 이들이 별개로 운영되기보다는 하나의 전체로 조직화될 때 시너지가 발생하는 것이다.

[그림 4-1] 넥커 정육면체

포지셔닝의 시너지 효과에 대해 게슈탈트 원리가 주는 시사점은 '조화'와 '일관성'이다. 여러 마케팅 행위는 서로 조화로워야 하며 행위 간에 일관성이 있어야 한다는 것이다. 게슈탈트 원리에서 감을 잡았겠지만 포지셔닝은 단지 광고전략의 수립만을 위한 것이 아니다. 포지셔닝은 광고를 포함한 전반적인 마케팅 믹스를 위한 것이다.

광고 포지셔닝은 필요한가

앞서 이야기한 것과 같이 포지셔닝은 광고만을 위한 것이 아니다. 포지셔닝은 광고를 포함한 전체 마케팅 믹스의 운영에 관한 것이다. 그렇다면 광고기획자는 마케팅 포지셔닝 전략을 광고의 시각에서도 바라볼 수 있어야 한다. 광고기획자는 포지셔닝을 마케팅과 광고의 시각에서 분리하여 볼 수 있어야 한다는 것이다. 마케팅 포지셔닝에서 광고 포지셔닝을 분리한 [그림 4-2]의 치약 사례를 보자.

마케팅 포지셔닝		광고 포지셔닝
'ABC 치약'은 자녀의 구강위생에 지대한 관심을 가진 부모를 위한 치약으로 아이들 치아의 충치를 예방하고, 타르 생성을 효과적으로 억제한다. 이는 아이들 치아에 잘 작용하는 특수 성분을 함유하기 때문이다.		'ABC 치약'은 양치질하기 싫어하는 아이를 위한 치약으로 과일 향이 뛰어나며 거품이 적어 아이들 양치에 최상이다.

[그림 4-2] 마케팅 포지셔닝에서 추출한 광고 포지셔닝

치약의 구매자는 어린 자녀가 아니라 주부이다. 따라서 마케팅 전략상의 표적시장은 주부이다. 그렇다고 해서 광고의 모델조차 주부여야 할 필요는 없다. 마케팅 표적인 주부를 움직일 수 있으면 된다. 과연 무엇이 자녀 구강위생에 관심을 가진 주부의 마음을 움직일 수 있을까? 주부를 움직일 수 있는 것은 엄마가 시키지 않아도 스스로 즐겁게 양치를 하는 자녀의 모습일 것이다. 왜 자녀가 스스로 즐겁게 양치를 할까? 근거는 아이들이 좋아하는 향과 적은 거품이다. 향과 적은 거품은 마케팅 포지셔닝 상의 근거인 특수 성분에서 비롯된다.

물론 모든 포지셔닝이 광고 포지셔닝으로 재번역될 필요는 없고 반드시 그렇지도 않다. 하지만 광고기획자는 포지셔닝을 오로지 고정된 지침으로 붙들고 앉아 고심할 필요는 없다. 광고는 왜 하는가? 궁극적으로는 표적청중을 원하는 방향으로 '움직이기' 위해서이다. 포지셔닝도 마찬가지이다. 수립한 포지셔닝 전략을 광고로 표현했을 때 표적청중을 움직일 수 있다는 확신이 있으면, 굳이 광고 포지셔닝이란 이중의 작업을 할 필요는 없다. 하지만 표적청중을 움직일 더 좋은 아이디어가 있다면 이를 광고 포지셔닝으로 재번역해 보길 권한다.

2. 포지셔닝의 실제

포지셔닝은 자사의 핵심 문제를 해결하거나 핵심 기회를 활용하여 표적청중의 마음속에서 경쟁자와는 차별되게 원하는 위치에 자리 잡기 위한 전략 과정이다. 전략 과정은 체계화된 틀을 이용한 지적 활동으로 이루어진다. 어떤 상품이나 서비스의 포지셔닝을 수립하려면 [그림 4-3]의 요소에 대해 답해야 한다. 포지셔닝이란, 전략 요소에 체계적으로 답하는 과정에서 수립되는 것이다. 이제부터 이들 각 요소를 구체적으로 살펴보자.

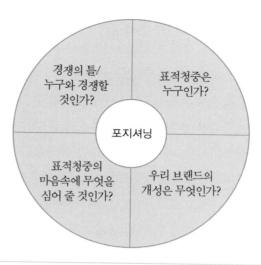

[그림 4-3] **포지셔닝의 핵심요소**

포지셔닝 요소 (1) – 누구와 경쟁할 것인가

포지셔닝은 절대적이 아니라 상대적인 경쟁 게임이다. 포지셔닝은 자사의 절대적인 위치가 아니라 핵심 경쟁자와 비교하여 상대적인 위치에 두고 경쟁자와 경합하는 것이다. 예컨대, 경쟁자가 안전한 자동차라고 주장하는데 우리도 안전한 차라고 외친다면 이는 포지셔닝 전략의 취지와는 거리가 있다. 경쟁자가 안전성을 주장할 때 우리는 연비를 내세운다면 포지셔닝에 한 걸음 다가서는 것이다. 만약 우리의 표적청중이 연비에 대한 욕구가 강하다면, 포지셔닝의 완결로 들어서는 것이다. 포지셔닝은 경쟁자를 고려하지 않고 일방적으로 외치는 게임이 아니다.

이처럼 포지셔닝 전략을 수립할 때 반드시 고려해야 하는 요소 중의 하나는 광고할 상품이나 서비스가 '누구와 경쟁해야 하느냐'이다. 경쟁자를 정할 때에는 '경쟁의 틀(competitive framework)'을 먼저 들여다볼 필요가 있다. 경쟁의 틀이란 우리가 경쟁해야 할 시장이다. 어느 시장에서 경쟁할 것인지를 결정하면 누구와 경쟁할 것인지도 더욱 구체적으로 규정할 수 있다.

녹차음료를 예로 들어 보자. 녹차음료는 넓게 보면 전체 음료시장에서 경쟁할 수도 있고, 건강음료 시장에서 경쟁할 수도 있으며, 혹은 경쟁의 범위를 더 좁혀서 녹차음료군에서 다른 녹차음료 브랜드와 경쟁할 수도 있다. 경쟁의 틀을 어디로 잡느냐에 따라 경쟁자는 달라진다. 전체 음료시장을 경쟁의 틀로 잡으면 탄산음료가 경쟁자일 수 있다. 하지만 건강음료 시장을 경쟁의 틀로 잡는다면 탄산음료가 아니라 과즙음료나 곡물음료가 주 경쟁자일 것이다. 이러한 경쟁의 틀에 따라 표적청중은 당연히 다를 것이며 표적청중을 움직이기 위한 편익도 다를 것이다. 전체 음료시장을 경쟁의 틀로 잡고 탄산음료를 주 경쟁자로 설정했다면, 포괄적인 건강 트렌드를 주장하면서 자사 상품의 포지션 정립을 도모할 수 있다. 그러나 건강음료 시장을 경쟁의 틀로 설정한다면 포괄적인 건강보다는 경쟁 건강 음료 대비 자사 상품의 구체적인 제품 편익을 중심으로 포지션 정립을 꾀할 것이다.

경쟁의 틀을 규정하는 데 도움이 되는 한 가지 방법은 '나무도식(tree diagram)'을 이용해 시장의 구조를 들여다보는 것이다(그림 4-4) 참고). '식사 후 먹을거리'를 예로 든다면, 이 시장은 디저트와 커피 그리고 차 시장으로 나누어

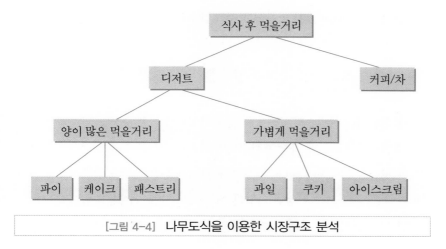

[그림 4-4] 나무도식을 이용한 시장구조 분석

질 것이다. 디저트는 다시 양에 따라 '양이 많은 것'과 '가볍게 먹을 것'으로 분할될 것이며, '양이 많은 것'은 파이, 케이크, 페스트리 등으로 나누어질 것이다. 시장을 위계구조로 구성해 보면 경쟁할 시장을 이해하는 데 도움이 된다.

나무도식을 적용하되 산업상의 분류가 아니라 '소비자 인식'을 토대로 시장구조를 정의하고 경쟁의 틀을 설정할 수도 있다. 산업상의 분류와 소비자 인식상의 분류는 다를 수 있다. 음료의 경우, 산업상의 분류에서는 음료를 일차적으로 탄산과 비탄산으로 구조화하지만 소비자 인식에서는 음료가 콜라, 사이다, 기타 음료와 같은 구조로 분류될 수 있다. 광고기획의 시각에서 본다면 객관적인 산업상의 분류보다는 소비자의 주관적 인식을 토대로 시장을 구조화하고 경쟁의 틀을 설정하는 것이 더욱 효과적이다.

산업상이든 소비자 인식상이든 위계를 중심으로 경쟁의 틀을 정하는 것은 표적 소비자나 경쟁 우위의 선정과 같은 포지셔닝 전략의 수립뿐만 아니라 광고효과에도 중요한 시사점을 제공한다. 예컨대, 광고 제품의 성격이 모호할 경우(비알코올 맥주처럼) 광고에서는 소비자가 이 제품을 어떤 위계에 위치시킬 수 있도록 해 주어야 한다. 제품 속성을 통해 표현하건 또는 사용 상황을 통해 표현하건 소비자가 "이건 ○○제품이군." 하고 정리할 수 있도록 해 주어야 한다. 왜 그럴까? 어떤 제품이 소비자의 위계구조에 적절히 자리 잡지 못하면 구매 상황에서 그 제품이 머릿속에 떠오를 확률이 현저히 감소하기 때문이다.

포지셔닝 요소 (2) – 표적청중은 누구인가

특정 상품이나 서비스의 마케팅을 위해 기업이 투입할 수 있는 가용자원은 언제나 제한적이기 때문에 가장 효과적이며 효율성이 높은 특정 시장을 선정하고 여기에 자원을 집중해야 한다. 이를 위해 기업은 통상 시장을 전략적으로 세분화한다. 시장 세분화는 한정된 기업의 자원으로 커버하기에는 너무 크고 또 이질적인 시장을 기업이 관리 가능한 더 작은 시장으로 분할하는 행위이다. 현대의 마케팅에서는 동질적인 시장이란 거의 존재하지 않는다. 따라서 대부분의 마케팅 전략은 시장 세분화에 토대한다.

■ 세분화

마케팅 계획의 수립과정에서 시장 세분화를 통해 선정한 특정 시장을 표적시장(target market)이라 한다. 한편, 표적청중(target audience)은 표적시장보다는 좁은 것으로 전반적인 마케팅 행위가 아니라 광고의 목표를 달성하기 위한 대상으로 선정된 소비자 또는 고객 집단을 의미한다. 표적청중의 결정은 효과적인 광고 기획에서 무엇보다 중요한 역할을 한다.

마케팅 계획에서는 표적시장을 선정하는 작업에 심혈을 기울인다. 표적시장이란 자사의 상품이나 서비스가 만족시킬 수 있는 동질적인 욕구나 관심 또는 특징을 갖는 소비자로 구성된 집단이다. 세분화(segmentation) 과정을 통해 서로 유사한 욕구를 가진 동질적인 집단을 확인하면서 자사의 역량을 집중할 하나 또는 그 이상의 세분시장을 선정한다. 시장을 세분화한다는 것은 어떤 이득이 있기 때문일까?

- 기업의 자원은 언제나 제한되어 있다. 따라서 제한된 자원은 최대의 효과를 낼 수 있도록 사용되어야만 한다. 특정 시장을 선정함으로써 제한된 자원에 집중하고 더욱 효율적으로 투자할 수 있다.
- 특정 시장에 집중하기 때문에 이들의 특징을 더 잘 이해할 수 있다.
- 특정 시장에서 경합하는 경쟁자를 정할 수 있기 때문에 누가 경쟁자인지 구체화할 수 있고 이에 대응하는 데 자원을 집중할 수 있다.

예컨대, 고가의 기능성 치약의 경우 과연 누가 프리미엄 가격을 지불하고서라도 고가의 치약을 구매할 것인지 표적시장을 선정해야 한다고 하자. 가정에서는 통상 주부가 가족의 치약을 구매한다. 그러나 모든 주부가 치약에 대해 동일한 욕구와 관심을 갖는 것은 아니다. 고가의 치약을 구매하는 주부는 주로 가족의 치아를 충치에서 완벽하게 보호하고, 비용이 많이 들고 고통스러운 치과 치료를 피하고 싶은 욕구가 크다. 또한 아이들에게 정기적인 치과 검진을 받게 하고 치실을 사용하게 한다. 예에서 보듯이 어떤 표적 소비자를 선정하고 그들이 자사 제품과 관련해 어떤 욕구를 가지고 있으며, 무엇에 관심을 두고 있는지 이해한 다면 더욱 효과적인 마케팅 수행이 가능하다. 시장을 세분화하는 기준은 다양하다. 이들에 대해 살펴보자.

사용 패턴 세분화   시장을 세분화하는 데 가장 많이 사용되는 방법으로 소비자를 사용 패턴을 기준으로 나눈다. 사용 패턴 중의 하나는 구매빈도와 구매량이다. 어떤 소비자는 더 자주, 더 많이 특정 제품이나 브랜드를 구매한다. 당연한 이야기지만 이들은 전체 매출에서도 더 많은 기여를 한다. 당연히 기업의 관심 대상일 수밖에 없고 기업의 마케팅 전략의 초점도 이들에게 맞추어질 것이다. 사용 패턴과 결합하여 생각할 수 있는 세분화 기준은 브랜드에 대한 헌신 정도이다. 브랜드 충성고객, 다양성을 추구하는 브랜드 전환자, 비 사용자 그리고 신규 소비자 등의 유형으로 시장을 나누어 보는 것이다.

인구통계 세분화   인구통계에 의한 세분화는 성, 연령, 결혼여부, 소득, 교육수준, 직업 등의 기본적인 변수를 기준으로 시장을 세분화하는 것이다. 인구통계 변수는 세분화 외에도 이점이 있다. 첫째, 인구통계 변수는 앞서 살펴본 사용 패턴과 같은 변수에 의해 시장을 세분화했을 때 각 세분시장을 좀 더 구체적으로 묘사(profiling)하는 데 이용될 수 있다. 예컨대, 헤비 유저(heavy user)의 성, 나이, 교육수준 등을 묘사한다면 헤비 유저를 이해하는 데 더 많은 도움이 된다. 둘째, 시장 세분화의 출발점으로 자주 사용된다. 다른 세분화 변수에 비해 자료를 획득하기에 용이하며 추가 확인을 위한 출발로도 사용하기 용이하다.

사이코그래픽/라이프스타일 세분화   사이코그래픽(psychographics)은 1960년대에 소비자의 A(activity), I(interest), O(opinion)의 이해가 중요함을 강조한 연구에서 나온 용어이다. 사이코그래픽은 라이프스타일과 함께 소비자의 가치, 태도, 성격 등의 심리학적 특징을 포함한다. 대부분의 시장 세분화는 인구통계 변수를 중심으로 이루어지는 경향이 있다. 하지만 인구통계 변수만으로 점차 분화되고 복잡해져 가는 소비자를 이해하기에는 한계가 있다. 이들을 더 깊이 있게 이해할 필요성이 대두되었다.

사이코그래픽은 인구통계 자료를 보완하는 도구로 사용되기 시작했다. 행위, 관심, 취미, 의견, 욕구, 가치, 태도 그리고 성격 등 수많은 변수가 사이코그래픽에 포함된다. 라이프스타일은 사이코그래픽의 중심을 이루며, 소비자들이 그들의 시간과 에너지 그리고 돈을 어떻게 운용하는지와 관련된다. 사이코그래픽에서는 소비자의 행위, 관심 그리고 의견을 측정하고자 한다. 의견은 사이코그래픽의 중요한 요소이다. 의견연구는 다른 사람이나 제품, 브랜드, 그리고 최근의 트렌드 등에 대해 어떻게 느끼는지를 알고자 하는 것이다.

편익 세분화   소비자는 제품의 특징이나 속성이 아니라 사용결과를 중심으로 생각하는 경향이 있다. 사용결과는 제품이나 브랜드를 구매하고 사용, 소비함으로써 발생한다. 소비자는 일반적으로 기능적, 심리적 두 가지의 결과를 경험한다. 기능적 결과는 소비자가 직접적이며 즉각적으로 경험하는 유형의 결과이다. 스포츠 음료의 갈증해소, 빅맥의 포만감 등. 물론 세제의 세척력 등과 같은 유형의 제품 수행결과도 포함된다. 심리적 결과는 제품 사용에서 얻게 되는 심리 · 사회적인 결과로서 제품의 사용으로부터 느끼는 내적이며 개인적인 최종결과이다. 화장품 사용 후 자신이 매력적임을 느끼거나 의류를 입고 나서 자신이 더욱 세련되게 느끼는 것 등이 포함된다.

편익(benefit)은 제품이나 브랜드를 구매하고 사용할 때 소비자가 추구하는 바람직한 결과이다. '연비가 좋은 차' '입 냄새를 제거하는 치약' 등이다. 편익의 유형은 인지적이거나 또는 감정적인 것으로 구분할 수 있다. 편익의 인지적인 측면은 기능적, 심리적 결과이다. '인터넷 연결이 빠른 스마트 TV' '나의 사회적 위치를 드러내는 브랜드' 등이다. 편익의 감정적인 측면은 바람직한 결과와 연합된 긍정적인 감정으로 '주행할 때의 짜릿함' 등이다.

바람직하지 않은 결과도 세분화의 기준이 될 수 있다. 지각된 위험(perceived risk)은 소비자가 피하려고 하는 바람직하지 않은 제품 사용결과에 대한 인식이다. 다양한 부정적 결과가 발생할 수 있다. 제품 사용에 따른 신체적 위험은 약의 부작용이나 전기제품의 누전가능성, 그리고 헬멧의 불완전한 충격흡수 등과 같이 신체에 가해지는 위험이다. 제품이 제대로 작동하지 않거나 기대하는 효과를 얻지 못할 때의 기능적 위험, 보증이나 보상의 문제 등으로 인한 재무적 위험, 그리고 자기 이미지에 손상을 입을 수도 있을 때의 심리적 위험도 있다. 이러한 지각된 위험은 발생가능성을 높게 볼수록 더 강하게 지각될 것이다. 편익과 지각된 위험 중 어느 것을 세분화 기준으로 삼을 것인지는 하나의 제품이라 하더라도 소비자 성향에 의해서도 영향을 받는데 어떤 소비자는 편익의 추구를 더 중시하지만 다른 소비자는 편익보다는 위험을 회피하는 것을 더 중시할 수도 있다.

행동 세분화   제품이나 브랜드 사용과 경험, 제품이나 브랜드의 구매량은 유용한 세분화 변수이다. 사용을 분류하는 두 가지 방법은 사용률과 브랜드 사용유형이다. 사용률은 구매량이다. 흔히 라이트 유저, 미디엄 유저 그리고 헤비 유저로 분류된다. '파레토 법칙(Pareto primciple)'이라고 하는 80:20 법칙은 20%의 헤비 유저가 제품의 80%를 구매한다는 것이다. 기업이 헤비 유저를 가장 가치 있는 세분시장으로 관리하는 이유이다.

브랜드 사용유형은 구매 패턴이다. 브랜드 사용유형은 비사용자, 과거 사용자, 최초 사용자, 정기 사용자, 충성 사용자 그리고 전환자 등으로 분류된다. 브랜드 사용유형에 따른 세분시장은 자사 브랜드에 대한 태도, 이미지, 그리고 제품에 대한 욕구나 원망 등에서 서로 차이가 있을 것이며, 만약 경쟁 브랜드의 충성 사용자라면 자사 브랜드로 끌어들이기에는 노력과 비용 측면에서 비효율적일 것이다.

혁신과 채택성향도 행동 세분화 기준이다. 혁신의 채택과정은 개인이 혁신을 얼마나 빨리 받아들이는지를 통해 확인된다. 혁신자는 혁신제품을 가장 빨리 채택하는 소비자로, 대략 그 수는 전체 소비자의 2.5% 정도를 차지한다. 혁신확산 모형(Innovation Diffusion Model)은 새로운 제품, 특히 혁신적인 신제품이 출시되었을 때 시장의 확산속도가 어떠할지, 그리고 시기별로 누구에게 광고의 초점을 맞추어야 하는지를 결정하는 데 유용하다.

온라인 행동 세분화 행동에 기초한 세분화는 온라인 사용행동에도 적용가능하다. 온라인은 제품이나 브랜드에 대한 정보 탐색뿐만 아니라 구전의 전파와 습득에서 그 역할이 점차 증대되고 있다. 최근 들어 웹사이트는 사용자의 온라인 사이트 선택행동을 추적하는 정교함이 고도화되고 있다(예, Google AdWords). 온라인 행동 세분화에 의한 표적시장 선정의 핵심은 특정 상품이나 서비스 구매에 가장 많은 관심을 기울일 잠재 소비자만을 대상으로 마케팅을 한다는 것이다. 예컨대, 아메리칸 에어라인은 온라인 마케팅에 최적의 유망 고객을 확인하기 위해 여행 관련 기사 사이트를 방문한 사람들을 확인하였다. 이런 사이트를 방문하는 사람은 비즈니스 여행을 할 가능성이 높기 때문이다. 그리고는 비즈니스 여행자로 확인되는 사람들이 월스트리트 저널 웹사이트를 방문할 때마다 마케팅 메시지가 노출되게 하였다.

소비자를 세분화했다면 어떤 세분시장에 자원을 집중할 것인지 결정해야 하는데 세분화된 시장 가운데 어느 시장을 어떻게 선정하느냐에 따라 후속 전략은 달라진다. 세분시장의 선정과 그에 따른 전략은 다음 네 가지로 유형화할 수 있다.

• 무차별 마케팅: 특정 세분시장에 국한하지 않고 모든 집단을 대상으로 동일한 마케팅을 전개한다. 시장 세분화가 별로 유용하지 않을 수도 있고 세분시장을 개별적으로 관리하는 것이 비용도 많이 들어서 모두를 대상으로 삼는 것이 더 효과적이라고 판단하는 경우이다.

• 차별화 마케팅: 세분화 과정에서 하나가 아니라 다수의 세분 시장을 선택하여 각각의 시장에 대해 차별적인 마케팅을 전개한다. 세분화의 장점을 누리는 동시에 여러 시장을 동시에 추구하는 이점이 있다. 물론 시간과 자원이 많이 소요된다는 문제가 있다. 코카콜라는 코크 클래식(Coke Classic, 전통적계층), 뉴 코크(New Coke, 신세대), 다이어트 코크(Diet Coke, 건강을 생각하는 계층), 체리 코크(Cherry Coke, 맛의 변화를 추구하는 계층) 등 다양한 세분 집단을 대상으로 서로 다른 광고 캠페인을 전개한다.

• 집중적 마케팅: 무차별과 차별화 마케팅은 많은 수의 세분시장을 대상으로 전개된다. 반면, 집중적 마케팅은 하나의 세분시장만을 선정하여 집중적으로 공략한다. 대부분의 경우 집중적 마케팅을 실행한다. 기업의 모든 역량을 집중한다는 이점이 있기 때문이다. 해당 시장이 특별한 관심을 받을 필요가 있거나 혹은 광고주의 자원이 부족해서 이 같은 방법을 선택할 수도 있다. 롤스로이스의 전반적인 인지도는 낮지만 특정 집단에서는 높은 신분상징으로 알려져 호의적인 평가를 받는다. 이는 상류층만을 집중 표적시장으로 선정하기 때문이다.

• 개별 마케팅: 시장을 집단으로 세분화하기보다는 소비자 개개인을 세분시장인 양 취급하는 것이다. 마치 맞춤 양복을 재단하듯이 소비자 개개인의 필요와 욕구에 맞춰서 마케팅을 전개하는 것이다. 최근 대부분의 은행이 운영하는 PB(Private Banking)는 개별 마케팅을 지향한다.

■ 광고의 표적청중을 어떻게 결정할 것인가?

앞서 이야기한 것과 같이 표적시장과 표적청중은 다르다! 표적시장은 마케팅 행위를 집중할 대상이지만 표적청중은 표적시장에서도 광고를 집중할 대상이다. 경우에 따라서는 표적시장과 광고의 표적청중이 같을 수도 있다. 구입자와 사용자, 구매 결정자와 실제 구입자 그리고 돈을 지불하는 자와 특정 브랜드를 결정하는 자가 다를 경우 광고의 표적청중은 표적시장과는 다를 가능성이 크다. 흔히 가전제품의 경우에는 부부가 함께 쇼핑을 하더라도 남편보다는 아내가 특정 브랜드 결정권을 가진다. 자동차의 경우도 주 운전자는 남편이지만 브랜드 결정에서 아내의 영향력은 결코 무시할 수 없다. 패션의 경우에는 통상 마케팅 상의 표적시장에 비해 광고의 표적 청중은 젊은 층으로 설정되는 경향이 있다. 광고의 표적청중은 마케팅 상의 표적시장과 같거나 좁은 범위이지 결코 넓은 범위일 수는 없다.

그러면 표적청중은 어떻게 선정해야 할까? 마케팅 전략 수립에서 세분화 작업을 사용해야 하는가? 결론부터 말하자면 그럴 필요가 없다. 앞서 강조한 점을 다시 상기하자. 광고기획 과정의 각 단계는 그렇게 하는 이유가 있으며, 각 단계는 논리적으로 연결된다. 우리는 지금까지 상황분석과 SWOT, 그리고 핵심 이슈의 추출에 이르는 단계를 살펴보았다. 그리고 각 단계에서는 '소비자 관점을 유지하라.'는 것을 누누이 강조하였다. 만약 이 점을 제대로 이행했다면, 핵심 이슈인 문제와 기회의 정리 단계에서 '누구를 광고의 핵심 대상으로 해야 하는가?'에 대한 통찰을 가질 수밖에 없다. 왜 그럴까?

• 광고는 결국 '문제해결 행위'이다.
• 문제를 해결하려면 문제나 기회의 열쇠를 누가 쥐고 있는지 알아야 한다.

'우리의 문제는 무엇인가?' '이 문제는 결국 누구를 통해 해결해야 하는가?' '만약 SWOT에서 추출한 핵심 문제가 자사 제품의 성능을 믿지 않는 것이면 누가 그러한 인식을 가지는가?' '이러한 인식은 수정 가능한가?' '어떻게 하면 될까?'를 중심으로 표적청중에 대해 고심하게 된다. 기회도 마찬가지이다. 핵심 기회가 '브랜드의 전문가적 이미지'라면 누가 이러한 이미지를 가지는지, 이들에게서 이러한 이미지가 구매에서 어떤 역할을 하는지에 대해 생각해 보게 된다. 누구를 통해 문제를 해결해야 하며, 누구를 통해 기회를 활용해야 하는지를 고려하여 표적청중을 선정해야 한다.

▨ 표적청중을 구체적으로 파악하라!

표적청중을 정의하는 전통적인 방법은 주로 성, 연령, 소득 등과 같은 인구통계 변수를 이용하는 것이다. 하지만 현대와 같은 환경에서는 더 이상 인구통계 변수로 표적청중을 정의하는 것은 효과적이지 않다. 만약 우리의 표적청중이 25~34세 남성이라고 한다면 이들의 사회경제적 배경은 물론 이들의 심리적 특성도 파악해야 한다. 심리적 특성은 비록 인구통계학적으로 동일한 경우라도 큰 차이를 보인다. 빌 번벅(Bill Bernbach)은 "소비자에 대한 통찰이야말로 효과적인 크리에이티브 개발의 핵심이다."고 하지 않았던가!

남성 의류의 경우를 생각해 보자. 아마 전형적인 소비자는 대학을 졸업한 연간 4,000만 원 이상의 소득을 갖는 30대 중반의 남성일 것이다. 이제 두 사람을 생각해 보자. 두 명 모두 34세이며 대학을 졸업하였고, 연간 소득도 같다. 그러나 한 사람은 자영업자이고 다른 한 사람은 회사원이다. 이들의 관심거리나 욕구 그리고 가치관이나 취향은 큰 차이를 보일 수 있다. 단순한 인구통계 변수만으로 표적 소비자를 정의하는 것은 무리가 있다. 따라서 표적 소비자에 대해 인구통계학을 뛰어넘어 더 많은 것을 알아야 한다. 연령이나 세대가 같다고 해서 의식이나 가치관, 나아가 구매행동 등이 같을 수는 없다. 1318 세대는 어떠할까? 아마 1318 세대만큼 동질적으로 취급되는 집단도 없을 것이다. 이들은 과연 동질적일까? 동질적이지 않다면 이들은 얼마나 이질적이며 어떤 하위 집단으로 구성되는 것일까? 나는 이러한 의문을 풀어 보기 위해 의식 및 가치관 항목을 가지고 군집분석(cluster analysis)을 하였다. 군집분석 결과, 1318을 3개의 집단으로 유형화할 수 있었다. 첫 번째 집단은 변화에 좀 더 수용적, 적극적이며, 물질주의 및 쾌락적 소비성향이 강하고 외모나 외모관리를 위해 기꺼이 투자하는 성향을 보였다. 이들은 전체 1318의 38%를 차지하며 '물질·변화지향형'이다. 두 번째 집단은 첫 번째 집단과 정반대의 성향을 보였다. 미래와 변화를 두려워하여 현실안주형이며, 낮은 물질주의 및 쾌락적 소비성향을 가지고 있다. 외모나 외모관리에 대해서도 관심이 낮다. 이들은 전체 1318의 32%를 차지하며 '탈물질·현실안주형'이다. 나머지 한 집단은 외모나 외모관리에 관련된 성향에서는 '물질·변화지향형' 집단과, 물질주의나 쾌락적 소비성향에서는 '탈물질·현실안주형' 집단과 유사한 성향을 보였다. 이들은 전체 1318의 31%를 차지하며 '물질·현실안주형'이다.

위의 예에서 보듯, 그동안 동질적 집단으로만 인식되고 묘사되어 온 1318 세대는 의식이나 가치관에서 이질적인 하위 집단으로 구성됨을 알 수 있다. 소비자 행동 연구에 따르면, 소비자의 의식이나 가치관은 제품 유형이나 구매 및 소비영역에 따라 심대한 영향을 미침을 보고하고 있다. 동일한 연령대의 의식과 가치관이 이질적이라면 이들의 소비나 구매에 대한 의식 및 행동도 다를 수 있다.

변수의 선정뿐만 아니라 표적청중에 대한 묘사도 구체적이면 구체적일수록 좋다. 예를 들어 보자. 어떤 시리얼 브랜드가 30대의 성인을 표적청중으로 선정하고 이들을 다음과 같이 진술하였다고 하자.

- 어릴 때부터 시리얼을 먹고 자란 성인
- 자녀를 위해 시리얼을 구입하고 집 안의 식료품 저장고에 쌓아 두는 부모
- 시리얼을 아이들 음식이라고 생각하기 때문에 더 이상 먹지 않는 성인

표적청중에 대한 진술이 모호한가? 아니면 구체적인가? 표적청중에 대한 진술이 구체적일수록 크리에이티브 개발 단계에서 더 많은 통찰을 할 수 있다. 표

적청중을 구체적으로 진술하는 방법에 대해 알아보자.

- 가능한 한 구체적으로 질문을 하라: 표적청중을 구체적으로 알수록 효과적인 크리에이티브의 개발이 가능하다. '그들은 누구인가?' '무엇을 하며, 어떤 가치를 추구하는가?' '무엇이 이들을 행복하게 하는 것일까?' 등의 질문을 해 보라.

- 표적청중과 우리 제품의 연결고리를 찾아라: 자사 제품, 표적청중의 행동, 습관 그리고 태도를 파악하라. 제품이 이들의 생활에서 어떤 역할을 하는지 고심해 보라. 스타벅스는 자사 브랜드의 역할을 '제3의 장소'로 정의하였다. 스타벅스는 소비자의 일상에서 집, 직장, 그다음의 역할을 하는 공간인 것이다.

- 표적청중의 입장이 되어 그들의 태도와 습관을 생각하라: 표적청중과 표적청중을 분석하는 광고기획자의 사회, 경제, 문화적 배경은 다를 수 있다. 그러나 많은 기획자는 주로 자신의 주변에서 제품을 구매하는 소비자를 대상으로 표적청중의 생활을 유추하려 한다. 이는 실수이다. '표적청중의 눈'으로 들여다보라.

- 기업의 틀에 박힌 이유가 아니라 표적청중이 자사 제품을 선택해야만 하는 진정한 이유를 파악하라: 왜 소비자가 경쟁 제품이 아닌 자사 제품을 선택하는지를 구체적으로 파악하라. 많은 기업이 소비자가 아닌 기업의 입장에서 이성적 이유만을 중심으로 구매동기를 파악하려는 경향이 있다. 이는 경계해야 할 점이다. 실제 소비자가 제품을 선택하는 이유 중 상당 부분은 이성적인 것이 아니다. 오히려 감성적인 이유 때문에 제품을 구입하는 경우가 더 많다.

- 표적청중의 태도와 행동의 일치성을 점검하라: 만약 표적청중의 태도와 행동이 불일치한다면 표적청중을 정확하게 정의할 수 없다. 어떤 부분에서 태도와 행동이 일치하지 않으며, 그 이유는 무엇인지 점검하라.

포지셔닝 요소 (3) – 표적청중의 마음속에 무엇을 심어 줄 것인가

경쟁의 틀과 경쟁자, 그리고 표적청중을 규정했다면 다음으로는 표적청중의 마음속에 무엇을 심어 줄 것인지를 결정해야 한다. 이를 위한 효과적인 방법은 표적청중의 욕구를 이해하는 것이다. 표적청중의 욕구를 제대로 파악하는 것은 성공적인 포지셔닝의 핵심요소라 할 수 있다. 표적청중의 욕구가 무엇인지 모르고서 광고 크리에이티브를 개발한다는 것은 상상조차 할 수 없는 일이다.

욕구를 발견하는 것이 쉬운 작업은 아니다. 욕구를 파악하는 데 걸림돌의 하나는 욕구의 유동성이다. 욕구는 시대에 따라 변화하고 진화하여 새로운 욕구가 계속 나타날 수 있다. 예컨대, 과거 라면에 대한 우리나라 소비자의 욕구는 빠른 시간에 든든하게 식사를 대용할 수 있는 것이었다. 그러나 현재 라면에 대한 소비자 욕구는 간편성과 건강 그리고 맛의 다양성으로 중심이 변하였다. 다른 한 가지 걸림돌은 욕구를 파악하는 것이 언제나 용이한 일은 아니라는 것이다. 어떤 욕구는 소비자가 속마음을 털어놓길 꺼린다. 주로 이러한 문제는 기능적이 아닌 사회적 또는 심리적 욕구와 관련되는 제품에서 발생한다. 고가의 명품 브랜드의 경우 왜 그 브랜드를 구입하는지 질문하면 진솔한 대답을 얻어 내기 어렵다. 어떤 소비자는 명품 브랜드를 사용하면서 다른 사람이 자신의 사회적 신분이나 지위를 인정해 줄 것을 기대한다. 하지만 이 소비자는 이러한 자신의 욕구를 솔직히 말하지 않을 가능성이 높다. 가전의 경우도 유사한 결과를 가져올 가능성이 있다. 실제로는 이웃이나 친구의 '눈'을 의식하여 고가의 유명 가전을 구입했지만 막상 구입 이유를 물을라치면 기능이나 성능 때문이라고 둘러댈 가능성이 있을 것이다. 더욱 심각한 문제는 특정 상품이나 서비스에 대한 진정한 욕구를 소비자 자신이 의식조차 하지 못하는 것이다(그림 4–5). 이러한 현상은 광고기획자가 정확한 욕구를 파악하는 데 심각한 장애로 작용한다. 표적청중의 욕구를 제대로 파악하려면 다음의 몇 가지 지침을 고려해 보라.

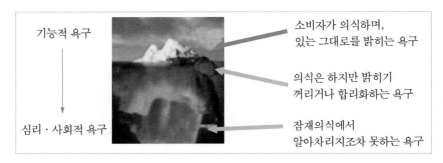

기능적 욕구

심리·사회적 욕구

소비자가 의식하며,
있는 그대로를 밝히는 욕구

의식은 하지만 밝히기
꺼리거나 합리화하는 욕구

잠재의식에서
알아차리지조차 못하는 욕구

[그림 4-5] **소비자 욕구의 차원**

■ 욕구의 유형을 이해하라!

욕구란 일종의 '긴장 상태(tension state)'이다. 그것이 생리적이건 또는 심리·
사회적이건 뭔가 균형이 깨져 원상복구가 필요한 긴장 상태인 것이다. 따라서
소비자가 '어떠한' 긴장 상태에 있는지 알 수 있다면 전략 우위에 한 걸음 다가
선 것이나 다름없다. 어떤 생수 브랜드의 광고기획에서 '왜 소비자는 생수를 구
입하는가, 즉 생수에 대한 소비자 욕구는 무엇인가?'에 답할 수만 있어도 상당
한 진척을 이룬 것이다. 그런데 정작 문제는 소비자 욕구를 어떻게 파악할 것인
가에 있다. 소비자 욕구란 것이 기존에 몇몇 학자가 개발한 욕구 유형 틀을 적용
한다고 손쉽게 파악할 수 있는 것은 아니다. 그렇다고 무조건 통찰에 의지하는
것도 권장할 방법은 아니다. 그럼에도 불구하고 욕구의 유형을 이해한다면 통
찰을 얻어 내기에 용이할 것이다. 욕구 유형을 이해하는 데 도움이 되는 틀을 살
펴보자.

매슬로는 욕구위계이론을 통해 인간의 욕구를 다섯 가지로 분류하였다. '위
계'가 의미하는 바와 같이 매슬로의 욕구 유형은 하위에서 상위로 욕구가 충족
되면서 이동한다는 것을 전제로 한다. 즉, 하위의 욕구가 충족되어야만 좀 더 상
위의 욕구가 활성화된다고 본다(이러한 전제가 적용되지는 않지만!). 매슬로
(Maslow)가 제시한 욕구위계는 다음과 같다.

- 생리적 욕구: 욕구위계에서 가장 하위 욕구로서 인간의 기본적인 욕구이다. 배고픔이나 목마름 등과 같이 생존에 필수적인 것이 결핍되었을 때 발생하는 것이다. 아마도 식품이 생리적 욕구와 관련된 대표적 제품일 것이다.
- 안전의 욕구: 생리적 욕구의 상위 욕구로서 신체를 안전하게 보존하려는 것으로부터 개인 생의 불확실성을 해소하려는 것에서 발생한다. 각종 보험, 보안 그리고 에어백 등이 안전의 욕구와 관련된 제품이다.
- 소속과 사랑의 욕구: 일종의 사회적 욕구로서 다양한 사회적 관계를 가지려는 욕구이다. 또래집단이나 다른 사람에게서 인정받거나 수용됨으로써 소속감과 타인과의 애정을 유지하려는 것으로 카드, 꽃 배달, 그 밖의 다양한 유형의 선물과 스포츠 관람 등이 소속과 사랑의 욕구와 관련된 제품이다.
- 자존의 욕구: 자존의 욕구는 성공이나 성취를 통해 자신이나 다른 사람에게서 인정을 받고자 하는 욕구이다. 자신을 고객으로 정중하게 대접해 주는 단골 가게를 선호한다거나 어떤 일을 성취했을 때 자신에게 선물하는 것(self-gift) 등은 모두 자존의 욕구와 관련된 것이다.
- 자아실현의 욕구: 욕구위계의 최상위 욕구로서 개인이 자신의 자질이나 능력을 개척하고 확장하려는 것이다. 평생교육, 취미 그리고 명상 등과 같이 자신을 고양하기 위한 다양한 활동은 모두 자아실현과 관련된 것이다.

매슬로의 위계에 따른 욕구 유형을 실무에 적용할 때 광고기획자가 고려해야 할 점은 '각 욕구 유형에 해당되는 제품의 배타성'이다. 다시 말해, 동일한 제품이라 하더라도 '브랜드'에 따라 욕구 유형은 다를 수 있다는 것이다. 한 예로 볼보와 메르세데스를 들 수 있다. 볼보는 '안전'을 주장함으로써 안전의 욕구를 충족한다. 하지만 동일한 승용차이지만 메르세데스는 '위신'을 주장함으로써 자존의 욕구를 충족한다. 이처럼 광고기획자는 제품 유형을 특정 욕구에 배타적으로 적용시켜서는 안 된다. 광고란 것은 제품 범주를 대상으로 하기보다는 특정 브랜드를 대상으로 한다. 따라서 광고기획자는 경쟁자의 주장을 분석하고 동시에 기회로 작용하는 소비자 욕구를 탐색함으로써 자사가 충족할 수 있는 욕구를 포착할 수 있다.

매슬로가 위계를 중심으로 욕구 유형을 제시한 반면, 폭스올과 골드스미스(Foxall & Goldsmith)는 광고기획자가 좀 더 유연하게 적용할 수 있는 여섯 가지의 욕구 유형을 제안하였다. 매슬로의 욕구 유형은 인간에 대해 포괄적으로 적용하는 것인데 비해 폭스올과 골드스미스가 제안하는 욕구 유형은 광고 장면에 적용하기에 좀 더 적합한 것으로 볼 수 있다. 이들이 제안한 욕구 유형을 살펴보자.

- 생리적 욕구: 이는 매슬로가 제안한 생리적 욕구, 안전의 욕구와 유사하다. 식품, 의류 그리고 주택 등과 같은 소비자의 기본적인 문제에 기인하는 욕구이다.
- 사회적 욕구: 타인에게서 수용되고 존경받고자 하는 욕구이다. 매슬로의 사랑과 소속 그리고 자존의 욕구와 유사하다.
- 상징적 욕구: 소비자는 특정 상품이나 서비스를 사용함으로써 자신을 표현하려는 내재된 동기가 있다. 이는 상품이나 서비스가 소비자의 내적 심리상태를 상징화하는 기능을 함을 전제하는 것이다.
- 쾌락적 욕구: 미각이나 촉각, 후각 등 감각기관의 자극을 원하는 욕구이다. 맛있는 음식, 좋은 향의 향수, 입 안에 부드러운 느낌을 주는 푸딩 등과 같은 것은 특별히 어떤 기능적이거나 사회적인 문제해결과 관련된다기보다는 감각기관에 긍정적인 자극을 제공하기 때문에 선호되는 것이다.
- 인지적 욕구: 소비자는 호기심과 모르는 것을 알고자 하는 욕구를 가진다. 이는 자기를 둘러싸고 있는 세계를 이해하고자 하는 욕구이기도 하다. 교육이나 정보기기 등은 인지적 욕구에 호소하는 제품이다.
- 실존 욕구: 소비자는 소비과정에서 다양한 체험을 가진다. 매장을 방문했을 때 경험하는 매장의 음악이나 전시물 그리고 매장의 향기, 또는 스포츠 경기를 관람하면서 느끼는 스릴이나 옆 사람과의 대화 등 다양한 경험을 한

다. 이처럼 소비자는 다양한 감정 경험을 하고자 하는 욕구를 가진다. 실존 욕구는 특히 서비스, 문화 제품과 관련이 깊다.

광고기획자는 이상의 여섯 가지 욕구 유형을 적용할 때 특정 유형 한 가지에만 집착할 필요는 없다. 경우에 따라서는 두 가지 욕구를 동시에 고려할 수도 있다. 스타벅스는 기능적인 욕구뿐만 아니라 매장에서의 체험에 토대한 실존 욕구도 동시에 이용하였다. 소비자 욕구 유형을 탐색할 때 광고기획자가 염두에 두어야 하는 것은 '상대적 관점과 경쟁적 차별 우위이다. 경쟁자가 가지지 못한 것이면서 소비자가 원하는 그 무엇을 탐색한다는 명확한 지침을 가지고 탐색에 임해야 한다.

■ 욕구파악을 위해 다양한 자료수집 방법을 적용하라!

앞서 이야기한 바와 같이 소비자 욕구를 파악하는 데 있어 걸림돌은 소비자가 욕구를 진솔하게 이야기하지 않는다거나 또는 욕구 자체를 정확히 인식하지 못한다는 것이다. 이 경우에는 보편적으로 행하는 구조화된 질문지를 이용한 정량적인 개별 면접법은 거의 도움이 되지 않는다. 예컨대, 100만 원을 호가하는 몽블랑 만년필을 구입한 소비자에게 "왜 다른 만년필이 있는데 몽블랑을 구입하셨는지요?"라고 질문했다고 하자. 어떤 대답이 나올까? "나의 사회적 지위를 알리기 위해 구입했습니다."라는 대답이 나올까? 아마 아닐 것이다. 소비자 욕구파악에서 언제나 어려움을 가져다주는 것은 기능적, 경제적 구체 욕구가 아닌 사회적이거나 상징적인 욕구가 작용할 때이다. 이처럼 사회적, 상징적 욕구가 작용하는 제품이나 서비스의 경우에는 직접 질문이 아닌 우회적, 심층적 탐색방법을 동원해야 한다.

개별심층면접법   가장 보편적으로 사용되는 자료수집 방법인 '구조화된 질문지를 이용한 개별 면접'과는 달리 개별심층면접(individual depth interview)은 구조화된 질문지를 사용하지 않으며 비지시적(non-directive) 질문기법을 사용한다. 즉, 질문이 구조화되지도 않고 지시적 기법이 사용되지도 않는다. 면접원 또는 진행자의 역할은 응답자가 가능한 한 다양하고 심층적인 반응을 하도록 '촉진' 하는 것이다. 물론 탐색의 핵심 주제는 정해져 있지만 질문이 엄격한 순서에 의해 정해지는 것은 아니다. 응답자는 면접원이 던진 소주제에 대해 자유롭게 이야기한다. 그리고 면접원은 좀 더 다양한 응답이 나올 수 있도록 고무하고 촉진하게 된다. 이렇게 자유롭게 이야기하는 과정에서 응답자는 상품이나 서비스에 관련된 욕구를 표출하게 된다. 개별심층면접에서 질문과 응답의 예는 다음과 같다.

> 면접원: 귀하께서는 최근에 아웃도어 의류를 구입하셨는데, 왜 ○○브랜드의 아웃도어 의류를 구입하기로 결정하셨는지 알고 싶습니다.
> 응답자: 글쎄요. 처음에는 어떤 브랜드가 있는지 잘 몰랐죠. 그래서 일단 백화점엘 갔어요. 브랜드가 많더군요. 매장점원에게 브랜드에 대해 하나씩 물어봤죠. 그런데 ○○브랜드의 독특한 디자인이 계속 내 눈길을 끌더라고요.
> 면접원: 그러면 디자인 때문에 구입하신 건가요? 다른 이유는 없었나요?

초점집단면접   개별심층면접은 한 번에 한 명의 응답자를 대상으로 진행된다. 하지만 초점집단면접(focus-group interview)에서는 한 번에 여러 명의 응답자를 대상으로 면접이 동시에 이루어진다. 초점집단면접의 특징은 특정 주제나 이슈에 대한 참석자 간의 합일점을 얻어 내는 것이 아니라 다양한 반응을 이끌어 냄으로써 소비자 욕구에 대한 폭넓은 관점을 도출하는 것이다. 이를 위해 진행자는 참석자와 교감(rapport)을 형성하는 것이 매우 중요하며, 참석자가 어떠한 반응을 하든 부정적인 반응을 보이거나 특정 의견을 강화, 유도해서는 안 된다.

심층면접을 실시할 때는 제품의 성격이나 특징을 고려해서 개별심층면접을 적용할 것인지 아니면 초점집단면접을 적용할 것인지 결정해야 한다. 만약 제품이 개인의 은밀한 사생활과 관련된 것이라면 초점집단면접보다는 개별심층면접이 적합하다. 예컨대, 피임이나 성형 등과 같은 주제일 경우에는 초점집단면접이 적합하지 않다. 반면, 식품이나 세제 등과 같은 일상용품이나 학습지, 가전 등과 같은 제품의 욕구를 파악하는 경우에는 초점집단면접을 실시해도 무방하다.

투사법　투사법(projective technique)은 욕구를 파악하기 위한 우회적인 조사기법 중의 하나이다. '투사'는 어떤 사물이나 다른 사람을 통해 응답자 자신의 의견이나 느낌을 얻어 내는 기법이다. 다음의 예를 보자. 질문 형태에 따라 응답자 반응은 상당히 달라진다.

> 직접 질문: "왜 귀하께서는 해외여행을 하시는지요?"
> 투사 질문: "왜 사람들은 해외여행을 한다고 생각하시는지요?"

개별심층면접이나 초점집단면접이 조사의 '유형'이라면 투사법은 조사의 '기법'이다. 따라서 투사법은 개별 또는 초점집단면접 시에도 적용할 수 있으며 구조화된 질문지를 이용한 정량조사와 함께 사용할 수도 있다. 투사법을 사용하면 좀 더 심층적인 소비자 욕구를 파악할 수 있다. 투사법의 종류로는 문장완성법, 만화 검사법 그리고 주제통각검사가 있다.

문장완성법　불완전한 문장을 제시하고 응답자에게 불완전한 부분을 채워 넣게 하는 것이다. 불완전한 문장을 사용하기 때문에 응답자는 면접자의 질문의도를 알 수 없으며 투사를 통해 자신의 의견이나 느낌을 표출하게 된다. 문장완성법의 예는 다음과 같다.

만화 검사법   두 사람의 대화 장면을 담은 삽화가 주로 이용된다. 삽화에서 한 사람은 어떤 의견이나 질문을 제시하고 다른 한 사람의 말 풍선은 공란으로 제시된다. 질문을 제시하는 사람의 말 풍선은 탐색하고자 하는 욕구를 촉발하는 질문으로 채워져야 한다. [그림 4-6]의 말 풍선은 '맥주'와 '피곤할 때'라는 음용 상황에 관련된 욕구를 탐색하고자 하는 것이다. 응답자는 공란의 말 풍선을 채워야 한다. 만화 검사법의 의도는 문장완성법과 동일하다.

[그림 4-6] 만화 검사법의 예

주제통각검사   주제통각검사(thematic apperception test)는 정신분석학에서 사용하는 검사기법으로 통상 사람이 포함된 어떤 장면(주제)을 사진이나 삽화형태로 제시하고 응답자로 하여금 이 장면을 보면서 떠오르는 느낌이나 생각을 진술하도록 하는 것이다. 광고에 이 기법을 적용하려면 심층적으로 탐색하고자 하는 제품이나 제품의 소비, 구매 상황 등을 사진이나 삽화로 제작하여 사용하면 된다. 이러한 과정에서 응답자는 특정 제품이나 서비스에 관련된 자신의 생각이나 느낌을 표출하리라 기대한다.

[그림 4-7] **주제통각검사 그림자극의 예**

래더링　　구체적인 제품 특징이나 속성에 대한 소비자 욕구를 탐색하는 매우 효과적인 기법으로 래더링(laddering)이 있다. "소비자는 1/4인치 드릴을 구입하는 것이 아니라 1/4인치 구멍을 구입한다."는 말을 들어 보았을 것이다. 소비자가 돈을 지불하는 궁극적 이유는 물리적인 제품의 특징이나 속성 때문이 아니라 사용을 결과로 얻게 되는 '편익' 때문이다. 어떤 제품 속성에서 비롯되는 편익은 위계에서 다를 수 있다. 맥주를 예로 들어 보자. 이 맥주가 지니는 속성은 다른 맥주보다 높은 알코올 도수라 하자. 래더링 기법은 '높은 알코올 도수'에서 다음과 같은 질문을 소비자에게 던지는 것에서 출발한다. "높은 알코올 도수가 당신에게 왜 중요한가요?" 이 질문에 대해 소비자는 어떤 이유를 댈 것이다. 그러면 소비자가 응답한 이유에 대해 "그것은 당신에게 왜 중요한가요?"와 같이 반복 질문을 한다. 이런 식으로 질문을 하면 '왜 중요한가?'에 대한 응답유형은 기능적 편익에서 시작하여 사회적 편익, 상징적 편익 그리고 심리적 편익으로 마치 욕구의 위계를 따라 사다리 타기를 하듯이 연결된다. 동일한 절차를 경쟁 브랜드에 대해서도 실시할 수 있다. 결과를 토대로 광고기획자는 자사와 경쟁 브랜드의 욕구 사다리를 비교하면서 어떤 수준의 어떤 욕구(예컨대, 심리 욕구라면 자아 가치 향상이나 더 나은 자아 이미지 등)에 어필할 것인지 결정하게 된다.

◩ 편익을 결정하라.

욕구와 편익은 동전의 양면이다. 욕구가 긴장상태라면 편익은 이러한 긴장상태를 균형상태로 복원하는 역할을 하기 때문이다. 편익은 경쟁자 대신에 '왜 우리 제품을 구입해야만 하는가?'에 대한 답이다. 편익은 '제품편익' '고객편익' '정서적 편익'의 세 가지로 구분할 수 있다. 편익의 유형은 포지셔닝의 범주라고도 할 수 있다.

- 제품 편익: 제품 자체의 기능과 관련된 것이다. 제품이 차별적으로 가지는 특성이나 성능, 장점 같은 것이 제품 편익이라 할 수 있다. 예컨대, 리치 (Reach) 칫솔은 '독특한 디자인과 기능(칫솔 머리가 작고 안쪽으로 꺾여 있다.)'으로 다른 제품이 놓치는 부분을 깨끗하게 해 준다는 특성을 가지는데 바로 이런 것이 제품 편익이다.
- 고객 편익: 고객이 특정 제품에 대해 가지는 기대와 관련된다. 즉, 제품 편익에 대해 궁극적으로 고객이 원하고 바라는 기능이다. 고객 편익은 제품 자체의 특징이라기보다는 그러한 제품의 특징에서 고객이 무엇을 얻을 수 있는가에 초점을 맞춘 것이다. 앞서 리치 칫솔의 예로 돌아가 보자. '칫솔 머리가 작고 안쪽으로 꺾여 있다.'는 점(제품 편익)은 궁극적으로 고객에게 '더욱 깨끗하고 건강한 치아'라는 고객 편익을 제공한다. 이처럼 고객 편익은 제품 편익을 소비자 입장에서 해석한 것이라 볼 수 있다.

- 정서적 편익: 정서적 편익은 제품 특성이나 편익보다는 소비자가 특정 제품을 사용함으로써 가지게 되는 느낌이나 믿음 등에 기초한다. 다른 편익에 비해 정서적 편익을 형성하기는 어렵지만 일단 형성된 정서적 편익은 매우 강력한 힘을 발휘한다. 리치 칫솔에서 정서적 편익은 '다른 제품보다 치아 청결과 건강유지를 위한 최고의 제품'이라는 '확신'일 것이다.

세 가지 유형의 편익이 광고에 어떻게 사용되는지 예를 보자. 중년의 소비자에게 초점을 맞춘 어느 골다공증 치료제의 인쇄광고를 집행하였다. 중년의 골다공증 환자는 뼈가 쉽게 부러지기 때문에 일상의 작은 일마저 두려워한다는 것을 파악하였다. 또한 중년의 환자는 단지 뼈가 쉽게 부러지는 것만을 걱정하는 것이 아니라 나이가 들면서 건강도 나빠지고 회복도 더디다는 점에 대해서도 두려움을 느낀다는 점을 파악하였다. 이 제품은 '뼈를 재건하고, 강하게 하여(제품 편익)' '고객이 하고 싶은 것, 좋아하는 것을 할 수 있으며(고객 편익)' 나아가 '건강에 대한 두려움을 극복할 수 있다는 확신(정서적 편익)'을 광고를 통해 지속적으로 소비자에게 심어 주었다.

편익에 토대하여 널리 사용되는 포지셔닝의 유형은 다음과 같다.

- 제품 편익 포지셔닝
- 사용자 포지셔닝
- 제품 범주 포지셔닝
- 경쟁자 포지셔닝
- 제품 사용 포지셔닝
- 품질, 가치 포지셔닝
- 문화, 이슈 포지셔닝

편익의 위계적 특성을 고려하라!　　매슬로는 인간의 욕구를 다섯 가지로 구분하고 이들을 위계로 가정한다는 것을 앞서 살펴보았다. 매슬로의 욕구위계와 마찬가지로 편익 또한 위계적이라 할 수 있다. 즉, 제품 편익, 고객 편익 등의 기능적 편익은 위계에서 정서적 편익 아래에 위치한다. 따라서 하위의 기능적 편익(제품 편익, 고객 편익)이 충족되어야 정서적 편익이 효력을 발휘하는 것이다.

정서적 편익을 위계에서 상위의 편익으로 보는 이유는 첫째, 다른 경쟁자가 쉽게 모방할 수 없기 때문이다. 경쟁자는 제품의 특성이나 기능은 쉽게 모방할 수 있지만 믿음이나 확신과 같은 정서적 측면을 모방하는 것은 용이하지 않다. 둘째, 정서적 편익을 확립하려면 제품 편익과 고객 편익이 전제되어야만 한다. 즉, 제품 편익과 고객 편익에서 좋은 성과를 얻는 제품만이 정서적 편익의 형성을 기대할 수 있다. 물론 '추론'의 작용도 무시할 수는 없다. 정서적 편익이라는 것은 기능적 편익보다는 고차적이기 때문에 굳이 기능적 편익을 제시하지 않아도 소비자는 기능적 편익이 존재하리라 미루어 짐작할 수 있다. 예컨대, 어떤 여성 위생용품은 자사 제품이 '깨끗하고 뽀송뽀송한 느낌'을 준다고 주장하였다. 즉, 정서적 편익만을 주장한 것이다. 그럼에도 불구하고 소비자는 이 제품이 흡수력이나 안전성의 기능적인 편익도 당연히 제공하는 것으로 믿는다. 추론의 작용에도 불구하고 광고기획자는 편익의 위계를 염두에 두고 포지셔닝 수립에 임해야 한다. 포지셔닝은 변칙이 아니라 원칙에 입각해야 한다.

복수 편익은 가능한가　　여러 측면에서 기존 제품을 능가하는 신제품을 개발하여 출시할 경우, 브랜드 포지셔닝 작업 과정에서 우리는 신제품의 제공 가능한 많은 편익 중에서 어떤 편익을 사용할 것인지 결정해야 하는 상황에 직면한다. 뿐만 아니라 하나의 편익을 이용해야 하는지 아니면 여러 개의 편익을 동시에 이용해야 하는지에 대해서도 고심하게 된다.

이러한 고민에 대해 광고학자는 비교적 단순 명료한 접근을 해 왔다. 이들은 소비자의 '편익 회상(recall)'을 통해 단일 편익 또는 복수 편익 주장 중에서 어떤 것이 더 효과적인지 진단하려고 하였다. 연구결과는 분명한 것으로 보였다. 즉, 인상적인 하나의 편익을 사용하여 커뮤니케이션 하는 것이 더 높은 회상을 보장하기 때문에 여러 개의 편익보다는 인상적인 하나의 편익을 사용하는 것이 좀 더 효과적이라는 것이다. 이러한 주장은 광고인 사이에서 거의 격언처럼 퍼져 있다.

그러나 단일 편익에 집중하라는 격언은 비록 합리적이긴 하지만 현실적으로는 왜곡된 것일 수 있다. 그 이유는 다음과 같은 의문에서 찾을 수 있다. 첫째, 소비자의 욕구 충족과 그로 인한 설득 효과를 단순히 편익 회상만으로 측정할 수 있는가 하는 점이다. 둘째, 더욱 다양화되어 가는 소비자의 욕구를 충족시켜야 하고 갈수록 경쟁이 심화되는 시장 상황에서 과연 하나의 편익만을 강조하는 것이 바람직한가 하는 것이다. 마지막 의문은 강력한 하나의 편익으로 충분하다면 왜 많은 제품이 추가적인 편익을 발견하기 위해 그토록 많은 비용과 시간을 투자하는가이다. 이러한 의문은 학문적이기보다는 현실적인 것이다. 실제 최근 들어 점차 많은 상품이나 서비스가 단일 편익이 아니라 복수 편익을 이용하는 추세이며 고객 확보와 유지를 위해서는 하나의 편익보다는 복수 편익의 사용이 더 효과적인 것으로 인식하고 있다.

그렇다면 포지셔닝 수립 시에 편익을 활용하기 위해 무엇을 해야 하는 걸까? 먼저 최대한 많은 편익을 발견해 내고 이를 소비자가 의미 있는 것으로 믿도록 만들어야 한다. 아울러 자사 제품의 편익을 어떻게 소비자에게 전달할지와 경쟁 제품과는 어떻게 차별성을 유지할 건지 고민해야 하며, 소비자의 구매결정 과정을 조사하여 무엇이 자사 제품을 경쟁력 있고 좀 더 강력한 것으로 만들 수 있는지 발견해야 한다. [표 4-1]은 다양한 편익을 발견하는 방법을 제시한다. 표의 오른쪽은 세제 제품을 적용한 예이다.

표 4-1 다양한 편익의 발견 방법

편익 탐색 도구	ABC 세제 예
1. 표적 소비자 　-표적 소비자의 인구통계 특성, 사용 행동, 욕구에 대해 검토한다.	1. 표적 소비자 • 인구통계: 활동적인 아이와 남편을 둔 주부 • 사용 행동: 빈번한 세탁, 세제를 많이 사용함, 특성화된 제품을 자주 사는 경향 있음 • 욕구: 지나친 노력과 추가 비용 없이 옷을 깨끗이 세탁하고자 함
2. 제품 편익 • 먼저 잠재적인 제품 편익을 점검한다. • 자사 제품이 무엇을 할 수 있는지를 답해 본다. • 대안 경쟁구도가 무엇인지 검토한다.	2. 제품 편익 • 옷을 깨끗이 함 • 더러운 것을 제거함 • 얼룩을 제거함
3. 고객 편익 • 제품 또는 제품 유목이 고객에게 주는 의미는 무엇인지 검토하라. • 자사 고객, 잠재 고객, 경쟁사 고객 각각에 대해 동일한 질문을 해 보라.	3. 고객 편익 • 깨끗한 상태를 오래 유지함 • 색깔을 선명하게 함 • 옷을 부드럽게 함 • 세탁을 자주 하지 않아도 됨
4. 정서적 편익 • 자사 제품은 어떤 정서적 효용을 가지는가? • 무엇이 믿음과 신뢰, 즉 고차원의 정서적 편익으로 연결되는지 탐색해 보라.	4. 정서 편익 • 현명한 주부로 느껴짐 • 좋은 제품이라는 확신/최고의 선물 • 나 자신을 잘 반영함

소비자 언어화하라!　　소비자 입장에서 그들의 언어로 자사 제품의 구매이유를 표현하는 것은 무엇보다 중요하다. 흔히 기업은 차별적인 제품 특징이 있을 때 이를 너무 자랑하고 싶은 나머지 소비자가 좀처럼 이해하기 힘든 난해한 기술적 용어로 표현하는 경향이 있다. 하지만 이는 포지셔닝 전략에서는 허용될 수 없는 실수이다.

자사의 제품 특징을 소비자 언어로 전환하여 성공한 예로 프록트 앤드 갬블의 여성 위생용품인 '올 웨이즈'를 들 수 있다. 올 웨이즈는 피부에서 습기를 제거함으로써 새는 것을 예방하는 독특한 디자인을 가지고 있다. 그런데 이러한 제품 특성을 제조자의 입장이 아니라 소비자 언어인 '새지 않는 건조 방어막'으로 표현함으로써 소비자가 쉽게 기억하고 믿음을 주는 제품으로 성공하였다. 원두커피 제품인 폴저스도 역시 성공사례로 볼 수 있다. 폴저스는 제품 편익인 풍부한 향을 '산이 키운 원두커피'라는 소비자 언어로 표현함으로써 제품 편익을 구매이유와 잘 연계시켰다.

다시 강조하지만 항상 주의를 기울여야 하는 것은 기업의 입장이 아닌 표적 소비자의 입장에서 생각해야 한다는 점이다. 이 원칙이 가장 잘 지켜지지 않는 제품은 아마 제약이나 정보통신이나 첨단기술 분야의 제품일 것이다. 최근 우리나라의 경우도 정보통신 기술의 급격한 발전으로 하루가 다르게 신기술이 탄생하고 있다. 하지만 대부분의 기업은 기술적인 용어를 여과 없이 그대로 사용하길 좋아한다. 아마 용어가 어려워야 뭔가 그럴듯한 것으로 인식될 수 있다는 착각을 하는 것 같다. 와이브로(wibro), WCDMA 등 소비자에게 한번 물어보라. 과연 기술적 용어의 의미를 얼마나 알고 있을까?

'스테이 프리'는 호주의 여성 위생용품인데 경쟁 제품보다 월등히 뛰어난 흡수력을 가능케 하는 스파그넘이라는 물질이 적용된 제품이다. 그러나 스테이 프리는 불행히도 소비자가 전혀 이해하지 못하는 스파그넘이라는 기술적인 물질 용어를 그대로 광고 등의 커뮤니케이션에 사용하였다. 그 결과는 어땠을까? 스테이 프리가 월등히 우수한 흡수력을 가진 제품임에도 불구하고 엄청난 광고비 투입에 비해 시장성과는 변변치 못했다. 문제를 깨닫고는 스파그넘을 포기하고 그 물질의 특성을 소비자 언어화한 '자연 흡수'라는 슬로건을 개발하여 난관을 극복하였다.

포지셔닝 요소 (4) - 우리 브랜드의 개성은 무엇인가

브랜드 개성(brand personality)은 포지셔닝 수립에서 브랜드 이미지를 구축하는 중심 요소이기 때문에 반드시 포지셔닝에 포함되어야 하는 중요한 요소이다.

브랜드 개성이란 인간의 성격 특질을 브랜드에 부여하여 특정 브랜드를 마치 사람인 양 표현한 것이다. 브랜드 개성은 특정 브랜드의 체질, 기질 그리고 정신을 나타낸다.

브랜드 개성은 종종 광고의 톤(tone)이나 매너(manner)또는 무드(mood)와 혼동되는 경향이 있는데, 브랜드 개성은 장기적으로 유지되고 변하지 않는 특성인 반면, 톤이나 매너는 일시적인 무드를 반영한다는 점에서 차이가 있다. 브랜드 개성이 포지셔닝에서 브랜드에 대한 전략적이고 근원적인 요소라면 톤이나 매너는 포지셔닝 전략을 수행하는 과정에서 적용되는 전술적 요인이다. 따라서 자사의 표적 소비자는 브랜드 개성과 톤 또는 매너를 혼동할 수 있다는 점을 염두에 두어야 한다. 즉, 어떤 브랜드의 광고가 동일한 톤이나 매너를 장기적으로 유지할 경우 현재 또는 잠재 소비자는 그러한 톤이나 매너를 마치 브랜드 개성인 양 인식할 수 있다. 예컨대, 유머러스한 톤이나 매너의 광고를 집행할 경우에 소비자는 그 브랜드의 개성이 유머러스하다고 인식할 수 있다.

브랜드 개성은 포지셔닝에서 두 가지 역할을 한다. 첫째, 자사 제품을 동일한 제품 특성과 이점을 갖는 경쟁 제품과 차별화시킨다. 우리가 잘 아는 코크와 펩시를 예로 들어 보자. 이 두 브랜드는 콜라라는 제품 특징에서 별반 차이 없는 종류의 상품을 판매하지만 각 브랜드의 개성은 그 어떤 다른 브랜드보다 큰 차이를 가진다. 둘째, 소비자가 특정 브랜드를 선택하는 이유를 제공하는 역할을 한다. 소비자가 좋아할 만한 브랜드 개성을 만듦으로써 표적 소비자에게 좀 더 매력적으로 다가가게 되는 것이다.

포지셔닝에서 브랜드 개성을 가장 전략적으로 사용한 성공적인 브랜드는 아마 나이키일 것이다. 나이키는 표적 소비자를 스포츠에 열광하는 사람으로 정하였다. 그리고 마이클 조던과 같은 뛰어난 스포츠 스타를 등장시키고 그들의 업적을 찬미함으로써 그들의 특성을 나이키의 브랜드 개성에 이식한 것이다. 특히 나이키의 주 모델이었던 마이클 조던은 특정 스포츠에 관계없이 스포츠를 좋아하는 모든 사람에게 영웅이었기 때문에 이 영웅과 함께하는 나이키를 좋아하지 않을 수 없게 만들었다. 나이키는 영웅적인 스포츠 스타를 이용하여 경쟁사와는 차별화된 브랜드 개성을 성공적으로 형성했다.

그런데 브랜드 개성이란 것은 단순히 표적 소비자를 끌어들이기 위해 만들어 낸 단어의 집합으로 보는 것은 곤란하다. 중요한 것은 브랜드 개성이 사전에 치밀한 전략하에 제품 디자인, 제품 이점 그리고 광고 등과 같은 모든 마케팅 요소에 일관되게 반영되어야 한다는 것이다. 그러면 이제 브랜드 개성의 설정과 수립과정에 대해 구체적으로 알아보자.

■ 브랜드 개성을 정의하라.

브랜드 개성을 정의하려면 먼저 사람의 성격을 묘사하는 단어(형용사)를 사용할 것을 권한다. 그러나 주의해야 할 점은 우리가 일상생활에서 친구나 가족 또는 자신의 성격을 얘기할 때 사용하는 그런 단어를 선택해야 한다는 것이다.

■ 브랜드 개성을 개발하라.

이미 존재하는 브랜드 개성을 찾아내고 정의하는 것은 그리 어려운 일이 아니다. 하지만 새롭게 자사 브랜드의 개성을 만들어 내는 것은 무에서 유를 창조하는 것과 같이 어려운 작업이다. 새롭게 브랜드 개성을 개발할 때 사용할 수 있는 몇 가지 방법은 다음과 같다.

자사 브랜드를 유명인에 비유해 보라!   다음의 질문을 해 보라. "만약 당신의 브랜드가 사람이라면 누구일까?" 이 질문에 대한 답은 '어떤 사람'일 것이다. '어떤 사람'은 분명 특징적인 개성의 소유자일 가능성이 높다. 만약 "이 브랜드가 사람이라면 정우성이다."라고 했다면 소비자가 정우성의 개성을 추론하는 데 별다른 어려움이 없을 것이다. 이는 브랜드 개성의 추론이나 수립을 용이하게 해 줄 것이다.

선택한 유명인의 성격을 정의하라!　만약 당신 브랜드의 개성이 정우성으로 표현된다면 다음으로 할 일은 정우성의 성격 특성을 정의하는 것이다. 만약 어떤 소비자는 정우성의 성격이 브랜드와 일치한다고 생각하는 반면에 다른 소비자는 정우성이 출연한 영화 속의 주인공이 브랜드를 더 잘 표현한다고 할지도 모른다. 둘 중에 누구를 선택하느냐는 별로 중요하지 않다. 궁극적인 목표는 구체적인 유명인을 이용하여 브랜드 개성을 구별해 내는 것이다. 만약 대부분의 소비자가 두 인물의 성격이 모두 브랜드와 어울리지 않는다고 한다면, 해결 방법은 간단하다. 사람들이 동의하지 않는 유명인의 성격 특성을 확인하고 그것을 대체할 수 있는 새로운 단어를 찾으면서 새로운 단어에 어울릴 만한 다른 유명인으로 바꾸어 보면 된다.

제품 특성과 브랜드 요소와 일치하는 성격 특성을 확인하라!　우리 브랜드의 성격을 가장 잘 표현하는 유명인을 선택하고 그들의 성격을 분석하고 정의하더라도 우리 제품 특성과 어울리지 않는다면 그것은 무용지물이다. 예컨대, 우리 브랜드가 불가리(Bvlgari) 시계 같은 정교하고 고급스러운 제품이라면, 너무 대중적이거나 가벼운 이미지를 가진 연예인은 적합하지 않을 것이다. 대신 '이사벨라 로셀리니' 같은 여배우가 적당할 것이다. 그러나 당신이 어떤 방법을 이용하든지 간에 명심해야 할 것은 표적 소비자가 잘 알고 있는 유명인에서 출발하는 것이다. 그래야만 브랜드 개성을 수립하는 과정에서 공감을 일으키기 쉽다.

◼ 브랜드 개성을 개발할 때의 주의 사항

새로운 브랜드 개성을 만드는 것은 어렵고 힘든 작업이다. 이미 기존에 형성된 브랜드 개성을 새롭게 변화시키는 것도 어려운 일이다. 만약 현재 브랜드의 개성을 새롭게 변신시키려면 무엇을 해야 할까? 첫째, 어떤 브랜드 개성을 수립하려는지 목표를 분명히 해야 한다. 둘째, 목표로 갈 수 있는 방법을 나열하고 그것을 순차적으로 관리해야 한다. 어떤 브랜드라도 단 한 번의 시도로 목표에 다가갈 수는 없다. 한번에 모든 것을 이루려고 욕심을 부려서는 안 된다. 표적 소비자가 변화한 브랜드 개성을 인지하게 만드는 데는 오랜 시간이 필요하다. 만약 성급하게 서둘면 변화가 너무 급진적이어서 오히려 소비자는 변화를 믿지 않을지도 모른다.

3. 포지셔닝 맵의 작성

지금까지 포지셔닝 수립을 위한 각 요소의 성격과 점검 가이드 및 이를 토대로 한 포지셔닝 진술문의 작성에 대해 알아보았다. 포지셔닝은 비교적 복잡한 과정의 작업이다. 비록 포지셔닝 진술문을 통해 포지셔닝 전략을 일목요연하게 정리할 수 있지만 경우에 따라서는 기획팀뿐만 아니라 광고 제작팀이나 임원진과 같이 전문적이고 세부적인 사항보다는 자사 제품이나 서비스의 궁극적인 포지셔닝을 좀 더 단순, 명료하게 이해시켜야 할 때가 있다. 이를 위한 유용한 도구가 바로 포지셔닝 맵(positioning map 또는 지각도[perceptual map]라고도 한다.)이다.

포지셔닝이라고 하면 대체로 어떤 제품 특징이나 이미지 속성을 중심으로 자사와 경쟁자를 2차원의 맵에 위치시켜 보는 것을 떠올릴 것이다. 물론 2차원이건 3차원이건 맵을 이용하여 자사와 경쟁자를 위치시키는 것도 포지셔닝이라 할 수 있다. 하지만 그것은 어디까지나 포지셔닝의 결과물이지 포지셔닝 그 자체는 아니다. 그러면 포지셔닝이란 무엇인가?

물론 포지셔닝 맵의 주 활용은 포지셔닝 전략을 단순, 간결하게 보여 주기 위한 것만은 아니다. 다차원 척도(Multi-Dimensional Scaling: MDS)나 상응분석(Correspondence Analysis: CA)과 같이 포지셔닝의 다양한 요소에 대한 소비자의 주관적인 평가를 분석하여 현재 자사 및 주요 경쟁 제품이나 서비스의 상대적 위치를 진단하거나 또는 표적 소비자의 욕구가 가장 큰 위치를 찾아내어 향후 어디로 가야 할지 결정하는 도구가 포지셔닝 맵이기도 하다. 하지만 대부분의 광고기획자가 포지셔닝 맵을 사용하는 주목적은 포지셔닝 전략의 결과를 사내 또는 광고주에게 커뮤니케이션 하기 위한 것이므로 여기서는 이 경우를 중심으로 포지셔닝 맵의 적절한 작성법에 대해 논의하기로 한다. [그림 4-8]의 캐주얼 '브랜드 Y' 포지셔닝 맵 예를 중심으로 알아보자.

실무자가 가장 많이 사용하는 포지셔닝 맵은 2개의 축을 적용하는 2차원의 맵이다. 포지셔닝 맵을 작성할 때 가장 중요한 일은 축을 결정하는 것이다. 2개의 축에 어떤 요인을 적용할지는 전략적으로 결정되어야 하며 결정의 판단자료는 앞서 살펴본 포지셔닝의 6개 요소에 대한 점검에서 추출된다. [그림 4-8]을 보자. 2개의 축은 ① 디자인 스타일, ② 가격으로 명명되었다. 왜 수많은 요소 중에서 하필이면 디자인 스타일과 가격을 중심으로 포지셔닝 맵을 작성한 것일까? 이 두 요소는 캐주얼이라는 제품 유목에서 소비자가 특정 브랜드를 선택하는 데 가장 결정적인 영향을 미치는 요소이기 때문이다. 따라서 자사가 경쟁에서 승리하려면 이 두 요소에서 소비자의 마음속에 차별적인 경쟁 우위의 위치를 차지해야 한다. 소비자가 별반 중요시하지도 않고 자사가 일방적으로 추구하는 요소가 포지셔닝 맵의 축을 차지해서는 안 된다. 예컨대, 디지털 카메라의 경우 '편리한 기능조작'이 경쟁 우위에 영향을 미치는 결정적인 요소라면, 바로 이 요소가 포지셔닝 맵의 한 축을 차지해야 한다. 포지셔닝의 주인공은 소비자이지 결코 기업이 아님을 상기하기 바란다. 심지어 어떤 기획자는 브랜드 개성을 맵으로 나타낸 것을 포지셔닝 맵으로 사용하기도 한다. 이는 분명 실수이다.

다음으로 할 일은 결정적인 전략적 요소를 중심으로 보았을 때 우리는 현재 어디에 있으며 경쟁자는 어디에 있는지를 위치시키는 것이다. [그림 4-8]을 보면 자사 브랜드 Y는 '브랜드 X'와 유사한 위치에 있음을 알 수 있다. 이는 무엇을 말하는가? 자사 브랜드는 소비자의 마음속에 독자적인 위치를 차지하지 못함을 말한다. 소비자가 캐주얼을 구입할 때마다 두 브랜드는 갈등을 일으키며 경합하기 십상이다. 결코 바람직한 상태가 아니다. 이제 한 단계 더 나아가 할 일은 전략적 요소를 중심으로 소비자의 욕구, 즉 표적 소비자가 요구하는 지점이 어디인지 확인하는 것이다. 만약 표적 소비자가 'A'의 제품을 원한다면 자사 브랜드는 'A'로 이동한다는 전략적 결정을 맵 상에 표시할 수 있다. 신규 브랜드의 경우 포지셔닝 맵의 작성과 활용은 기존 브랜드일 때와 크게 다르지 않다.

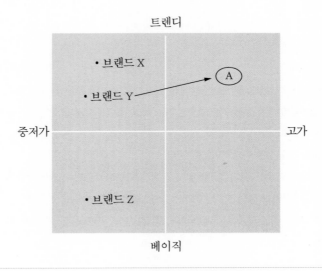

[그림 4-8] 브랜드 포지셔닝 맵

핵심 포인트

- 포지셔닝은 표적청중의 마음속에 자사의 상품이나 서비스에 대해 경쟁자와는 상대적으로 차별되는 인식을 심어 주는 과정이다.
- 포지셔닝은 상황분석에서 도출된 핵심 이슈(문제와 기회)를 토대로 광고전략을 마무리하는 과정이다.
- 경우에 따라서는 '마케팅 포지셔닝'을 '광고 포지셔닝'으로 변환할 필요가 있다.
- 포지셔닝 수립의 네 가지 핵심요소: (1) 누구와 경쟁할 것인가, (2) 표적청중은 누구인가, (3) 표적청중의 마음속에 무엇을 심어 줄 것인가, (4) 우리 브랜드의 개성은 무엇인가.
- 포지셔닝은 '상대적인' 인식의 싸움이므로 경쟁자의 규정이 무엇보다 중요하다.
- 마케팅의 표적시장과 광고의 표적청중은 같을 수도 있고 다를 수도 있다. 차이점을 인식해야 한다. 광고의 표적청중은 핵심 이슈를 해결할 열쇠를 쥐고 있는 '바로 그들'이어야 한다.
- 표적청중의 규정은 구체적이어야 한다.
- 표적청중의 마음에 심어 줄 그 무엇은 표적청중의 욕구와 직결된 것이다. 그리고 욕구는 편익과 동전의 양면이라는 점을 활용하라.
- 브랜드 개성은 광고의 톤이나 매너의 결정뿐만 아니라 브랜드의 장기적인 이미지 전략과 일치시켜야 하는 중요한 요소이다.

포지셔닝과 마케팅 전략에 대한 좀 더 폭넓은 지식을 얻고자 하면 "A. Trout & Jack
    Ries, *Positioning: The Battle for Your Mind*, McGraw-Hill, 2001."을 참고
    하기 바란다.

포지셔닝의 심리학적 기제를 알고자 하면 "우석봉, **브랜드 심리학(2판)**, 학지사, 2010."
    을 참고하기 바란다.

마케팅 포지셔닝과 광고 포지셔닝의 관계와 개념 및 용도 차이를 알고자 하면 "David
    W. Nylen, *Advertising*, South-Western, 1993."을 참고하기 바란다.

소비자 욕구 파악을 위한 질적조사(qualitative research) 접근법을 알고자 하면
    "Corrine Glesne, *Becoming Qualitative Researchers*, Allyne and Bacon,
    2006."을 참고하기 바란다.

제5장
단계 4. 광고목표의 수립

가야 할 곳을 모르면 어떻게 가야 하는지도 알 수 없다.
—익명의 광고인—

광고를 통해 무엇을 성취하려고 하는가

상황분석을 통해 핵심 이슈인 문제와 기회를 발견하고 이를 토대로 포지셔닝 작업을 했다면 다음으로 할 일은 구체적인 광고목표를 수립하는 것이다. 앞서 문제와 기회의 추출과 포지셔닝의 수립 시에는 광고가 해결해야 할 핵심 이슈가 무엇인지 명확히 해야 하며, 광고의 표적청중과 표적청중의 머릿속에 무엇을 심어 주어야 하는지 설정해야 한다. 광고 포지셔닝으로 재번역되건 아니건 관계없이 포지셔닝은 상품이나 서비스에 대한 장기적인 전략적 길잡이다. 광고는 단발성이건 아니면 연간 집행되는 캠페인이건 장기적인 포지셔닝을 달성하기 위한 수단이다. 이는 광고가 장기적인 포지셔닝 전략을 염두에 두면서 구체적인 목표 하에 집행되어야 함을 의미한다.

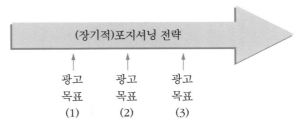

[그림 5-1] 포지셔닝과 광고목표

광고목표란 광고를 통해 어떤 문제를 해결할 것이며, 어떤 기회를 이용하면서 무엇을 성취하고자 하는가에 대한 구체적인 지침이다. 가고자 하는 곳을 모르면 어디에도 도달할 수 없을 뿐만 아니라 어떻게 가야 하는지도 알 수 없다. 이번 단계에서 알아볼 광고목표의 수립은 광고기획에서 바로 '목적지'에 해당하는 실로 중요한 부분이다. 지금까지 알아본 단계도 궁극적으로 광고목표를 수립하기 위한 것이라 할 수 있다. 목표가 없는 계획이란 그저 단순한 사실과 연관성 없는 아이디어를 모은 것에 지나지 않는다.

광고를 왜 하는가? 광고의 목적이 무엇이냐고 물어보면 많은 사람은 "그거야 뻔한 일이죠. 광고의 목적은 제품을 팔려고 하는 것입니다."라고 대답한다. 만약 그렇다면 이렇게 판매라는 명확한 목표가 있는데 왜 굳이 광고의 목표란 것을 수립해야 하는 것일까? 판매란 결코 광고만으로 달성되는 것이 아니다. 이는 광고가 판매에 '어느 정도' 그리고 '어떤 식으로' 기여할 것인가에 대해 숙고해야 함을 의미한다. 바로 이러한 숙고가 광고목표에 관한 것이다. 광고목표는 다음과 같이 중요한 전략적 의사결정을 위한 지침의 역할을 한다.

광고목표의 역할
- 광고목표가 있어야 크리에이티브 전략을 결정할 수 있다.
- 광고목표가 있어야 미디어 예산과 미디어 목표, 미디어 전략을 결정할 수 있다.
- 광고목표가 있어야 광고효과를 측정할 수 있다.

이 같은 광고목표 수립의 중요성에도 불구하고 현장에서는 종종 광고목표를 등한시하거나 모호하게 설정하여 정확한 의미를 혼동하는 일도 잦다. 특히 가장 자주 저지르는 실수는 바로 광고목표와 마케팅 목표를 혼동하는 것이다. 광고목표의 실체를 명확히 이해하기 위해 먼저 마케팅 목표와 광고목표는 무엇이, 어떻게 다른지 알아보자.

1. 광고목표의 정의

1부의 전략 피라미드에서 알아본 것처럼 마케팅 목표와 광고목표는 그 범위와 역할이 엄연히 다르다. 마케팅 목표는 기업이 달성하고자 하는 것이며, 무엇을 얻고자 하는가에 대한 답인 것이다. 전형적인 마케팅 목표의 예는 다음과 같다.

- 매출 증대
- 판매를 10% 신장함
- 시장 점유율의 확대
- 시장 점유율을 10%에서 20%로 증가함
- 1년 내에 고객 가입률을 15% 높임

광고목표는 마케팅 목표를 달성하기 위한 하나의 수단 전략이다. 어떤 목표가 광고목표로서 적합한지 알려면 다음과 같은 질문을 던져보라. 판매를 증대하거나 시장 점유율을 높이는 것이 광고만으로 해결될 수 있는가? 판매를 증대하거나 시장 점유율을 높이려면 가격전략을 수정해야 할 수도 있고 제품을 개선해야만 할 수도 있다. 그리고 더욱 다양한 유통을 개척해야 더 많은 소비자에게 도달할 수 있어서 판매증대로 이어질 수 있을 것이다. 새로운 유통으로 침투하자면 현재의 점주 판매마진 정책을 수정해야 할 수도 있다. 경쟁자의 공격에서 자사 시장을 방어하는 것은 광고만으로 가능한가? 이 경우에도 광고는 단지 부분적으로 기여할 뿐이다. 이제 광고목표와 마케팅 목표의 차이를 알았는가? 광고목표는 다음과 같이 정의할 수 있다.

> **광고목표의 정의**
>
> 광고목표란 마케팅 목표를 달성하기 위해 규정된 표적청중을 대상으로 정해진 기간에, 정해진 수준까지 달성해야 하는 구체적인 커뮤니케이션 과업이다.

2. 광고목표의 이점

기획이나 제작 회의를 할 때 광고목표라는 이슈가 논의될 때마다 제기되는 불만은 '지금까지 광고를 해 왔고 판매와 수익에도 별다른 문제가 없는데 왜 새삼스럽게 광고목표를 들먹이며 야단법석을 떨어야 하는가?'이다. 더 극한 상황에서는 '광고목표 같은 교과서에나 있는 이야기는 하지 마라.'는 요청이다. 그러면 광고목표 운운했던 사람은 머쓱해지기 일쑤이다. 실무 회의에서 광고목표를 운운하는 사람은 마치 현실은 알지도 못하면서 교과서 내용만 들먹이는 신입사원 취급을 받는다. 이는 분명 잘못된 것이다. 정말 광고목표란 것이 필요한가? 광고목표를 정의할 때 얻게 되는 이점을 살펴보면 그 필요성을 알게 될 것이다.

■ 우리는 자신이 무엇을 위해 노력하는지 구체적으로 알면 알수록 그 일을 더 열정적으로, 그리고 더 효과적으로 수행할 수 있다. 광고목표도 다르지 않다.

광고기획이나 제작을 담당한 팀원이 무엇을 위해 노력하고 있는지 분명히 이해할 때 팀원 모두는 그 일을 더 잘 수행할 수 있다. 목표에 대한 공감이 형성되면 모든 일은 더 효과적이고 신속하게 이루어진다. 그러나 이것이 너무 자명한 사실이기 때문에 간과되는 것 또한 사실이다. 광고를 제작하는 카피라이터나 그래픽 디자이너도 광고목표를 명확하게 이해하고 있다면 목표를 공략하는 데 더 큰 임팩트를 가진 크리에이티브를 개발할 수 있으며 시간과 노력의 낭비도 감소된다.

■ 광고는 마케팅의 수단 중에서 가장 무형의(intangible) 것에 속한다. 보이지 않는 수단을 다룰수록 목표를 구체적으로 명확하게 정의하는 것은 무엇보다 중요하다.

가시적인 비즈니스 영역에서는 잘 정의된 목표가 그리 중요하지 않을 수도 있다. 예컨대, 생산부서에서는 일의 성과를 완제품 재고로 알 수 있다. 자재 부스러기가 쌓여 있는 양을 보면 제조공정상의 낭비 요소를 시각적으로 확인할 수 있다. 영업사원은 자신이 담당하는 고객을 직접 만나 본 경험에 의하여 고객의 반응을 머릿속에 그려 보고 심지어 고객과의 면담 장면을 다시 회상하면서 자신이 어떻게 판매를 성공시켰는지 정리해 볼 수 있다. 그러나 광고는 그렇지 않다.

■ 과거에 비해 광고가 더욱 전문화되었기 때문에 목표의 수립이 더 필요하다.

과거에는 카피라이터가 마케팅 리서치나 어카운트 플래너 같은 다른 전문가들의 도움을 받지 않고 자신의 통찰에 의존해서 카피를 혼자 생각해 낼 수 있었다. 하지만 소비자와 시장은 과거에 비해 점차 복잡하고 이해하기 어려워지고 있으며 커뮤니케이션 환경도 예외가 아니다. 이제 광고는 분야별 전문가들로 구성된 팀의 통합된 능력이 없으면 기획하기 어려운 지경에 이르고 있다. 이는 분명한 트렌드이다. 따라서 광고의 목표를 명확하게 하지 않으면 이해의 초점은 흐려지고 팀원의 기여도는 감소될 수밖에 없다.

■ 광고목표에 대한 합의가 이루어지면 낭비 요소를 줄일 수 있다.

광고실무 경험이 있는 독자라면 수십 개의 시안 작업을 한 후 '이것은 우리가 이야기하려는 아이디어가 전혀 아니다.'라는 결론에 도달해 본 경험이 얼마나 많은지 공감할 것이다. 시안 작업을 해 보면서 목표를 규정하는 과정은 마치 연필과 제도지 대신 벽돌과 목재로 지어 보면서 건축물을 설계하는 것과 다를 바 없다. 목표란 성취해야 할 것에 대한 서로의 견해 차이를 해소하고 의견을 통합시키는 도구이다. 목표는 팀원의 주의를 중요하고 관련성 있는 사항에만 집중시키는 역할을 한다. 목표는 쓸데없는 수고를 덜어 줄 뿐만 아니라 특정 광고가 의도했던 방향에서 이탈했는지 여부를 알 수 있게 도와준다.

■ 광고목표는 크리에이티브의 힘을 배가한다.

많은 크리에이터는 전략이 창의적인 크리에이티브 아이디어의 장애물인 양 여기는 경향이 있다. 하지만 광고목표가 크리에이티브 아이디어의 창의성을 위축시킨다고 생각한다면 이는 분명 실수이다. 명확한 광고목표는 오히려 창의적인 크리에이터를 보호해 주는 장치이다. 광고목표는 크리에이터에게 이렇게 말한다. "우리가 커뮤니케이션 하려는 것은 이것이고, 이것을 가장 잘 커뮤니케이션 할 수 있는 방법을 찾아내는 데는 당신이 전문가입니다. 구체적인 커뮤니케이션 과업을 달성하도록 당신의 천재적인 창의력을 모두 활용해 주십시오. 우리는 당신의 크리에이티브 작업을 주관적인 감으로 평가하지 않고 객관적인 결과로 판단하겠습니다."

Cannes, Clio 그리고 New York Festival 같은 세계적인 광고대회의 크리에이티브 부문에서 가장 많이 수상한 다국적 광고대행사인 DDB Worldwide의 사내 교육용 자료에는 다음과 같은 문구가 있다. "전략과 크리에이티브는 왈츠와도 같다. 두 명의 댄서가 조화를 이룰 때 가장 아름다운 왈츠가 탄생한다."

■ 광고목표가 있어야 객관적인 광고효과의 측정이 가능하다.

측정을 위해 광고목표를 수립하는 것은 분명 아니다. 광고목표는 더 생산적이고 더 많은 수익을 가져다주는 광고를 창조한다는 목적을 달성하는 수단이기 때문이다. 나아가 광고대행사는 광고주에게 광고의 효과를 보고할 의무가 있다.

3. 광고목표의 수립 원칙

이제 광고목표를 수립할 때 참고해야 하는 원칙을 알아보자. 다음의 원칙은 현장 중심적이어서 매우 실용적이다.

■ 원칙 1
광고목표는 상황분석에서 도출된 핵심 문제나 기회, 그리고 포지셔닝 전략과 반드시 관련되어야 한다. 문제를 해결하거나 또는 기회를 이용, 강화하기 위한 것이 광고목표의 수립으로 연결되는 것이다. 문제나 기회와 관련성이 없다면 상황분석을 해야 하는 아무런 의미가 없다. 광고목표가 수립되었다면, 이것이 해결해야 할 문제 또는 강화하려는 기회와 관련이 있는지 역으로 점검해 보아야 한다.

■ 원칙 2
광고목표는 마케팅의 임무 가운데서 커뮤니케이션 측면만을 간결하고 명료하게 진술한 것이어야 한다. 마케팅 목표와 광고목표를 구분할 수 있다면, 이 원칙은 그다지 문제가 되지 않는다.

■ 원칙 3
광고목표는 반드시 글로 작성하되 명확해야 하며 가급적 측정 가능한 용어로 나타내는 것이 좋다. 앞서 문제와 기회는 구체적으로 진술되어야 함을 누누이 강조하였다. 광고목표에도 이 원칙은 그대로 적용된다. 모호하거나 중의적인 표현은 광고목표의 진술 방식으로 좋은 것이 아니다. 광고목표가 구체적이지 못하면 크리에이터마다 제각기 다른 식으로 해석할 것이며 크리에이티브 아이디어도 제각기 다를 것이다. 아래의 예를 보라.

- 대리점을 방문하게 한다.
- 전화 주문을 하게 한다.
- 웹 사이트를 방문하게 한다.
- 제품책자를 보내 주도록 요청하게 한다.
- 자녀가 엄마에게 사 달라고 간청하게 한다.
- 브랜드를 특정 제품과 연합시킨다(예, 던킨-커피 & 도넛).
- 제품을 만든 기업을 알게 한다.

▨ 원칙 4

광고목표는 카피라이터나 디자이너 등 크리에이티브 제작에 관련된 모든 사람이 동의하는 것이어야 한다. 광고목표를 중심으로 광고전략을 수립하는 것과 실행하는 것이 대개는 분리되어 있다. 따라서 '어떻게 표현할 것인가?'에 대해 고심하는 크리에이터에게서 광고목표에 대해 동의를 얻는 것은 이들의 업무에 동기를 부여한다는 측면에서도 매우 중요하다.

▨ 원칙 5

광고목표가 수립되면 광고목표의 달성 여부, 즉 광고효과를 측정할 수 있도록 기준지표를 설정해야 한다. 경우에 따라서는 일정 기간의 광고 집행 이후에 표적청중의 상표지식, 태도, 구매성향이 광고를 하기 이전과 이후에, 그리고 광고의 표적청중과 그렇지 않은 사람 간에 어떤 차이가 있는지 평가해야 한다. 아울러, 이후에 실시할 광고목표의 달성 여부 평가 방법을 광고목표 설정 시 미리 결정해 두는 것도 권할 수 있다. 원칙 3을 다시 보라. 광고목표를 구체적으로 진술해야만 하는 다른 이유가 바로 광고효과의 측정과 관련 있다. 광고목표가 모호하다면 광고효과의 측정도 원활하게 이루어질 수 없다.

4. 광고목표 수립의 실제

이제부터 광고목표 수립의 실제에 대해 알아보자. 앞서 광고기획은 마케팅 목표와 전략이라는 숲을 보면서 수행되어야 함을 강조했다. 마케팅 목표와 전략을 점검해야 한다는 것도 결국 광고목표를 명확히 하려는 것이다. 광고기획에서 광고목표의 수립은 광고기획 과정의 종착지라 할 수 있다. 그러면 실무에서 광고목표를 수립할 때 어떤 지침이 도움이 될까?

■ 마케팅 목표 달성을 위한 마케팅 전략을 지원하는 데 있어서 광고목표의 다양성에 대해 선택의 폭을 열어 놓아야 한다.

[그림 5-2]를 보라. 어떤 시리얼 제품이 전년 대비 20% 판매를 높이려 한다고 하자. 이때 '20% 판매 신장'은 마케팅 목표이다. 이 마케팅 목표를 달성하는 데는 여러 가지 대안, 즉 마케팅 전략이 있을 것이다. 아직 자사 제품을 구입하지 않은 비사용자를 끌어들인다거나 또는 기존 소비자가 더 자주 사용하게 함으로써, 혹은 기존 소비자의 브랜드 충성도를 강화하거나 경쟁 브랜드를 구입하는 것을 방지함으로써 20%의 매출 신장을 달성할 수 있다. 만약 기존 소비자가 자사 제품을 더 자주 사용하게 함으로써 20%의 매출 신장을 달성하려 한다고 결정했다고 하자. 그러면 이제 기존 소비자의 사용빈도 제고라는 전략을 수행하는 데 광고가 해야 할 역할, 즉 광고의 목표를 규정해야 한다. 마케팅 목표를 달성하기 위한 전략이 단 하나가 아닌 것과 같이 결정된 마케팅 전략을 수행함으로써

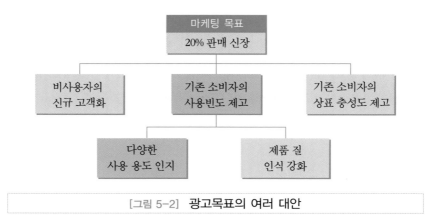

마케팅 목표
20% 판매 신장

비사용자의
신규 고객화

기존 소비자의
사용빈도 제고

기존 소비자의
상표 충성도 제고

다양한
사용 용도 인지

제품 질
인식 강화

[그림 5-2] 광고목표의 여러 대안

마케팅 목표를 달성하기 위해 광고가 할 수 있는 역할도 하나일 필요는 없다. 마케팅이든 광고든 좀 더 바람직한 선택이 있을 뿐이지 '정답'은 없다.

기존 소비자의 사용빈도를 제고하려는 마케팅 전략을 지원하기 위해 광고가 할 수 있는 역할은, 예컨대 소비자에게 제품의 다양한 사용 용도를 알려 준다거나, 또는 제품의 영양성분이나 기타 편익을 중심으로 제품에 대한 인식을 강화하는 것일 수 있다. 이 중에서 어떤 것을 광고목표로 설정할 것인가에 대한 '정답'은 없다. 다만 어떤 것이 광고목표로서 좀 더 효과적인지 말할 수 있을 뿐이다.

■ 어떤 것이 광고목표로서 더 바람직한 것인지 판단하는 잣대는 무엇일까? 그것은 상황분석을 통해 추출한 문제와 기회, 그리고 포지셔닝이다.

만약 자사 제품의 반복 구매를 가로막는 핵심 문제가 성분이나 영양가에 대한 소비자 불신이라면 사용빈도 제고를 위해 사용 용도를 교육시키는 것보다는 제품에 대한 신뢰나 인식을 강화하는 것이 더 급선무이다. 하지만 자사 제품에 대한 인식이 우호적이어서 이것이 오히려 기회로 작용한다면 이때는 제품 인식의 강화보다는 사용빈도를 높이기 위해 다양한 사용 용도를 교육시키는 것이 광고목표로서 더 효과적일 것이다. 이제 [그림 5-2]를 [그림 5-3]과 같이 정교화해 볼수 있다.

광고목표의 수립에서 상황분석을 통해 도출된 문제와 기회가 어떤 역할을 하는지 아래의 몇 가지 예를 더 살펴보자.

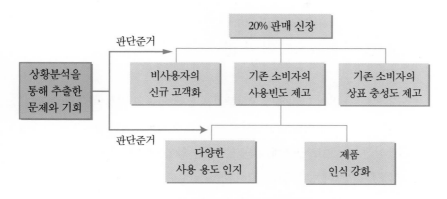

[그림 5-3] 광고목표 수립에서 문제와 기회의 역할

브랜드: 소형 승용차 ABC
- 브랜드의 문제: 소비자는 소형 승용차 ABC가 고속도로 주행 시 안전하지 않다는 불안감을 가진다.
- 광고목표: 충돌 시험결과를 통해 소형 승용차 ABC의 안전성에서 경쟁 우위를 알린다.

브랜드: 음료 ABC
- 브랜드의 문제: 소비자의 70%는 우리 브랜드 광고를 보았지만 이 중 50%는 우리 광고를 경쟁사 브랜드의 광고로 알고 있다.
- 광고목표: 브랜드와 광고의 정확 결합률을 높인다.

브랜드: 대형 할인점 ABC
- 브랜드의 기회: 인구 유입이 증가하는 신도시 최상의 위치에 자리하고 있다.
- 광고목표: 위치와 접근용이성을 알린다.

포지셔닝 전략 역시 바람직한 광고목표의 평가 잣대이다. 광고목표는 반드시 포지셔닝 전략과 일치하거나 포지셔닝 전략을 지원해야 한다. 포지셔닝은 마케팅 믹스를 이끄는 길잡이이므로 광고도 포지셔닝 전략의 범위 내에서 수행되어야 한다.

5. IMC와 광고목표의 수립

광고기획의 두 번째 단계에서 상황분석을 통해 도출된 핵심 이슈, 즉 문제나 기회를 마케팅 믹스 영역별로 구분하고, 그리고 광고를 포함한 총체적인 마케팅 커뮤니케이션 믹스별로 구분해야 한다는 것을 알아보았다. 이렇게 함으로써 광고를 포함한 '통합 마케팅 커뮤니케이션(IMC)' 수립이 가능함을 알게 되었다. 광고목표의 개념 역시 총체적인 마케팅 커뮤니케이션 믹스 영역별로 확장, 적용할 수 있다. 이를 통해 광고의 역할, 즉 광고의 목표를 더욱 구체화할 수 있다.

[그림 5-4]를 보자. 매출 20% 신장이라는 마케팅 목표를 달성하기 위해 기존 소비자의 제품사용 빈도를 높인다는 전략이 결정되었을 때 이를 수행하기 위해 광고를 비롯한 다양한 마케팅 커뮤니케이션 수단이 동원된다. 이 경우에도 광고목표 수립과 동일한 원칙을 적용하여 각 각의 마케팅 커뮤니케이션 행위의 목표를 수립할 수 있다.

다양한 마케팅 커뮤니케이션 수단들을 동원할 경우 자칫 마케팅 커뮤니케이션 수단들 간의 목표들이 상충하거나 마케팅 전략과 동떨어질 수 있다. 광고기획자가 전체 커뮤니케이션 행위를 통합하고 조율하긴 하지만 세일즈 프로모션이나 인터넷 광고 같은 행위는 외부의 전문 회사에 아웃소싱 하거나 사내의 별도 부서에서 진행할 때가 많기 때문에 마케팅 목표나 전략과는 관련성이 없는 아이디어 위주로 작업이 진행되기 쉽다. 〈표 5-1〉의 매트릭스를 사용하면 목표들 간의 일관성 유지와 시너지 창출에도 매우 효과적이다. 매트릭스 사용 방법

20% 판매 신장

↓

기존 소비자의 사용빈도 제고

↓

커뮤니케이션 믹스별 목표			
광고	세일즈 프로모션	이벤트	인터넷
다양한 사용 용도 인지 제고	우수 사용법 제안 추천, 경품: 〔요리법 관심제고〕	백화점 요리 시연: 〔요리 참여〕	우수 요리법 추첨 참여: 〔인지 제고〕

[그림 5-4] **통합 커뮤니케이션 믹스별 목표수립**

표 5-1 **통합 커뮤니케이션 매트릭스**

	마케팅 목표: 마케팅 전략:			
	TV	신문	이벤트	소셜미디어
• 표적 집단				
• 커뮤니케이션 목표				
• 브랜드 개성				

을 알아보자.

• 먼저 마케팅 목표와 전략을 기술한다.
• 마케팅 전략을 수행하는 데 필요한 마케팅 커뮤니케이션 도구들을 추출
한다.

- 각 마케팅 커뮤니케이션 도구별로 커뮤니케이션 목표를 수립한다.
- 최종적으로 마케팅 목표나 전략을 중심으로 각각의 커뮤니케이션이 서로 종, 횡으로 연결되는지 확인한다.
- 마지막으로 모든 마케팅 커뮤니케이션을 통해 일관된 브랜드 개성이 반영되는지 확인한다.

6. IMC에서 복수의 표적청중과 광고목표 수립

현실적으로는 하나의 표적청중에 대한 광고만으로 마케팅 목표 달성을 지원하기에는 한계가 있을 때가 허다하다. 제습기를 구매하려는 어떤 주부가 있다고 하자. 이 주부가 제습기를 결정하는 과정에는 남편, 이웃 집 주부, 자녀, 그리고 대리점의 영업사원이 영향을 미칠 수 있다. 특히 일반 소비재가 아니라 기업을 대상으로 마케팅을 하는 'B2B(Business to Business)' 제품의 경우는 의사결정 과정에 더 많은 사람들이 개입하게 된다. 한 회사의 구매담당자가 복사기를 구입한다고 하자. 회사의 사장은 비용절감을 중시하라고 압박할 것이며 사원들은 가격이 좀 비싸더라도 복사가 선명한 제품을 구입하라고 요구할 것이다. 그리고 구입 당사자는 애프터서비스가 원활한 제품을 구입하고 싶을 것이다.

이처럼 의사결정 과정에 영향을 미치는 사람들을 고려한다면 핵심 표적청중만을 대상으로 광고를 하는 것에 비해 마케팅 목표를 달성하는 데 한 걸음 더 다가서게 될 것이다. 핵심 표적청중(흔히 최종 구매결정자) 이외에 표적청중에게 영향을 미치는 사람을 고려하여 커뮤니케이션 계획을 입체적으로 수립하는 것을 '복수 표적 커뮤니케이션'이라 한다. 복수 표적 커뮤니케이션은 '행동'이라는 광고목표를 달성할 때 더욱 효과적이다. 그러면 커뮤니케이션 대상이 복수일 때 커뮤니케이션 목표는 어떻게 수립하면 되는 걸까? [그림 5-5]를 보라.

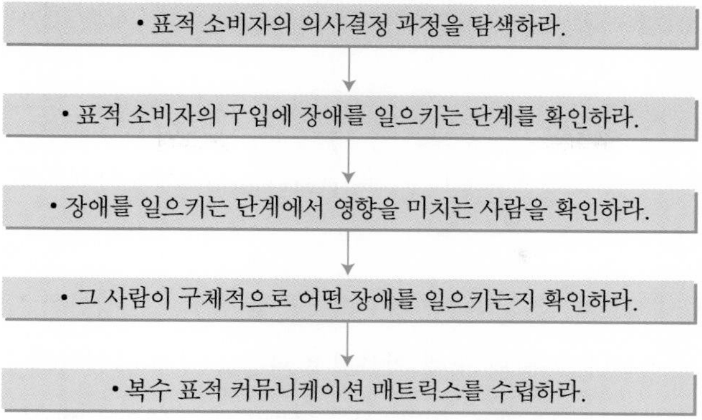

| • 표적 소비자의 의사결정 과정을 탐색하라. |
| • 표적 소비자의 구입에 장애를 일으키는 단계를 확인하라. |
| • 장애를 일으키는 단계에서 영향을 미치는 사람을 확인하라. |
| • 그 사람이 구체적으로 어떤 장애를 일으키는지 확인하라. |
| • 복수 표적 커뮤니케이션 매트릭스를 수립하라. |

[그림 5-5] **복수 표적 커뮤니케이션 목표의 수립 단계**

■ 단계 1: 핵심 표적청중의 의사결정 과정을 탐색하라!

처음으로 할 일은 핵심 표적청중의 의사결정 과정을 그려 보는 것이다. 의사결정 과정을 파악하기 위해 굳이 대규모의 정량조사를 실시할 필요는 없다. 의사결정 과정을 파악하는 한 가지 대안은 표적청중과 유사한 프로필의 최근 해당 제품 구입자를 대상으로 그들의 실제 의사결정 과정을 탐색하는 것이다. 권할 만한 방법은 개별 심층면접을 진행하면서 면접내용을 녹음한다. 의사결정을 탐색할 때는 현실에서 발생하는 과정대로 생생하게 탐색하고 묘사하면 된다. 제품 범주에 따라 의사결정 과정은 당연히 달라질 수밖에 없다. 40대의 전문직 남성의 수입차 구매에 대한 의사결정 과정을 예로 들어 보자(그림 5-6] 참고).

'살아 있는' 의사결정 과정을 탐색하는 방법(이를 '개방형 구매 의사결정 탐색'이라 부르기로 한다.)을 좀 더 구체적으로 알아보자. 개방형 구매 의사결정 탐색은 이론적으로 규정된 정형화된 단계를 가정하지 않는다. 욕구 인식, 정보 탐색, 대안평가와 같은 이론적인 과정 모형은 소비자 의사결정 과정에 대한 통찰을 제공하기에 한계를 가져다줄 수 있다. 대신 '현장의 살아 있는' 구매 의사결정 과정을 들여다봄으로써 기획자는 표적청중에 대해 더 나은 통찰을 할 수 있다. 뿐만 아니라 개방형 과정을 거치게 되면 IMC의 표적청중을 설정할 때 단일

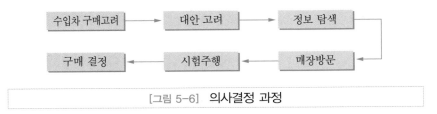

[그림 5-6] 의사결정 과정

표적청중을 대상으로 할지 아니면 복수의 청중을 표적으로 삼아야 할지를 결정하는 데도 유용하다. 개방형 구매 의사결정 과정을 규명하기 위해서는 다양한 소비자 조사 자료를 이용할 수 있다. 최근 구매자를 대상으로 한 심층면접이나 최근 구매 브랜드와 대안 브랜드의 강점과 약점에 관한 정량조사 자료를 활용하면 된다. 구체적인 탐색과정은 다음과 같다.

- 구매 의사결정 단계별로 어떤 생각이나 행동의 과정을 거쳤는지 탐색한다.
- 각 단계에서는 '○○단계에서(예, 구매를 결정했을 때) 어떤 생각이나 행동을 했는가?'를 탐색한다. 예컨대, 습기제거기를 구입하기로 결정했을 때 가격에 대해 생각했는지, 브랜드 이미지를 생각했는지, 또는 기능에 대해 생각했는지 등을 탐색한다. 특정 단계에서 소비자의 생각이나 행동에 대한 규명이 끝나면 다음 단계로 진행한다. 예컨대, 인터넷에서 브랜드들에 대한 검색을 하고, 소셜 미디어로 친구에게 습기제거기에 대한 의견을 구하고, 매장을 방문하고, 점원과 대화를 하고 나서 최종구매에 도달하는 단계를 거칠 수 있다. 그러면 각 단계에서 소비자가 어떤 생각이나 행동을 했는지를 탐색한다.
- 다음으로, 각 단계에서 소비자가 비교를 한 경쟁 브랜드는 무엇이며, 경쟁 브랜드와 어떤 점을 비교하며, 그 결과 어떤 브랜드가 그 단계에서 살아남았는지를 탐색한다. 물론 자사 브랜드가 특정 단계에서 경쟁 브랜드에 대체된다면 무엇 때문에 그런지를 아는 것은 더욱 중요하다.
- 각 단계에서 영향을 미친 사람이 있다면 누구인지, 그 사람이 어떤 영향을

미치는지 탐색한다. 예컨대, 일차 표적청중인 주부가 습기제거기를 구매하기로 했을 때 남편이 습기제거기의 필요성을 부정하면서 구매 자체를 포기하게 하거나 또는 주부가 고려하는 브랜드 외의 다른 브랜드를 추천할 수 있다. 남편이 추천하는 브랜드가 경쟁 브랜드라면 남편은 자사 브랜드 구매를 방해하는 심각한 장애요인이 된다. 이와 같은 경우에는 주부와 함께 남편도 마케팅 커뮤니케이션의 표적청중에 포함해야만 한다. IMC는 하나의 표적청중을 대상으로만 하는 것이 아니다. 복수의 청중에게 영향을 미쳐야만 IMC의 목적을 달성할 수 있다면 그것이 누구이든 표적청중에 포함해야 한다.

■ 단계 2: 의사결정 과정에서 누가, 어디에서 장애를 일으키는지 확인하라!

의사결정 과정을 탐색했으면 전체 수입차가 아니라 바로 자사 수입차 구매의 의사결정 과정에서 장애가 일어나는 단계는 어디이며, 그 단계에서 구체적으로 누가 장애를 일으키는지 파악해야 한다. 이 단계에서도 구체적으로 기술하라는 원칙은 여전히 중요하다. '대안 고려'에서 장애를 일으키는 사람은 표적청중의 부인일 수도 있고 또는 다른 수입차를 가진 주변의 친구이거나 또는 자녀일 수도 있다. 잘 알려진 것처럼 승용차의 구입에는 부인이나 자녀의 영향력이 크다. 만약 특정 인물이 장애를 일으키는 힘이 강력하다면 이들을 결코 간과해서는 안 된다.

■ 단계 3: 어떤 장애를 일으키는지 확인하라!

특정 단계에서 누가 장애를 일으키는지 확인했다면 다음으로는 그 사람이 구체적으로 어떤 장애를 일으키는지 확인해야 한다. 대안 고려 단계에서 자사 제품을 고려할 때 표적 소비자의 부인은 주위 사람의 눈을 의식하여 동급 차종에서 무조건 비싼 차를 구입하라는 주문을 하여 자사 제품을 고려 대상에서 탈락시키려 할 수 있다. 또는 시험주행 단계에서 자사 대리점의 영업사원이 표적청중의 사회적인 구입동기를 제대로 파악하지 못하고 자동차의 기능과 기술적인 측면에만 집착하여 세일즈 메시지를 전하여 의도치 않게 장애를 일으킬 수도 있다. 장애를 일으키는 인물에 자사 직원이 포함되지 말라는 법은 없다!

■ 단계 4: 매트릭스를 만들어라!

모든 단계를 거쳐 현상을 확인하였다면 마지막으로 이들 결과를 하나의 잘 정리된 커뮤니케이션 매트릭스로 만들어 본다(〈표 5-2〉). 어떤 단계에서, 누가, 구체적으로 어떤 장애를 일으키는지 확인했기 때문에 해당 인물을 대상으로 장애를 극복하기 위한 커뮤니케이션 목표를 설정할 수 있을 뿐만 아니라 대상의 특성을 고려하여 이들에게 효과적으로 커뮤니케이션 할 매체도 설정할 수 있다. 만약 표적청중의 부인이 복수 표적의 대상이라면 그녀에게 도달할 매체와 비히클을 선정해야 한다. 그리고 어떤 메시지를 구사해야 하는지도 결정할 수 있다. 대리점 영업사원이 복수 표적에 해당된다면 '사내 뉴스레터'나 '포스터'가 매체로서 효력을 발휘할 수 있다. 복수 표적 매트릭스가 완성되면 각 표적별로 장애요소와 커뮤니케이션 목표가 서로 연결되는 것인지 확인해야 한다.

표 5-2 복수 표적 커뮤니케이션 매트릭스

	복수 표적		
	표적 1	표적 2	표적 3
장애요소			
커뮤니케이션 목표			
커뮤니케이션 수단			

- 광고목표란 광고를 통해 어떤 문제를 해결할 것이며, 어떤 기회를 이용할 것인가에 대한 구체적인 지침이다.
- 광고는 비즈니스를 수행하는 수단 중에서 가장 무형의 것에 속한다. 보이지 않는 수단을 다룰수록 목표를 구체적으로 명확하게 정의하는 것은 무엇보다 중요하다.
- 광고목표에 대한 합의가 이루어지면 인적, 시간적 낭비 요소가 줄어든다.
- 광고목표란 성취해야 할 것에 대한 서로의 견해 차이를 해소하고 의견을 통합시키는 도구이다.
- 광고목표는 팀원들의 주의를 중요하고 관련성 있는 사항에만 집중시키는 역할을 한다.
- 광고목표는 창의적인 크리에이터를 보호해 주는 장치이다. 광고목표는 크리에이티브의 힘을 배가한다.
- 광고목표는 객관적인 광고효과의 측정을 가능하게 한다.
- 광고목표는 크게는 포지셔닝 전략과 상황분석에서 도출된 핵심 문제나 기회와 반드시 관련된 것이어야 한다.
- 광고목표는 마케팅의 임무 가운데서 커뮤니케이션 측면만을 간결하고 명료하게 진술한 것이어야 한다.
- 광고목표는 반드시 글로 작성하되 명확해야 하며 가급적 측정 가능한 용어로 나타내는 것이 좋다.
- 광고목표는 카피라이터나 디자이너 등 크리에이티브 제작에 관련된 모든 사람이 동의하는 것이어야 한다.
- '통합 마케팅 커뮤니케이션'과 '복수 표적 커뮤니케이션'을 통해 광고목표 개념을 확장시키도록 한다.

읽·을·거·리

DAGMAR 모형을 더 자세히 알고자 하면 "Russell Colley, *Defining Advertising Goals for Measured Advertising Results*, Association of National Advertisers, 1965."를 참고하기 바란다.

효과의 위계에 대해 더 자세히 알고자 하면 "Robert J. Lavidge & Gary A. Steiner, A Model for Predictive Measurements of Advertising Effec-tiveness, *Journal of Marketing*, 1961(October), pp. 59-62."를 참고하기 바란다.

광고목표를 중심으로 통합 마케팅 커뮤니케이션 미디어 운영에 관한 통찰을 얻고자 하면 "Amitava Chattopadhyay & Jean-Louis Laborie, Managing Brand Experience: The Market Contact Audit. *Journal of Advertising Research* (Mar.), 2005, pp. 9-16."을 참고하기 바란다.

제6장

단계 5. 크리에이티브의 개발

뛰어난 크리에이티브란 창의적임과 동시에 전략적인 것이다.

-Helayne Spivak-

전략에서 크리에이티브로의 도약

지금까지 우리는 상황분석에서 시작하여 광고목표 수립에 이르는 긴 여행을 했다. 상황분석에서 시작하여 광고목표의 수립에 이르는 과정은 분석적이며 논리적인 것이었다. 그렇다고 하여 이 과정에서 영감이나 통찰력이 필요하지 않은 것은 아니다. 전략을 검토하면서 열린 여러 대안에 대해 고심하고 선택하는 것은 통찰력 없이는 불가능하다. 이제부터는 크리에이티브의 개발이라는 흥미로운 단계로 들어간다. 상황분석에서 광고목표에 이르기까지가 '누구에게 무엇을 말할 것인가?' 였다면 지금부터 다룰 내용은 '어떻게 말할 것인가?' 이다.

광고전략이나 목표가 잘 수립되었다 하여도 이를 효과적으로 '표현'하지 못한다면 아무런 소용이 없을 것이다. 표적청중은 '전략을 보는 것이 아니라 표현물을 보는' 것이다. 광고목표의 수립에 이르는 것이 '전략적 통찰'의 과정이라면 크리에이티브의 개발은 '창의적 통찰'의 과정이다. 창의적 통찰의 과정은 누구도 쉽게 생각해 내지 못하는 독창적인 아이디어의 영역으로 들어가는 과정이다. 우리는 '광고 창의성'이란 흥미롭고도 도전적인 영역으로 들어가야만 한다. 창의적인 광고란 무엇이며, 평범한 광고와 비교해 창의적인 광고는 어떤 효과를 발휘하는지, 그리고 어떻게 하면 창의적인 광고를 개발할 수 있는지에 대해 알아볼 것이다. 마지막으로는 전략을 크리에이티브로 연결하는 도구와 방법을 살펴보기로 한다.

1. 창의적 광고란 무엇인가

우리 주위는 광고로 넘쳐난다. 최근 들어서는 미디어와 비히클이 다양화되면서 광고는 과거에 비해 양적으로도 엄청나게 증가하였다. 광고의 양적 팽창은 극심한 광고혼잡(voice cluttering)이란 현상을 초래하였다. 광고혼잡으로 인해 한정된 소비자 주의를 차지하기 위해 수많은 광고가 치열하게 경합을 벌이는 상황이 벌어진 것이다. 이런 상황에서 광고주나 광고 실무자의 관심은 어떻게 하면 소비자의 눈길을 끌어서 목표로 한 광고효과를 얻을 것인가에 쏠릴 수밖에 없다. 이에 대한 유일하고도 최상의 해결책은 바로 '창의적인 광고'를 제작하는 것이다. 과거에도 광고주는 언제나 새롭고 독특하며, 이마를 치게 만드는 광고를 요구했지만 변화하는 커뮤니케이션과 미디어 환경의 변화로 창의적인 광고에 대한 요구의 강도가 점차 높아질 것은 불을 보듯 뻔하다.

창의적인 광고에 대한 중요성은 점차 높아짐에도 불구하고 창의적인 광고에 대한 정확한 이해가 부족한 것이 현실이다. 많은 광고제작자가 전략을 창의적인 광고 제작물을 개발하는 데 장애로 인식하는 것도 창의적인 광고를 잘못 이해하기 때문이다. 특히 광고기획자는 창의적 광고란 무엇인가에 대해 누구보다도 명확히 이해해야 한다. 광고기획자는 광고목표라는 가이드에 따라 광고 크리에이티브, 즉 광고제작물에 대해 정확히 판단해야 하기 때문이다. 그러면 창의적인 광고란 무엇일까? 제프 리처즈(Jef Richards)는 "전략이 결여된 크리에이티브는 아트(art)에 지나지 않으며, 전략으로 뒷받침된 크리에이티브를 비로소 광고라 부를 수 있다."라고 하였다. 제프 리처즈의 견해는 창의적인 광고의 실체를 잘 말해 준다. 창의적 광고는 구체적인 목표 달성의 관점에서 보아야 한다. 즉, 창의적 광고란 광고목표와 같은 실질적인 목표 달성을 위한 문제해결 능력을 지녀야 한다. 문제해결 능력이란 기존의 아이디어를 새로운 관점이나 방식으로 재배열하는 능력이라고 할 수 있다. 예술가가 창작활동을 하는 것과는 엄연히 다르다.

- 창의적인 광고란 독특하고 새로운 아이디어가 광고목표 달성에 기여하는 광고이다.

세계 유수의 광고대행사가 공통적으로 내거는 소비자를 사로잡는 창의적인 광고 제작물의 기준도 '독창적인 아이디어'와 '전략적 적합성'이다. 창의적인 광고의 구성요소에 대해 좀 더 구체적으로 알아보자.

독창성

창의적인 광고의 중요한 요소 중의 하나는 '독창성(originality)'이다. 광고기획자나 광고 제작자 중에 상당수가 '창의적인' 광고와 '독창적인' 광고를 구분하지 못하거나 또는 구분하려 하지 않는다. 하지만 창의적인 광고와 독창적인 광고는 엄연히 다르다. 독창성은 창의적 광고가 갖추어야 하는 조건 중의 하나이다. 광고가 독창적이라고 해서 그 광고가 곧 창의적인 것은 아니다.

독창적인 아이디어란 이전에는 결코 생각하지 못했던 새롭고 참신한 기대를 뛰어넘는 것이다. 이전에는 결코 생각하지 못한 것이지만 다른 사람도 생각해 보지 못한 것이어야 한다는 점이 중요하다. 이전에 생각하지 못했던 새롭고 참신한 아이디어라 하더라도 이미 누군가 생각한 것이라면 독창적이라 할 수 없다. 아우디(Audi) SUV는 단지 사각형 비누 모서리에 4개의 나사못이 박힌 비주얼만을 사용한 인쇄광고를 집행한 적이 있다. 비누는 미끄러움을 상징하고 4개의 나사못이 미끄럼 방지를 상징하는 사륜구동의 드라이빙 파워를 전달하는 광고이다. 대부분의 SUV 자동차 광고는 험한 도로를 질주하거나 또는 박진감 넘치는 드라이빙 파워를 비주얼로 보여 준다는 점을 고려할 때 아우디 SUV 광고는 분명 새롭고 참신하며, 기존의 다른 SUV 광고에서는 보지 못했던 아이디어를 사용했기 때문에 독창적인 광고라 할 수 있다.

광고기획자나 제작자는 '진부한 아이디어(cliche)'란 말을 자주 쓴다. 이전부터 많이 보아 왔기 때문에 익숙해서 더 이상 참신하거나 새로울 것이 없는 것을 가리키는 말이다. '진부한 아이디어'란 말에서 광고 독창성의 흥미로운 심리학적 메커니즘을 간파할 수 있다. 우리는 어떤 대상이나 사상에 대해 고정관념을 가지고 있다. 예컨대, 라면은 사각형이며 면이 꼬불꼬불하고 물에 끓여야 한다는 고정된 관념과 믿음을 가진다. 우리의 사고라는 것은 이전의 빈번한 학습에 의해 서로 연합(association)된다. 어떤 개념을 생각하면 그 개념과 결합된 다른 개념이 거의 자동적으로 떠오르는 것은 바로 우리 사고의 연합작용 때문이다. 따라서 고정관념은 고정된 연합경로로 이어져 있는 견해나 신념이라 할 수 있다. 마치 이미 파인 고랑을 따라 물이 흐르는 것과 유사하다. 물은 고랑을 역류하지 않으며 좀처럼 고랑을 벗어난 길로 흐르지도 않는다.

그러면 독창적인 아이디어란 어떤 심리작용에 의해 만들어질까? 독창적인 아이디어는 고정관념으로부터 벗어난 것이어서 누구나 쉽게 미루어 짐작하거나 기대할 수 있는 것이 아니다(그림 6-1] 참고). 우리는 광고에 대해서도 다른 사물이나 사상과 마찬가지로 고정관념을 가진다. 이는 어릴 때부터 광고를 보아 온 학습효과 때문이기도 하다. 비누 광고 하면 무엇이 떠오르는가? 라면 광고는? 그리고 맥주 광고 하면 무엇이 떠오르는가? 대부분 특정한 사물이나 장면, 또는 개념이 자동적으로 떠오를 것이다. 라면 광고라고 하면 면발을 한입 가득 넣는 것, 국물을 마시는 것, 김이 입에서 나오는 것 등의 장면이 떠오른다. 이 역시 라면에 대한 과거 경험, 그리고 광고의 학습경험에 의한 연합작용의 결과이다.

[그림 6-2]의 광고를 보자. 이 광고의 공통적 특징은 무엇일까? 케첩을 생각하면 무엇이 떠오르는가? 의자가 떠오르는가? 아마 그렇지 않을 것이다. 핫 케첩이

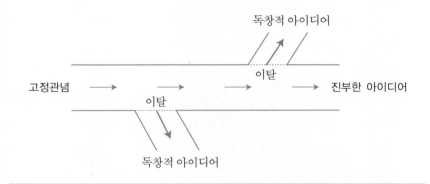

[그림 6-1] 독창적 아이디어 생성의 메커니즘

땀이 의자에 밸 정도로 맵다는 것을 표현한 '핫 케첩' 광고

스파이더맨도 쓰러뜨릴 정도의 강력한 살충력을 표현한 살충제 광고

사과를 먹으면 몸짱이 된다는 위싱턴 사과협회 광고 (베어 먹은 곳은 복근 모양)

[그림 6-2] 독창적 아이디어의 광고

라고 하더라도 음식을 먹고 매워 하는 사람 정도가 떠오를 것이다. 살충제를 생각하면 무엇이 떠오르는가? 아마 바퀴나 모기 같은 벌레가 떠오를 것이다. 스파이더맨을 떠올리기란 쉬운 일이 아니다. [그림 6-2] 광고에 나타난 비주얼은 공통적으로 특정 제품이나 광고에서 '기대할 수 없는' 것이다. 다시 말해, 우리의 고정관념에서 벗어난 것이다. 이것이 바로 창의적 광고가 갖추어야 할 요건 중의 하나인 독창성의 심리학적 특성이다.

전략적 적합성

광고는 예술가의 개인적 창작활동이 아니다. 광고는 광고목표라는 구체적 목표를 추구하는 합목적적인 마케팅 활동의 일환이다. 독창성은 광고를 창의적인 것으로 만드는 매우 중요한 조건이지만 독창성은 창의적 광고의 필요조건이지 필요충분조건은 아니다. 독창성과 함께 두 번째 조건인 전략적 적합성(relevance)을 갖추었을 때 비로소 '창의적 광고'라는 타이틀을 부여할 수 있다.

• 아무리 크리에이티브 아이디어가 기발하고 신선하다 하더라도 그것이 광고가 성취하고자 하는 목표에 부합하지 않는다면 창의적인 광고라 할 수 없다.

전략적 적합성은 '표적청중에게 얻고자 원하는 반응을 이끌어 내는 것'의 문제이다. 적합성이 높은 아이디어는 광고목표의 달성을 위한 표적청중의 욕구, 느낌, 생각 그리고 정서에 정확히 부합하는 것이다. 과거 우리나라의 어떤 맥주 브랜드는 프리미엄 이미지를 부여하기 위해 정장을 차려입고 파티를 연상시키는 장소에서 고급스러운 잔에 따른 맥주를 마시는 장면의 TV 광고를 방영한 적이 있다. 물론 광고주는 이 광고에 많은 기대를 걸었다. 하지만 광고는 실패하였다. 원인은 바로 적합성에 있었다. 소비자는 이 광고가 맥주와 아무런 관련성이 없다고 본 것이었다. 심지어 많은 소비자는 그 광고를 보았지만 그것이 맥주광

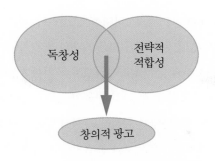

[그림 6-3] 창의적 광고의 구성요소

고인지조차 모르고 있었다. 적합성이 높은 아이디어는 표적청중의 '공감'을 불러일으킬 것이며 이를 통해 광고목표의 달성에 기여한다(그림 6-3) 참고).

창의적 광고는 어떤 효과를 발휘하는가?

창의적 광고는 진부하거나 평범한 광고와 비교했을 때 구체적으로 어떤 효과가 있는 것일까? 모든 광고인이 창의적 광고의 중요성을 외치는 것은 실제 어떤 효과 때문일까? 어떤 심리학적 메커니즘이 창의적인 광고효과를 매개하는 것일까? 이제 이런 흥미로운 질문을 하나씩 탐색해 보자.

■ 기억 효과

창의적 광고효과의 기제로 '기대 불일치'를 들 수 있다. 기대란 주제에 의해 야기되는 예측 가능한 패턴이나 구조에 어떤 항목이나 정보가 맞아떨어지는 정도이다. 인지구조상으로 처리할 정보에 대한 기대는 주제와 결합된 기존의 지식구조, 즉 스키마(Schema)에서 도출된다. 예컨대, 사교적인 사람은 다른 사람과 잘 어울린다는 사전 지식을 가지고 있다면 이러한 특징을 보여 주는 행동은 '기대되는' 것이다. 광고 사례를 보자. 항공사 광고에서 넓고 안락한 좌석이라는 광고 콘셉트를 전달하기 위해 신사가 두 다리를 뻗고 편안하게 신문을 읽는 비주얼은 항공사 광고에 대해 소비자가 '기대'하는 것이다. 하지만 신사 대신에 코끼리가 안락한 자세로 신문을 읽는 비주얼은 기대와 불일치한다.

기대 불일치 효과는 사회심리학의 대인지각과 인상형성에 관한 연구를 토대로 한다. 이들 연구에 따르면, 어떤 가상 인물의 성격과 일치하는 성격 항목과 불일치하는 성격 항목을 피험자에게 제시하고 성격 항목에 대한 기억 검사를 하면 가상 인물의 성격과 일치하는 항목보다 불일치하는 성격 항목을 더 잘 기억하는 것으로 나타났다. 왜 그럴까? 이러한 결과에 관여하는 구체적인 심리기제는 다음과 같다. 어떤 개인에 대한 성격 항목을 제시하면 피험자는 제시된 성격 항목을 토대로 개인에 대한 인상을 형성한다. 이렇게 형성된 인상은 그 개인에 대해 후속적으로 주어지는 정보 처리를 안내하는 틀로 작용한다. 즉, 후속 정보가 주어지면 피험자는 이미 저장된 정보와 새로 주어지는 정보를 비교한다. 만약 새로운 정보가 이미 저장된 정보와 일치하지 않을 경우, 피험자는 불일치 정보를 이해하기 위해 장기기억에서 추가적인 정보의 인출을 시도한다. 이러한 인출 노력은 인지 정교화라는 정신활동을 유발하며 이는 불일치 정보에 대해 기억에 저장된 연합경로(associative pathway)의 수적 증가를 초래하기 때문에 불일치 정보에 대한 회상이 향상되는 것이다. 연합경로의 수가 증가하면 회상 시 기억에 접근할 수 있는 통로가 많아지기 때문이다. [그림 6-2]의 살충제 광고를 보라. 이 광고는 일반적인 살충제 광고에 대한 기대와 불일치하기 때문에 광고를 이해하기 위해 장기기억에서 스파이더맨의 정보를 불러내어야 한다. 바로 이런 정신

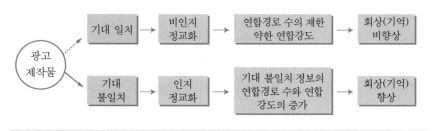

[그림 6-4] 광고 기대불일치 효과의 기제

활동이 연합경로의 수를 증가시키고 그로 인해 광고에 대한 기억이 향상되는 것이다. 반면, 일치하는 정보는 쉽게 이해되며 이미 저장된 정보와도 수월하게 통합이 이루어지기 때문에 이전 정보에 대한 인출 노력은 덜 요구될 것이며 연합경로의 수와 강도(strength)도 불일치 정보보다 적고 약할 것이다[그림 6-4] 참고).

■ 태도 효과

기대 불일치 광고의 기억효과에서 나아가 기대 불일치 광고가 광고에 대한 태도와 광고브랜드 태도에 어떤 영향을 미치는지 밝히려는 연구에 의하면, 기대 불일치 광고는 소비자가 그 광고를 좀 더 정교하게 처리하도록 동기화하며 그로 인해 기대와 일치하는 광고에 비해 더욱 호의적인 반응을 일으킨다. 기대와 불일치하는 광고는 기대와 일치하는 광고에 비해 광고에 대한 태도와 광고브랜드에 대한 태도는 더 긍정적이다.

벌라인(Berlyne)의 '각성이론'은 창의적 광고효과 메커니즘에 대한 또 다른 시사점을 제공한다. 각성이론에 따르면 시각자극의 특성과 심미적 즐거움의 본성에는 각성(arousal)이 핵심적인 역할을 한다. 각성상태는 개인 수준의 경계 또는 흥분상태에 영향을 미침으로써 즐거움을 유발한다고 보았다. 우리는 신기하거나 새로운 자극을 접하게 되면 일종의 흥분상태를 경험하는데 바로 이것이 각성상태라 할 수 있다. 각성이론에 따르면, 심미적 즐거움은 두 가지 방식으로 성취된다. 하나는 시각자극 특성에 의해 발생하는 각성의 점진적인 상승, 즉 최적 한계에 도달할 때까지 적절히 이루어지는 각성의 상승에 의한 것이며, 다른 한 가지는 상승한 각성이 감소될 때 수반되는 긴장완화와 그에 따른 즐거움이다. [그림 6-2]의 살충제 광고를 다시 보라. 처음에는 광고가 이해되지 않기 때문에 각성수준이 증가한다. 그러다 어느 순간 광고가 뜻하는 것을 이해하면 각성이 감소하면서 긴장완화와 즐거움을 경험하게 된다.

각성이론은 각성에 영향을 미치는 자극 특성을 세 가지로 규정한다. 첫째는 정신물리학적인 특성으로 밝기, 채도, 크기 또는 소리의 고저 등과 같은 것이다.

둘째는 생태학적인 특성으로 음식, 전쟁, 성 등과 같이 개인의 생존에 관계되는 것이다. 마지막은 자극이 지닌 형식적 특성인 대조변인(collative variable)을 통한 것이다. 지각자는 자극에 내재하는 참신함이나 놀라움, 기대 일탈성을 규정하기 위해 하나 이상의 원천자료에서 얻은 정보들을 비교하고 대조해야 하기 때문에 대조변인이라 한다. 대조변인은 개인의 각성을 고양시키는 장치로 자극의 참신함이나 구성요소들의 새로움, 놀라움에 기인하는 것으로 지각자는 이러한 자극 특성에서 발생하는 모호성을 해결함으로써 즐거움을 경험한다. 최근 소비자는 광고에서 제품이나 구매 관련 정보를 얻기보다는 광고 그 자체를 하나의 즐길 자극으로 여긴다는 몇몇 연구결과 역시 광고제작물이라는 자극 특성이 소비자 반응에 미치는 영향의 설명 틀로 유용함을 보여 준다.

각성이론은 지각자가 경험하는 즐거움은 자극 특성의 '수준'에 따라 달라질 수 있음을 가정한다. 벌라인은 기하학적 그림을 이용해 자극 특성에 따른 각성 수준이 정서경험에 미치는 영향을 연구하였다. 연구의 결과, 피험자들은 각성을 증가시킬 만큼 충분히 복잡하지만 결코 이해할 수 없을 정도로는 복잡하지 않은 자극에 대해 가장 긍정적인 반응을 보임을 발견했다. 이러한 결과는 자극의 복잡성에 대한 피험자의 인지적 해결감뿐만 아니라 독특하고 새로운 자극 자체를 바라보는 데서 야기되는 즐거움이 긍정적 반응을 일으키는 데 영향을 미침을 시사한다. 하지만 지나치게 복잡한 자극에 대해 피험자들은 즐거움도 흥미도 느끼지 못함을 발견하였다. 따라서 자극에서 오는 즐거움은 자극의 복잡성 정도와 관계가 있다고 볼 수 있다. 소비자 심층면접을 토대로 창의적인 광고에 대한 소비자 반응을 탐색한 연구결과를 보면, 광고가 적당히 독창적일 때 소비자는 긍정적인 정서를 경험하지만, 지나치게 독창적일 때 소비자는 오히려 부정적인 정서를 경험하며 광고를 평가절하하는 등의 부정적인 태도를 보이는 것으로 나타났다. 이러한 결과는 벌라인의 주장과도 일치한다.

2. 크리에이티브 콘셉트

우리는 지금까지 창의적 광고의 조건은 무엇이며 창의적 광고는 실제 어떤 효과를 발휘하는지 알아보았다. 여기서 창의적 광고의 조건으로 잠시 돌아가 보자. 창의적인 광고는 광고목표 달성을 위한 '핵심 주장과의 적합성'과 '표현의 독창성'이라는 두 가지 조건을 갖추어야 한다고 하였다. 만약 2개의 광고가 있는데 이 두 광고 모두 전략적 적합성의 조건은 충족하지만 표현은 다르다고 하자. 두 광고는 결국 '어떻게 표현할 것인가?'에서 차이가 있는 것이다. 예컨대, 두 브랜드의 배터리 광고 모두 '오래 사용할 수 있다.'는 동일한 주장을 하는데 한 광고는 의인화된 배터리가 끝없이 팔굽혀 펴기를 하는 표현을 사용하고 다른 광고는 어릴 때 배터리를 넣은 면도기를 할아버지가 되어서도 그대로 사용하는 표현을 사용하였다면 두 광고는 어떻게 표현할 것인가에서 차이가 있는 것이다. 만약 표현이 새롭고 이전에 보지 못한 것이며 다른 광고에서도 시도하지 않은 것이라면 우리는 이것을 독창적인 표현이라 한다. 이처럼 '어떻게 표현할 것인가?'에 대한 '빅 아이디어'가 바로 크리에이티브 콘셉트(creative concept)이다.

아이디어란 생각 또는 콘셉트이다. 생각의 조각이나 파편들을 의미를 담은 무언가로 결합함으로써 생성된다. 아이디어는 정신적인 건축물과 같다. 광고에서는 새로운 아이디어를 생성하는 과정을 콘셉팅(concepting)이라 한다. 결국 창의적인 아이디어란 새롭고, 독창적이며, 기대하지 않았던 콘셉트로서 표적청중과 관련된 생각의 결과물이다. 창의적인 아이디어의 반대편에는 '진부한 아이디어'가 있다. 진부한 아이디어는 평범하며, 틀에 박히고, 누구나 생각할 수 있는 아이디어이다. 광고에서는 창의적인 아이디어를 '빅 아이디어' 또는 '크리에이티브 콘셉트'라고 한다. [그림 6-5]의 광고를 보라. '강력한 접착력'을 표현하는 크리에이티브 콘셉트로 또 다른 표현 아이디어가 있다면 무엇일까?

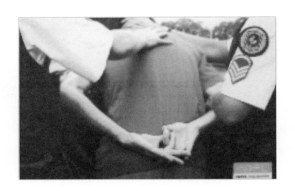

[그림 6-5] '강력한 접착력'을 전달하는 접착제 광고

　　크리에이티브 콘셉트는 표적청중에게 전달하고자 하는 광고의 핵심 주장을 표현하는 빅 아이디어이다. 크리에이티브 콘셉트는 비주얼과 같은 시각요소, 카피나 슬로건과 같은 언어요소 또는 두 요소 모두를 통해 구현된다. 크리에이티브 콘셉트는 광고의 핵심 주장을 경쟁광고와 차별되는 독특한 것으로 만들며 표적청중의 주의를 끌고 오래도록 기억에 남게 만드는 빅 아이디어이다. 이러한 크리에이티브 콘셉트가 추구하는 목적은 두말할 필요 없이 광고의 핵심 주장을 더욱 효과적으로 전달하는 것이다. 그러면 크리에이티브 콘셉트는 구체적으로 어떤 조건을 갖추어야 할까?

　• 크리에이티브 콘셉트는 표적청중의 주의를 끌 수 있어야 한다. 표적청중의 주의를 끌려면 크리에이티브 콘셉트에는 표적 소비자가 해결하기 원하는 문제나 얻고자 하는 편익이 명확하게 녹아 있어야 한다. [그림 6-5]의 접착제 광고를 보라. 접착제에 대해 표적 소비자가 가지는 문제는 약한 접착력이며 그 무엇보다 강한 접착력이 표적 소비자가 얻고자 하는 편익일 것이다. [그림 6-2]의 사과협회 광고를 보라. 이 광고의 비주얼은 사과를 먹으면 몸짱이 된다는 소비자 편익을 명확하게 담고 있다. 문제해결이든 편익이든 이것은 헤드라인이나 슬로건 같은 언어적 요소를 통해 표현될 수도 있고 비주얼

을 통해 표현될 수도 있다. 어떤 요소를 통해 표현되건 간에 크리에이티브 콘셉트는 문제해결이나 편익을 명확하게 전달해야 한다.

• 크리에이티브 콘셉트는 자사 제품을 경쟁사 제품과 차별화할 수 있어야 한다. 크리에이티브 콘셉트가 아무리 새롭고 독특한 것이라 하더라도 경쟁 제품과 차별화하지 못한다면 크리에이티브 콘셉트로서 제 역할을 하기 어렵다. 최근 들어 아파트 광고가 많아졌다. 소비자에게 특정 아파트 광고를 보여주고서 이 광고가 무슨 아파트의 광고인지 물어보았다고 하자. 그런데 대부분의 소비자가 아파트 브랜드를 잘못 알고 있거나 모른다고 답했다고 하자. 만약 이런 일이 발생한다면 이 아파트 광고의 표현이 아무리 독특하다 하더라도 크리에이티브 콘셉트로서 기능을 다 하지 못한 것이다. 차별화와 관련해 발생하는 또 다른 문제는 광고 제품을 오인하는 것이다. [그림 6-5]의 광고를 보자. 만약 소비자가 이 광고를 접착제가 아니라 범죄예방에 관한 공익광고로 오인한다면 이 역시 크리에이티브 콘셉트로서 적절성에 의문을 던질 수밖에 없다. 사실 광고의 표현은 기발하고 독특하지만 정작 광고와 브랜드를 제대로 결합시키지 못하는 경우가 종종 있다. 크리에이티브 콘셉트를 개발할 때 광고제작자는 광고와 브랜드 결합에 문제가 없는지 반드시 고려해야 한다. '광고는 빈도의 게임이기 때문에 광고와 브랜드 결합은 광고 횟수가 해결할 것'이란 위험한 가정은 버려야 한다.

• 크리에이티브 콘셉트는 광고에서 제품, 즉 브랜드를 '주인공'으로 부각하는 것이어야 한다. 종종 광고에서 브랜드는 조연이나 엑스트라가 되어 버리는 경우가 있다. 유명 모델, 기발한 소품이나 동물 등은 자칫 잘못하면 브랜드를 주인공의 자리에서 밀어내어 버릴 수 있다. 이 역시 광고와 브랜드의 결합에 문제를 초래하는 결과를 낳을 수 있다. 모델이나 소품 또는 광고에 등장한 동물은 기억에 뚜렷이 남지만 어떤 브랜드의 광고인지 도무지 생각이 나지 않는

[그림 6-6] 크리에이티브 콘셉트의 조건

경우이다. 이런 바람직하지 않은 현상을 피하는 한 가지 방법으로 크리에이티브 콘셉트를 생각해 낸 다음에 다음과 같은 질문을 해 보라. '이 크리에이티브 콘셉트에서 브랜드를 배제하면 어떻게 되는가?' 만약 생각해 낸 표현 아이디어에서 브랜드를 배제해도 여전히 기발한 아이디어라면, 이는 크리에이티브 콘셉트로서 문제가 있는 것이다. 브랜드가 주인공이 아니라는 말이다. 하지만 브랜드를 배제하고 나니 기발한 아이디어라 할 수 없다면 그 표현 아이디어는 비로소 크리에이티브 콘셉트로서 자격이 있다(그림 6-6).

광고 비주얼의 역할

앞서 크리에이티브 콘셉트의 재료는 언어, 비주얼 요소 어느 것도 될 수 있다고 했다. 그런데 최근 광고제작의 추세를 보노라면, 언어보다는 비주얼의 중요도가 급격히 증가하는 것 같다. 현대는 비주얼의 시대이다. 비주얼의 역할이나 중요성이 어떤 분야보다 부각되는 곳은 바로 광고이다. 영상매체의 급격한 발달과 컴퓨터 그래픽과 고품질의 컬러인쇄 기술의 발전으로 인해 광고에서 비주얼이 차지하는 비중은 점차 증가하여 현재는 중요성에 대한 인식이 그 어느 때보다 높다. 모든 광고회사에는 크리에이티브 부서 내에 광고 비주얼 개발만을 전담하는 그래픽 디자인 부서나 전문 그래픽 디자이너가 있는 것을 보더라도 광고

제작물에서 비주얼이 얼마나 중요하게 다루어지는지 알 수 있다.

광고현장의 실무자는 창의적인 광고제작물을 개발하기 위해 다양한 광고 요소를 이용한다. 과거에는 주로 카피(copy)와 같은 언어적 요소를 중시했다. 광고 연구자도 그동안 주로 광고의 언어적 요소에 관심을 가져왔다. 따라서 비주얼은 광고의 언어 메시지를 전달하기 위한 주변적인 요소이거나 언어 메시지의 논리를 강화하기 위한 부가적인 표현도구 정도로 취급된 것도 사실이다. 이런 경향은 아직도 광고제작물 조사를 '카피 테스트(copy test)'라 부르는 데서 잘 나타난다. 하지만 비주얼이 광고에서 차지하는 비중이 급증함으로써 비주얼 요소에 대한 관심은 점차 높아졌고 이제 비주얼 요소를 생각하지 않고 크리에이티브 아이디어를 개발하는 것은 상상하기 어렵다. 비주얼은 과거와 같이 언어메시지를 전달하기 위한 보조도구가 아니라 광고제작물의 본질적인 요소가 되었다. 심지어 최근 들어서는 카피 없이 비주얼만으로 구성된 창의적인 광고제작물을 발견하는 것도 어렵지 않다. 그러면 광고에서 비주얼은 카피와 같은 언어적 요소와 비교해 과연 어떤 효과가 있는 것일까?

■ 기억효과

광고의 비주얼은 지각처리 수준에서 언어 요소에 비해 부호화 특이성이 높기 때문에 기억효과가 더 우수하다. 글과 달리 비주얼은 질적으로 우월한 감각 코드(sensory code)를 보유하기 때문이다. 즉, 비주얼이란 자극이 지닌 선이나 윤곽 등이 언어자극의 그것보다 더 특이하기 때문에 자극의 부호화에서 언어 자극에 비해 더 우월한 것이다. 나아가 비주얼은 소비자가 광고를 볼 때 가장 먼저 주의를 기울이는 요소이기 때문에 주의획득 측면에서도 언어자극에 비해 더 효과적일 뿐만 아니라 비주얼은 언어자극에 비해 전체적, 통합적으로 처리된다는 이점도 지닌다.

비주얼의 기억효과를 구체적으로 보자. 한 연구에서는 실제 집행된 광고에서 612개의 비주얼을 추출하여 피험자에게 보여 주었다. 그런 다음 피험자에게 그들이 본 광고비주얼과 새로운 비주얼을 섞어서 보여 준 후 재인검사를 실시했는데 본 적이 있는 광고를 정확하게 지적한 비율은 97%에 이르렀다. 더욱이 97일이 지나고 나서 실시한 재인검사에서도 정확 재인은 87%라는 높은 수치를 보였다. 왜 광고 비주얼이 언어 요소에 비해 기억효과가 우수한 것일까? 어떤 메커니즘이 작용하는 것일까?

언어 요소에 비해 비주얼의 기억효과가 더 우수한 것은 '인지 정교화(cognitive elaboration)' 효과 때문이다. 인지 정교화란 새로운 자극을 이해하는 과정에서 이미 머릿속에 저장된 기존 지식을 가져다 사용하는 정신활동이다. 그런데 비주얼은 언어 요소보다 인지 정교화를 더 자극하기 때문에 그 결과로 인해 비주얼에 대한 기억의 저장 위치와 경로가 더 풍부해져서 기억에서 인출될 가능성도 높아진다.

■ 태도효과

비주얼은 기억효과를 넘어 광고나 광고상표에 대한 태도효과에서도 언어 요소에 비해 강력하다. 왜 그럴까? 광고 비주얼은 언어메시지에 비해 심상(mental imagery)을 유발하는 힘이 강하며 만약 유발된 특정 심상이 긍정적인 정서를 동반하면 그 심상은 고전적 조건화 과정에서 무조건 자극(unconditioned stimulus: UCS)과 같은 역할을 하기 때문에 광고상표에 대한 태도에 긍정적인 영향을 미친다(그림 6-7 참고. 고전적 조건화에 대한 구체적 내용은 9장 '광고효과의 심리학'을 참고하라).

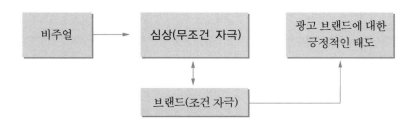

[그림 6-7] 고전적 조건화와 비주얼의 효과

3. 크리에이티브 콘셉트 개발 접근법

크리에이티브 콘셉트의 개발은 논리적이며 선형적인 사고 과정의 산물이 아니다. '크리에이티브 도약'이라는 말처럼 크리에이티브 콘셉트는 논리적 과정에 의해 추출된 광고의 핵심 주장에서 창의적인 사고의 도약을 요구한다. 창의적인 도약을 위해 수많은 광고제작자가 밤을 새며 고심하는 것이다. '어떻게 하면 좀 더 나은 크리에이티브 콘셉트를 개발할 수 있을까'에 대한 명확한 가이드라인이나 노하우가 있다면 얼마나 좋을까! 최상의 가이드라인이나 노하우는 없지만 그래도 도움이 되는 몇 가지 접근법은 있다.

■ 제품을 핵심 비주얼로 부각하기

제품을 핵심 비주얼로 부각하면서 브랜드 이미지를 확립하거나 강화할 수 있다. 특히 식품이나 일상용품과 같이 주로 매장의 선반에 진열된 상태에서 선택되는 제품일 때 이 접근법은 효과적일 수 있다. 제품의 구체적인 편익은 헤드라인이나 카피 또는 멘트를 통해 전달될 수 있다. 제품을 핵심 비주얼로 부각할 때 헤드라인이나 카피 혹은 멘트와 같은 언어 요소는 소비자의 주의를 끌 수 있는 독창적인 것이어야 한다. 언어메시지를 아예 생략할 수도 있다.

■ 편익에 초점 맞추기

편익에 초점을 맞추는 것에서 크리에이티브 콘셉트 개발을 꾀한다. 먼저 편익을 직접적으로 묘사하는 것에서 출발하여 창의적인 도약을 모색한다. 독창적인 카피나 멘트를 통해 편익을 직접적으로 묘사할 수도 있지만 카피나 멘트 없이 은유나 직유 등 수사적 기법을 적용해 비주얼만으로도 편익을 함축적으로 전달할 수 있다(그림 6-2) 살충제 광고 참고).

■ 자사 제품을 사용할 때와 사용하지 않을 때의 비교에 초점 맞추기

자사의 제품을 사용하지 않았을 때 얻게 되는 바람직하지 않은 결과에 초점을 맞추어서 크리에이티브 콘셉트를 개발하는 방법이다. 물론 자사 제품을 사용했을 때 얻게 되는 긍정적인 결과에 초점을 맞출 수도 있지만 그보다는 바람직하지 않은 결과에 초점을 맞추게 되면 표적청중의 주의를 끄는 힘이 더 강할 수 있다. 탈취제나 구취제거제 또는 가발이나 발모제 그리고 다이어트 관련 제품은 주로 자사 제품을 사용하지 않을 때 얻게 되는 부정적 결과에 초점을 맞춘 광고를 집행한다.

■ 비교나 비유에 초점 맞추기

자사 제품을 경쟁자와 비교하거나 또는 자사 제품을 다른 사물에 빗대어 은유적으로 표현하는 것에 초점을 맞추어 크리에이티브 콘셉트를 개발하는 것이다. 우리나라는 제약을 제외하고는 경쟁자와 직접적으로 비교하는 광고는 할 수 없다. 하지만 경쟁자를 직접적으로 제시하거나 등장시키지 않고도 비교는 가능하다. 잘 알려진 에이비스(Avis) 광고를 예로 들 수 있다. 에이비스는 광고에서 "우리는 2등이기 때문에 더 노력한다."라고 선언했다. 하지만 2등이기 때문에 더 노력한다는 선언적 주장 이면에는 경쟁자인 허츠(Hertz)는 1위이기 때문에 자만에 빠져 고객에게 최선의 노력을 하지 않는다는 함의가 숨어 있는 것이다.

비유는 자사 제품의 편익을 잘 알려진 사물에 빗대어 표현하는 것이다. 비유에 초점을 맞추어 크리에이티브 콘셉트를 개발할 때 비유의 정도(degree)를 고려해야 한다. '역 U자'의 포물선을 생각하면 된다. 비유의 정도가 너무 낮으면 표적청중의 주의를 유지하면서 호기심을 끄는 힘이 떨어지며 그렇다고 비유 정도가 너무 높으면 크리에이티브 콘셉트에 대한 이해가 제대로 되지 않아 오히려 부정적인 반응이 나오거나 의도하지 않은 식으로 해석을 하게 되는 부정적인 결과를 얻을 수 있다. 비유의 정도가 적절할 때 최상의 결과를 얻는다는 점을 고려하여 수위조절을 할 필요가 있다.

■ 간접 비유에 초점 맞추기

언뜻 보기에 편익과 무관한 사물에 초점을
맞추어 크리에이티브 콘셉트를 개발하는 것
이다. 허쉬 초콜릿은 '세월이 지나도 변하지
않는 맛'을 세월이 지나면서 점차 대머리로
변하는 비주얼에 빗댄 광고를 집행한 적이
있다. 변화는 반드시 좋은 것만은 아니라는
함의를 전달하는 것이다. 대머리는 초콜릿과

[그림 6-8] 다이어트 펩시 광고

는 분명 직접적인 관계가 있지 않다. 하지만 간접 비유를 유발하는 비주얼은 오
히려 표적청중의 주의를 끌고 호기심을 유발하는 힘이 직접비유에 비해 더 강할
수 있다. '도대체 이게 뭐지? 이게 초콜릿과 무슨 관계가 있다는 거지?'와 같은
반응을 유발할 수 있다. 간접 비유는 직접 비유에 비해 제품이나 편익과 직접적
인 연관이 없기 때문에 카피를 통해 관련성을 전달하는 것이 좋다. 호기심 유발
에 머물게 해서는 안 되며 궁극적으로 '아! 그런 거구나.' 하는 이해를 가져다주
어야 한다(그림 6-8 참고).

■ 유명인사, 보증인, 캐릭터에 초점 맞추기

우리가 매일 보는 광고 중에서 어떤 인물이 등장하지 않는 광고를 찾기란 쉬
운 일이 아니다. 대부분의 광고는 유명 연예인이나 스포츠 스타, 전문인 또는 일
반인과 같이 어떤 인물을 사용한다. 크리에이티브 콘셉트를 개발하는 방법 중의
하나는 바로 이러한 인물이나 캐릭터에 초점을 맞추는 것이다. 물론 많은 광고
가 유명 연예인을 모델로 사용하지만 일반인을 모델로 사용하기도 한다. 캐릭터
도 있다. 물먹는 하마나 카멜 담배의 '올드 조' 등 가공의 캐릭터도 모델로서의
역할을 톡톡히 해낸다. 특히 유명인사는 일차적으로 표적청중의 주의를 끄는 효
과가 있지만 제품의 핵심 주장을 강화하거나 뒷받침하는 효과가 있기 때문에 크
리에이티브 콘셉트로서 중요한 기능을 수행할 수 있다. 유명 연예인은 독특하고

차별적인 이미지나 연상을 가지기 때문에 차별적인 이미지나 연상이 제품이나 편익과 절묘하게 맞물리면 크리에이티브 콘셉트로서 강력한 효과를 발휘할 수 있다.

■ 과장법에 초점 맞추기

핵심 주장이나 편익은 과장법을 통해 보다 명료해질 수 있다. 과장법을 사용하면 표적청중의 주의를 끌고 광고에 대한 기억을 증진시킬 뿐만 아니라 경쟁자와 효과적으로 차별하는 부수적인 효과도 가진다(그림 6-9).

[그림 6-9] '푸시 업 브라' 광고

■ 사례나 생활 단면에 초점 맞추기

자사 제품을 사용함으로써 얻게 된 긍정적 경험이나 사례를 통해 크리에이티브 콘셉트를 개발하는 것이다. 로렉스는 화산활동을 연구하는 교수가 혹독한 환경에서도 제품을 신뢰할 수 있다는 사례를 이용해 광고를 하였다. 사례는 전문인이 보증함으로써 메시지에 대한 신뢰를 더욱 높일 수 있다. '생활 단면(slice of life)'은 일종의 '문제와 해결' 접근으로 일상생활에서 일어나는 문제가 자사 제품을 사용하면 어떻게 해결되는지에 초점을 맞추는 것이다. 라이프스타일 광고는 '생활 단면' 접근과 달리 문제와 해결을 제시하는 것이 아니라 제품을 일상의 모습과 결합하는 것이다.

■ 제품 시연에 초점 맞추기

제품 시연(demonstration)은 주로 인공적인 상황을 통해 자사 제품이 어떻게 작동하는지, 그로 인한 편익이 무엇인지를 구체적으로 보여 주는 것이다. 면도기나 전동칫솔 그리고 진공청소기 광고를 생각해 보라.

4. IMC 크리에이티브 아이디어 개발

우리는 광고기획의 네 번째 단계에서 광고목표의 수립 시 광고를 통해 표적소비자로부터 얻고자 하는 목표, 즉 얻고자 하는 목표 행위는 하나이더라도 다양한 커뮤니케이션 수단을 동원할 수 있음을 논의하였다. 예컨대, '예금에 가입하는 대신 ABC펀드에 가입하게 한다.'는 목표가 수립되었다면 이를 달성하기 위해 광고, 가입 이벤트, 퍼블리시티 등의 다양한 커뮤니케이션을 동원할 수 있다. 이때 IMC를 수행한다면 각 마케팅 커뮤니케이션 수단별로 어떻게 크리에이티브 아이디어를 개발하고 조율할 것인가라는 문제를 해결해야 한다. 이러한 문제의 해결은 특히 TV, 인터넷, 신문, 잡지 그리고 버스, 지하철 등 다양한 미디어를 활용해 '광고'를 집행하는 상황에서는 더욱 중요하다. 최근에는 이처럼 하나의 광고목표하에 다양한 광고를 운영하는 것은 예외가 아니라 일반적인 추세이기도 하다. 이제부터 IMC 상황에서 복수의 광고 크리에이티브 개발의 실제에 대해 알아보자.

'마음의 갖춤새'에 주목하라!

목표 없는 전략이란 있을 수 없듯이 IMC 미디어의 선정과 각 미디어별 광고 크리에이티브 아이디어의 개발에서도 그 출발점은 당연히 광고목표여야 한다. 다수의 광고미디어를 이용하더라도 각 미디어별 크리에이티브 아이디어는 하나의 광고목표를 향해 일관되게 수렴, 유지되면서 개발되어야 함을 의미한다. 이 점은 아무리 강조해도 지나치지 않을 만큼 중요하다.

수립된 광고목표를 출발점으로 복수의 광고 크리에이티브 아이디어를 개발하는 한 가지 방법 중의 하나는 표적청중이 평소 주로 이용하는 미디어가 무엇이며 각 미디어(또는 비히클)를 접할 때의 마음의 갖춤새(mind set)가 무엇인지를 파악하는 것이다. 마음의 갖춤새란 특정 시점에 특정 정보를 받아들일 마음의 준비태세라 할 수 있다.

경제신문을 볼 때 우리는 연예나 오락 정보가 아니라 경제 정보를 받아들일 갖춤새를 갖는다. 경제신문이라 하더라도 증권 면을 볼 때는 주가나 펀드 투자의 향방에 대한 정보에 주의를 기울이게 된다. 증권 면을 보면서 골프나 스포츠 정보를 기대하지는 않을 것이다. TV의 경우도 마찬가지이다. 뉴스 프로그램을 보려 할 때와 오락 프로그램을 보려 할 때의 마음의 갖춤새는 아마 다를 것이다. 바로 이러한 마음의 갖춤새로부터 크리에이티브 아이디어 개발의 단초를 얻을 수 있다. '예금에 가입하는 대신 ABC펀드에 가입하게 한다.'는 목표를 예로 들어 보자. 표적청중이 평소에 주로 접하는 미디어나 비히클은 다음과 같다고 가정하자.

- 출근 전: 일간지 경제 면
- 직장으로 이동: 지하철 이용. 지하철의 스크린 도어와 지하철 내부 광고에 노출
- 출근: 회사에 비치된 각종 일간지 및 경제지
- 퇴근 후 집으로 이동: 지하철 이용. 지하철의 스크린 도어와 지하철 내부 광

고에 노출

• 퇴근 후 가정에서: 인터넷 증권 사이트, TV(뉴스, 오락 프로그램)

접촉 미디어나 비히클을 파악하였다면 다음으로 할 일은 미디어나 비히클을 접할 때 특정 시점에서 어떤 마음의 갖춤새를 가지는지 알아내는 것이다. 특정 시점에서의 마음의 갖춤새를 알아내기 위해서는 소비자 조사자료를 참고하거나, 광고기획자 또는 미디어 플래너의 직관을 이용해도 좋다. 중요한 것은 객관적인 데이터로 검증하느냐 여부가 아니라 표적청중의 마음의 갖춤새를 절묘하게 파고들 수 있는 '통찰'이다. 특정 시점에서 특정 미디어나 비히클을 접할 때의 마음의 갖춤새에 대한 통찰을 얻는 효과적인 방법은 다음과 같은 질문을 해보는 것이다. 아침에 출근하기 위해 지하철을 이용할 때를 예로 들어 보자.

• '표적청중이 출근 시간에 지하철을 기다리고 있거나 또는 지하철을 타고 갈 때 마음의 갖춤새는 무엇일까?'

출근 때 복잡한 지하철을 이용해 본 사람이라면 누구나 멋진 자가용으로 음악을 들으며 출근하고 싶은 욕망을 가질 것이다. 만약 출근 시 지하철을 이용할 때 이러한 마음의 갖춤새를 가진다면 식품이나 휴대폰 또는 의류 광고보다는 펀드 광고가 표적청중의 주의를 끌고 펀드 가입이라는 행동이 구현될 가능성이 훨씬 높을 것이다. "높은 수익률의 ABC펀드에 가입하면 당신의 출근이 달라진다."는 메시지의 광고를 지하철 플랫폼의 스크린 도어나 지하철 내부에 집행한다고 가정해 보라. 아마 그 시점에서 다른 어떤 미디어에 광고를 집행하는 것보다 효과적일 것이다. 하지만 한 가지 사실을 명심해야 한다.

• 특정 시점의 마음의 갖춤새에 따라 광고의 표현이나 메시지는 달라야 한다.

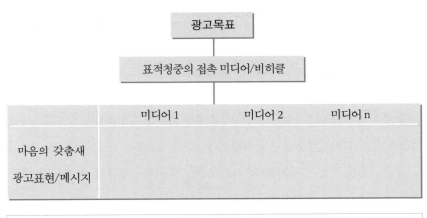

	미디어 1	미디어 2	미디어 n
마음의 갖춤새 광고표현/메시지			

광고목표

표적청중의 접촉 미디어/비히클

[그림 6-10] 미디어 접촉과 크리에이티브 아이디어 개발 틀

퇴근 후 집에서 일간지를 볼 때 "높은 수익률의 ABC펀드에 가입하면 당신의 출근이 달라진다."는 메시지는 출근 때 지하철에서 볼 때와 비교해 그 임팩트는 당연히 떨어질 것이다. 마음의 갖춤새가 다르기 때문이다. 만약 퇴근 후 집에서 인터넷을 할 때라면 인터넷 광고에서는 "높은 수익률의 ABC펀드에 가입하면 당신만의 멋진 서재에서 누구의 방해도 받지 않고 인터넷을 할 수 있다."는 메시지가 표적청중을 파고들 수 있을 것이다. 마음의 갖춤새는 광고가 표적청중의 마음에 파고들 수 있는 일종의 기회이며 광고의 표현이나 메시지는 마음의 갖춤새에서 유발되는 욕구를 채워 주는 보상과 같은 역할을 하는 것이다. 마음의 갖춤새를 이용해 크리에이티브 아이디어를 개발할 때 [그림 6-10]을 이용해 보라.

우리 제품이 파고들 수 있는 행동 틈새에 주목하라!

IMC에서 복수의 광고 미디어를 운영할 때 크리에이티브 아이디어를 개발하는 두 번째 방법은 표적청중의 일상적이거나 또는 어떤 특별한 행동에 초점을 맞추는 것이다. 일상적인 행동이라면 출근을 한다든지, 점심을 먹는다든지 또는 주말에 자녀들과 운동을 하거나 쇼핑을 하는 등의 다소 반복적인 패턴을 이루는 행동연쇄이며, 다소 특별한 행동이라면 부모님의 생신 선물을 준비한다든지, 연말에 부부동반 모임을 갖는다든지 또는 크리스마스에 친구를 집으로 초대하거나 가족과 여행을 한다든지 하는 것과 같이 특별한 목적이나 계기와 관련해 발생하는 것으로 구분할 수 있을 것이다. 앞서 살펴본 첫 번째 방법이 표적청중이 어떤 미디어를 접할 때의 마음의 갖춤새에 초점을 맞추는 것이라면 두 번째 방법은 표적청중이 어떤 행동을 할 때 촉발되는 욕구에 초점을 맞추는 것이다.

욕구란 무언가 결핍된 상태를 말한다. 배가 고프거나 목이 마른 것과 같은 생리적 욕구도 있고 성공이나 성취와 같은 사회적, 심리적 욕구도 있다. 두 번째 방법은 표적청중이 어떤 행동을 할 때 발생 가능한 욕구에 주목하면서 우리 광고가 바로 이 행동과 관련된 욕구의 틈새를 메우려는 것이다. 인간의 욕구를 설명하는 다양한 모형이 있다. 하지만 두 번째 방법에서는 학자들이 개발한 욕구모형을 통해 표적청중의 욕구를 유형화하는 것은 전혀 의미 없는 일이다. 통찰을 가지고 표적청중의 욕구를 들여다보라. 그리고 마치 당신 자신의 욕구를 묘사하듯이 '살아 있는' 표현을 통해 표적청중의 욕구를 채운다고 생각하라. 예를 들어 보자. 만약 표적청중이 크리스마스에 자녀에게 줄 선물을 구입하려 한다고

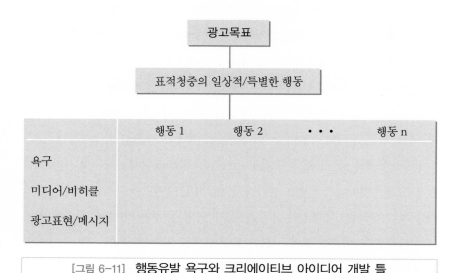

[그림 6-11] 행동유발 욕구와 크리에이티브 아이디어 개발 틀

치자. 이때 표적청중에게서 유발될 수 있는 욕구는 무엇일까? 누구나 선물을 살 때 경험하는 것이지만 가격에 신경 쓰지 않고 멋지고 훌륭한 선물을 하고 싶어 한다. 하지만 언제나 경제적 부담이 걸림돌이다. 이때 '여유로운 재정 상태'는 욕구를 채울 수 있는 좋은 수단이자 표적청중이 주의를 기울일 수 있는 메시지 이기도 하다. 표적청중이 자녀의 크리스마스 선물을 구입하는 행동과정 어딘가 에 '만약 당신이 ABC펀드에 가입한다면 더 멋진 선물로 자녀를 즐겁게 할 수 있 다.'는 메시지는 다른 어떤 시점에서, 다른 어떤 메시지보다 표적청중의 주의를 끌 것이다. [그림 6-11]의 표를 이용해 보라.

5. 크리에이티브 브리프

전략은 광고기획자의 전유물이 아니다. 크리에이티브 아이디어도 광고 크리 에이터만의 전유물이 아니다. 한 편의 성공적인 광고제작물을 완성하기 위해 함 께 작업하는 팀원이 훌륭한 아이디어를 쏟아 내야 하며 이런 아이디어에 대해 동의하고 공감해야 한다. 이를 위해 표적청중의 설정, 경쟁 우위나 편익의 추출, 브랜드 개성의 수립과 같은 핵심적인 전략요소나 광고목표는 크리에이티브 작 업에 들어가기 전에 반드시 일목요연하게 정리해 보는 것이 좋다. 광고목표가 건축물의 유형을 결정하는 것이라면, 광고전략은 건축물의 뼈대와 같다. 뼈대가 세워졌다고 사람이 거주할 수 있는 완성된 건축물이 되는 것은 아니다. 벽이나 창문틀과 같은 살붙이 작업이 구체화되면서 건축물은 제 모습을 찾아가게 된다.

상황분석에서 광고목표의 수립에 이르는 단계가 분석적이며 논리적인 작업 이라면, 크리에이티브 개발은 논리에서 독창적인 아이디어로 점프를 하는 단계 이다. 즉, 전략에서 독창적인 아이디어로 도약이 일어나야 비로소 창의적인 광 고가 탄생한다. 이러한 도약을 위한 도구가 바로 크리에이티브 브리프(creative brief)이다.

크리에이티브 브리프란 무엇인가?

광고대행사에 따라 다루는 내용이 조금씩 다르기는 하지만 크리에이티브 브리프에서 공통적으로 다루는 내용은 거의 비슷하다(〈표 6-1〉 참고). 크리에이티브 브리프에 대한 가장 큰 오해 중의 하나는 크리에이티브 브리프를 일종의 '양식(form)'으로 간주하는 것이다. 크리에이티브 브리프는 광고기획자나 광고기획팀이 양식의 빈칸에 내용을 채워 광고제작팀에 전달하는 작업지시서가 아니다. 크리에이티브 브리프는 광고전략을 독창적인 광고 제작물로 구현하기 위한 아이디어를 촉발하는 도구이자 과정이라는 점을 명심해야 한다. 크리에이티브 브

표 6-1 크리에이티브 브리프

크리에이티브 브리프
• 광고를 통해 무엇을 얻고자 하는가?
• 광고는 누구에게 영향을 미치려고 하는가?
• 우리가 이야기하려고 하는 표적청중은 누구인가?
• 광고를 보고 나서 표적청중이 우리에 대해 어떻게 생각하거나, 어떤 행동을 해 주길 바라는가?
• (표적청중이 원하는 대로 생각하고 행동하게 하려면) 이들에게 어떤 보상을 제공해야 하는가?
• 광고의 톤(tone)이나 스타일은 어떠해야 하는가?
• 광고의 핵심 통찰은 무엇인가?

리프의 각 항목에 대해 팀원 모두가 함께 논의하면서 최상의 크리에이티브 아이디어를 도출하기 위한 생산적인 도약의 과정이다.

크리에이티브 브리핑

크리에이티브 브리핑 과정은 끊임없이 창의적인 통찰을 탐색하는 과정이어야 한다. 크리에이티브 브리핑 과정은 광고대행사 내부적으로만 진행할 수도 있지만 광고주와 함께 진행해도 무방하다. 여러 대행사가 경합하는 상황이 아니라 기존 광고주의 신규 광고제작을 위한 경우라면 오히려 광고주와 함께 크리에이티브 브리핑 과정을 가지는 게 더 낫다. 시간을 절약할 수 있을 뿐만 아니라 의외의 아이디어가 광고주에게서 나올 수도 있다.

브리핑 과정, 즉 아이디어의 도약과정은 '과연 광고를 통해 우리가 얻고자 하는 것이 무엇인가?'에서 출발한다. 이는 광고의 목표에 해당된다. 앞서 광고기획의 네 번째 단계에서 광고목표의 수립에 대해 자세히 알아보았다. 하지만 크리에이티브 브리핑 과정에서는 광고목표를 전략적 용어로 진술하기보다는 광고제작 아이디어를 촉발하도록 살아 있는 소비자 용어로 표현하는 것이 중요하다. 광고목표의 수립 단계에서 광고목표가 제작 아이디어를 촉발할 만큼 충분히 구체화되었다면, 크리에이티브 브리핑 과정에서 이 부분에 대한 논의는 단축될 것이다. '누구에게 영향을 미치려고 하는가?' '광고를 보고 나서 표적청중이 우리에 대해 어떻게 생각하거나, 어떤 행동을 해 주길 바라는가?' '이들에게 어떤 보상을 제공해야 하는가?'는 광고기획의 다섯 번째 단계인 포지셔닝 수립에서 다루었다. 그럼에도 불구하고 이 역시 크리에이티브 아이디어의 도약이 이루어질 수 있도록 해야 한다.

'광고의 톤이나 스타일을 어떻게 가져갈 것인가?'는 광고기획 단계에서 다루지 않았지만 광고제작 아이디어를 마무리하는 매우 중요한 요소이다. 광고의 톤과 스타일은 표적청중이 광고에 대해 가지는 전반적인 사고방식이나 느낌에 영향을 미친다. 예컨대, 표적청중은 광고를 보면서 신중하거나 친근하게, 또는 명랑하거나 모던하게 느낄 수 있다. 이러한 사고나 느낌은 비주얼이나 메시지, 사진 그리고 음악 등 모든 요소의 총합에 의해 전달된다.

광고의 톤이나 스타일은 표적청중이 광고 브랜드에 대해 가지는 사고나 느낌과도 직접적인 관련이 있다. 앞서 포지셔닝의 수립에서 '브랜드 개성'에 대해 알아보았다. 브랜드 개성이란 브랜드를 사람으로 표현했을 때 전달하는 사고나 느낌이다. 광고의 톤이나 스타일은 바로 브랜드 개성과 일치하면서 광고제작 요소의 총합을 통해 브랜드 개성을 강화하는 역할을 한다. 만약 자사 브랜드 개성이 '신중하고' '지적이며' '모던한' 것이라면 광고의 톤이나 스타일도 이와 일관되어야 한다.

크리에이티브 브리프의 마지막 요소인 '핵심 통찰'은 크리에이티브 아이디어 도약을 위한 통찰의 진수라 할 수 있다. 핵심 통찰은 독창적인 크리에이티브 아이디어를 촉발하는 결정적인 계기를 제공해야 한다. 핵심 통찰은 간결한 단어나 문장으로 표현하되 '영감을 불러일으키는' 것이어야 한다. 핵심 통찰의 몇 가지 예를 보자.

- 주부에게 요리란 의례이다.
- 소비자는 은행광고에 무관심하다.
- 외식은 먹는 것이 아니라 가족과 함께한다는 것이다.
- 중장년층은 놀이공원에 대해 강한 어린 시절 추억을 가진다.
- 세제에서 거품은 세척력을 상징한다.
- 20대는 TV를 보지 않는다.
- 운전자가 차에 시동을 거는 것 다음으로 하는 일은 라디오를 켜는 것이다.

위의 핵심 통찰의 예를 보면서 의아해할 수도 있을 것이다. '소비자는 은행광고에 무관심하다.'는 것이 크리에이티브 아이디어에 어떤 통찰을 제공하는가 하고 반문할 수 있다. 결론부터 이야기하자면, 핵심 통찰은 표적청중의 구매와 소비행동 그리고 브랜드에 대한 통찰을 중심으로 하지만 통찰의 원천은 반드시 제품이나 브랜드에만 국한되는 것이 아니다. 미디어에 대한 표적청중의 통찰 또는 제품을 구매하는 장소에 대한 표적청중의 통찰 등 영감을 불러일으키고 독창적인 크리에이티브를 촉발한다면 어떤 것이든 문제될 것이 없다. '소비자는 은행 광고에 대해 무관심하다.'는 핵심 통찰은 광고 제작물을 개발하는 데 어떤 영감을 줄까? 광고의 내용도 내용이지만 표적청중의 주의를 끌 수 있는 창의적인 미디어의 집행 아이디어를 촉발할 수 있지 않은가!

크리에이티브 브리프 항목은 단절된 것이 아니라 상호 연관된 것이다. 크리에이티브 브리프의 항목들은 마치 여러 개의 톱니바퀴가 맞물려 돌아가는 것과 같다. 대부분 항목은 이미 포지셔닝이나 광고목표 수립 단계에서 검토된 것이므로 어려운 과정이 아니다. 하지만 크리에이티브 브리핑 과정에서는 좀 더 창의적인 도약을 위해 상상력과 통찰을 동원하여 각 질문에 대해 많은 대안을 생각해 보고 최상의 해결책을 찾아본다는 차이가 있음을 상기하기 바란다. 크리에이티브 브리프는 TV, 신문, 라디오, 잡지와 같은 4대 미디어 광고에 국한되는 것은 아니다. 인터넷 광고, 소셜 미디어 광고, 옥외 광고 등 모든 형태의 광고 크리에이티브 개발에 적용된다.

6. 어떻게 '빅 아이디어'를 생각해 낼 것인가

이제 크리에이티브 아이디어 개발 단계를 마무리하면서 크리에이티브 콘셉트, '빅 아이디어'를 생각해 내는 기법에 대해 알아보기로 한다. 광고대행사 GSD&M의 설립자인 로이 스펜스(Roy Spence)는 다음과 같은 말을 남겼다. "우리는 아이디어 산업에 종사한다. 21세기에는 아이디어가 곧 돈이다. 하지만 아이디어가 번득이는 광고를 찾기는 쉽지 않다." 광고인이라면 누구나 아이디어의 중요성을 인정한다. 아이디어는 손쉽게 얻는 것이 아니라는 것도 안다. 그럼에도 훌륭한 아이디어를 생각해 내기 위해 부단히 노력한다.

광고인이라면 누구나 자기 나름의 아이디어를 생각해 내는 방식이 있다. 산보를 하고, 음악을 듣거나 샤워를 한다. 어떤 사람은 조사 자료를 파고들기도 하고 기획서를 몇 번이고 정독하기도 한다. 왕도가 있는 것은 아니지만 광고인들이 아이디어를 생각해 내기 위해 노력한 방법들을 종합해 본다면, '좀 더 나은' 방법을 찾을 수 있을 것이다.

기획서와 크리에이티브 브리프에서 팁을 찾아라

기획과정에서 정리된 광고전략과 이를 크리에이티브 관점에서 정리한 크리에이티브 브리프는 아이디어를 생각해 내는 로드 맵의 역할을 한다. 광고제작팀의 사람들은 기획과정에서 논의된 내용이나 크리에이티브 브리프에 그다지 관심을 기울이지 않는 경향이 있다. '그것은 그것이고 이것은 이것'이라는 작업 방식을 고수한다. 이는 분명 문제가 있다. 크리에이티브 브리프는 아이디어의 창고이다(물론 형식적이며 통찰이라고는 찾아볼 수 없는 크리에이티브 브리프는 아이디어의 창고가 아니라 오히려 아이디어의 무덤이 될 수도 있지만!). 사례 하나를 보자. 켈로그의 뉴트리그래인 아침대용 시리얼 바의 광고를 제작하는 팀은 크리에이티브 브리프에서 '우리의 표적청중은 올바른 식품을 먹기를 원하지만 패스트푸드의 유혹을 좀처럼 떨쳐버리지 못한다.'는 소비자 통찰에 주목하였다. 이러한 소비자 통찰을 단어, 문구 그리고 이미지들로 연결시켜 보면서 아이디어를 생각해 나갔다. 마침내 도넛과 햄버그가 허리와 엉덩이에 덕지덕지 붙어 있는 우스꽝스러운 이미지를 생각해 내었고 뉴트리그래인의 제품 편익을 '자기존중'이라는 아이디어로 도약할 수 있었다.

다양한 자료를 공부하는 데 충분한 시간을 할애하라. 시장조사 자료, 광고주 제품정보, 기사자료 등 모든 관련 자료를 탐독하라. 책상에서 아이디어를 찾으려고 하지 마라. 제품이 생산되는 공장도 방문해 보라. 담당자도 만나 보라. 시장도 방문하라.

혼자서 아이디어를 찾아야 한다고 생각하지 마라.

완벽하지만 평범하고 진부한 아이디어보다는 다듬어야 할 여지가 많은 빅 아이디어가 더 낫다. 이미지이건 또는 슬로건이건 빅 아이디어는 카피라이터가 생각해 낼 수도 있고 광고기획자, 심지어는 미디어 플래너가 생각해 낼 수도 있다. 아이디어는 크리에이터의 전유물이 아니다. 다른 영역도 마찬가지지만 광고 아이디어에 관한 한 혼자보다는 팀으로 생각해 내는 것이 효과적이다. 단, 팀으로 아이디어 작업을 할 때는 운영방식도 중요하다. 틀리다거나 쓸모없는 아이디어의 기준을 정하여 작업에 참석한 사람들을 주눅 들게 해서는 안 된다. 가능한 한 다양한 아이디어를 독려하고 부정적인 피드백은 자제하는 것이 좋다.

다다익선이다

아이디어 생성 단계에서는 가능한 한 많은 아이디어를 생각하라. 질보다는 양이다. 아이디어 생성 단계에서 아이디어의 질에 집착하면 '한 방의 아이디어'를 추구하게 된다. 머리에 떠오르는 많은 아이디어를 본인 스스로가 판단하고 잘라내어 버릴 것이다. 팀원들에게 아래의 두 가지 지시를 한다고 가정해 보자.

- 첫 번째 지시: 감소일로에 있는 우리 브랜드의 판매신장에 영향을 미칠 수 있는 좋은 광고 아이디어를 생각하라. 아이디어와 아이디어를 낸 사람의 이름은 사장에게 보고될 것이다.

- 두 번째 지시: 감소일로에 있는 우리 브랜드의 판매신장에 영향을 미칠 수

있는 좋은 광고 아이디어를 가능한 많이 생각하라. 최소 25개의 아이디어는 생각해 내어라. 생각해 낸 아이디어를 평가할 필요는 없다. 어떤 것이라도 좋다.

첫 번째 지시를 팀원들에게 한다면 어떤 일이 벌어질까? 주눅 들고 심리적인 압박을 느끼게 된다. '사장이 내 아이디어를 어떻게 평가할까? 나는 어떤 직원으로 평가 받을까?' 스스로 좋지 않다고 판단하는 아이디어는 쓰레기통에 넣어 버릴 것이다. 엉뚱한 사람으로 평가받기보다는 차라리 '안전한' 아이디어를 제출하려고 할 것이다. 하지만 두 번째 지시를 받은 경우에는 반대의 현상이 벌어진다. 주눅 들지 않고, 심리적인 압박도 없을 것이며, 내가 어떤 직원으로 평가 받을지 염려하지 않아도 된다. 아주 편안한 마음으로 최대한 많은 아이디어를 내면 된다. 그 아이디어 중에는 기발한 아이디어가 포함될 가능성이 첫 번째 지시를 받은 팀에 비해 더 높을 것이다.

생각을 자극하는 재료를 이용하라

뛰어난 것이라고 생각하는 광고나 기발한 이미지와 카피 또는 경구 등, 자신에게 인상 깊었던 자료들을 평소에 수집하고 분류해 놓아라. 다른 사람의 아이디어를 도둑질하려는 것이 아니다. 사람이 생각을 하는 과정은 연쇄작용에 의존한다. 무엇에 의해 촉발되는지에 따라 다른 생각의 결과가 탄생한다. 평소에 수집해 놓은 훌륭한 자료들을 보게 되면 아이디어가 촉발될 가능성이 높아진다. 자동차의 크리에이티브 아이디어를 개발한다고 해서 반드시 다른 자동차 광고를 볼 필요는 없다. 아니, 오히려 방해가 되기도 한다. 식품 광고나 패션 광고를 보는 것이 오히려 낫다. 보면서 우리의 전략을 병치시켜 보라. 만약 핵심 이미지나 단어가 정리되어 있다면 더 좋다. 그 이미지나 단어에 해당하는 다른 범주의 광고나 이미지를 보면서 생각을 자극하라. 이 방법은 위대한 광고인 중의 한 명인 레오 버넷(Leo Burnett)이 즐겨 사용한 것이다!

떠나라

열심히 생각했다면 잠시 동안 작업을 중단하고 다른 일을 해 보기 바란다. 노는 것이 오히려 일하는 것보다 더 효과적일 때가 있다. 특히 아이디어 작업일 때에는 더욱 그렇다. 왜 그럴까? 사람의 생각과정은 한 방향으로 흘러가도록 되어 있다. 지속적으로 생각하면 할수록 새로운 관점이 떠오르기보다는 생각해 오던 방향으로 더 깊이 빠져들 뿐이다. 더 이상 아이디어가 떠오르지 않는다면 쉬는 편이 낫다. 산보를 하건, 영화를 보건, 아니면 평소에 가 보지 않던 동물원을 가보라. 우리의 의식은 작업을 떠나지만 무의식은 지속적으로 하던 작업을 수행한다. 휴식을 취하는 순간, 우리의 무의식은 기존의 생각 흐름을 다른 관점으로 돌려놓는다. 다른 일을 하다가 다시 하던 일로 돌아왔을 때 그전에는 생각하지 못했던 새로운 아이디어가 떠오르는 경험을 누구나 해 보았을 것이다. 쉬는 것이 일하는 것이다!

제3자로부터 피드백을 받아 보라

부정적인 피드백을 두려워하지 마라. 긍정적인 피드백을 줄 동료에게는 보여줄 필요도 없다. 제삼자로부터 평가받는 과정에서 아이디어가 떠오를 수 있다. 무엇을 기준으로 평가해야 할까? 오길비 앤 마더(Ogilvy & Mather)가 사용했던 아이디어 평가기준을 참고하자.

- 전략과 일관성이 있는가?
- 소비자는 이 광고를 보고 어떤 반응을 할 것 같은가?
- 이 광고는 누구에게 이야기하는 것 같은가?

- 광고의 톤/무드는 전략과 일치하는가?
- 광고에 대한 전반적인 인상이나 느낌은 좋은가? 나쁜가?
- 핵심 주장이 명료한가?
- 광고가 소비자에게 약속하고자 하는 것이 분명한가?

핵심 포인트

- 창의적 광고란 '독창성'과 '전략적 적합성'을 모두 충족하는 것이다.
- 크리에이티브 콘셉트는 광고의 핵심 주장을 어떻게 표현할 것인가에 대한 빅 아이디어이다.
- 크리에이티브 콘셉트는 (1) 표적청중의 주의를 끌고, (2) 자사 제품을 경쟁 제품 과 차별화하며, (3) 자사 제품을 주인공으로 부각하는 것이어야 한다.
- IMC를 위한 크리에이티브를 개발할 때에는 (1) 표적청중의 '마음의 갖춤새', (2) 우리 제품이 파고들 수 있는 행동 틈새를 파악하면 도움이 된다.
- 크리에이티브 브리프는 단지 빈칸을 채워 넣는 양식이 아니다. 생산적인 사고 활동을 통해 광고전략에서 독창적인 크리에이티브 아이디어로의 도약이 일어나 게 하는 도구이다.
- 빅 아이디어 생성법
  (1) 기획서와 크리에이티브 브리프에서 팁을 찾아라.
  (2) 혼자 아이디어를 찾아야 한다고 생각하지 마라.
  (3) 많을수록 좋다.
  (4) 생각을 자극하는 다양한 재료를 이용하라.
  (5) 떠나라.
  (6) 제3자로부터 피드백을 받아보라.

읽·을·거·리

크리에이티브 전략 수립에 대한 좀 더 실무적 접근 시각을 얻고자 하면 "Tom Altstiel
    & Jean Grow, *Advertising Strategy: Creative Tactics from the Outside/In*,
    SAGE, 2006."을 참고하기 바란다.

광고창의성의 신경심리학적 기제에 대해 자세히 알고자 하면 "우석봉, **독창적 비주얼**
    의 광고효과, 한국학술정보(주), 2006."을 참고하기 바란다. 아울러, "성영신, 우
    석봉, 강정석, 정용기, 광고창의성 연구: 비주얼에 대한 소비자 기대를 중심으
    로, 한국광고학회 **연차학술대회 발표초록집**, 2004, pp. 182-189."와 "성영신, 이
    일호, 허연주, 이지량, 창의적 광고의 심리학적 메커니즘, 한국광고학회 **연차학**
    술대회 논문집, 2002, pp. 60-70."을 참고하기 바란다.

크리에이티브 아이디어의 단초를 얻고자 하면 "Dupont(이영희, 정고은 역), 1001가
    지 광고 테크닉, 예경, 2001."을 참고하기 바란다.

크리에이티브 아이디어의 개발과 창의적인 크리에이티브 제작에 관해 더 알고 싶다
    면 "김병희(역), 소비자는 어떤 광고에 반응할까?, 커뮤니케이션 북스, 2008."
    과 Michael Newman, Creative Leaps, Wiley, 2003."을 읽기를 권한다.

단계 6. 미디어 계획의 검토

귀를 기울이지 않는 사람에게 물건을 파는 것은 불가능하다.

Bill Bernbach

언제, 어디서 표적청중을 만날 것인가

　미디어 계획은 광고목표를 달성하기 위해 반드시 검토해야 할 중요한 단계이다. 나아가, 최근에는 '미디어가 곧 크리에이티브'라는 말처럼 미디어 계획은 크리에이티브와도 밀접한 관련이 있다. 미디어 계획수립에 대한 전문적인 논의는 이 책의 범위를 넘어서기 때문에 여기서는 광고기획 시에 반드시 생각해 보아야 할 핵심 개념 중심으로 살펴보기로 한다.

　광고계획이 마케팅 목표를 달성하기 위해 광고가 해야 할 역할에 대한 규정이라면, 미디어 계획은 광고목표를 달성하기 위해 미디어가 지원해야 할 행위, 즉 광고 메시지를 언제, 어디서, 어떻게 노출할 것인지에 대한 것이다(그림 7-1). 아무리 광고제작물이 뛰어나더라도 표적청중에게 광고가 노출되지 않는다면 결

[그림 7-1] 미디어 계획의 위계

코 광고목표를 달성할 수 없을 것이다. 따라서 미디어 계획의 초점은 표적청중에게 메시지를 전달하는 가장 효과적이며 효율적인 방법을 발견하는 데 맞추어진다. 광고목표를 달성하기 위해 미디어는 무엇을 해야 하고, 어떻게 해야 하는가에 대한 구체적 아이디어가 미디어 계획인 것이다.

미디어 계획의 수립에서는 다음과 같은 핵심 질문에 답하게 된다.

- 누구에게 광고 메시지를 노출[1]해야 하는가?
- 미디어를 통해 무엇을 성취해야 하는가?
- 언제 광고 메시지를 노출해야 하는가?
- 어디서 광고 메시지를 노출해야 하는가?
- 어떤 미디어 또는 비히클[2]을 사용해야 하는가?

미디어 계획을 수립할 때 기본적으로 밟아 가는 단계는 [그림 7-2]와 같다.

---

1) 노출은 광고와 같은 외부의 자극이 단지 소비자의 감각기관의 범위에 들어오는 것이다. 따라서 광고에 노출이 되었다고 광고에 주목하는 것(광고를 보는 것)은 아니다. 미디어의 일차적 역할은 광고의 노출을 극대화하는 것이다.
2) 비히클(vehicle)은 미디어의 특정 브랜드이다. 예컨대, TV는 미디어이며 KBS, SBS, MBC 등은 비히클이다.

[그림 7-2] 미디어 계획수립 단계

1. 미디어 목표

광고의 목표는 표적청중이 광고에 노출된 결과로 어떤 행위를 하거나 또는 어떤 생각이나 느낌을 가지기를 원하는가에 대한 것이다. 한편, '미디어 목표'는 정해진 기간 동안 광고 메시지의 전달과 관련하여 성취하고자 하는 것이다. 광고목표는 미디어 목표를 수립하는 데 필수적 요소이다. 광고목표 없이 미디어 목표를 수립하는 것은 불가능하다. 시청률이 높은 인기 프로그램에 비싼 미디어 비용을 지불하고 광고를 집행해야 하는가? 이 질문에 대한 답은 '무엇을 얻고자 하는가?'에 달려 있다. 미국 슈퍼볼 광고의 단골 광고주였던 펩시는 이미 브랜드를 다 알고 있는 표적청중들에게 값비싼 비용을 지불하고 브랜드를 상기시키는 광고를 집행하는 것은 의미 없다는 결론을 내리고 2010년에는 슈퍼볼 광고를 중단하였다. 하지만 대규모의 잠재 소비자에게 신제품 출시를 알려야 한다면 어떨까? 현대자동차는 미국 소비자들 사이에서 작은 기업이라는 이미지에 변화를 주고자 했다. 이럴 때 슈퍼볼 광고는 적절한가? 답은 광고의 목표에 달려 있다. 우리는 5장에서 광고목표의 유형에 대해 자세히 알아보았다. 그러면 미디어 목표는 광고목표와 어떻게 다른가? 미디어 목표의 전형적인 예를 보자.

- 광고 집행기간 동안 표적청중의 60%가 매달 4회 광고에 노출되게 한다.
- 광고 집행 최초 6개월 동안 최소 5회의 빈도로 최대한 많은 표적청중에게 노출한다.
- 브랜드와 상호작용할 기회를 가지는 표적청중의 30%에게 광고를 도달하게 한다.
- 긍정적인 브랜드 구전을 하게끔 의견 선도자에게 광고를 도달하게 한다.

미디어 계획은 다양한 미디어 선택 대안 중에서 몇 가지 미디어를 선택하는 것 그 이상의 작업이다. 대표적인 전통 미디어인 TV는 총 시청률(GPR: Gross Rating Point)이나 인구 천 명당 광고비인 CPM(cost per mille)을 기초로 선정한다. 하지만 소셜 미디어의 경우에는 그러한 수치를 적용하기에는 한계가 있다. 왜냐하면 소셜 미디어는 도달률이나 노출빈도, 또는 일정 수의 표적청중에 도달하는 데 드는 비용 등과 같은 계량치보다는 오히려 광고를 통한 브랜드에 대한 체험의 질, 광고 메시지에 대한 몰입, 그리고 개인적인 임팩트와 같은 요소들이 더 중요할 수 있기 때문이다. 그럼에도 불구하고 미디어 목표를 검토할 때 기본적으로 고려해야 하는 두 가지 요소는 도달률(reach)과 빈도(frequency)이다.

■ 도달률

도달률은 정해진 기간에 광고 메시지에 한 번 이상 노출되는 사람의 비율이다. 광고가 효과를 발휘하려면 정해진 예산과 기간에 가능한 많은 표적청중에게 노출되어야 한다. 따라서 도달률은 가장 중요한 미디어 목표 중의 하나이다. 대부분의 미디어는 표적청중이 아닌 사람에게도 도달되기 때문에 광고가 표적으로 삼는 소비자를 중심으로 하는 '표적 도달률'도 고려해야만 한다. 광고의 표적청중이 구체적이면 구체적일수록 이들 중심의 미디어 사용행동을 토대로 정밀하게 미디어를 선정하여 표적 도달률을 높일 수 있다. 예컨대, 아웃도어 의류광고의 경우에는 '30대 남성' 보다는 '일주일에 2회 이상 야외운동을 하는 30대 남성'이 광고 표적청중으로서 더 구체적이다. 무작정 많은 청중에게 도달하기보다는 광고목표와 직결되는 표적청중에게 정확히 도달하는 미디어나 비히클을 선정하는 것이야말로 비용 효율적인 미디어 계획의 핵심이다. 광고의 표적청중이 구체적이면 비용 낭비를 줄이면서 표적 도달률을 높일 수 있다.

도달률과 관련해 또 한 가지 고려해야 할 개념은 '유효 도달률(effective reach)'이다. 도달률은 광고에 1회 이상 노출되는 비율이다. 노출이 되었다고 표적청중이 광고를 '본다'는 보장을 할 수는 없다. 유효 도달률은 도달률과 다르다. 유효 도달률은 노출 빈도와 연계하여 결정되어야 하는데, 광고목표를 달성하는 데 요구되는 빈도만큼 노출되는 표적청중의 비율을 말한다.

▨ 빈도

빈도는 광고 메시지를 얼마나 자주 노출할 것인지에 관한 횟수이다. 빈도는 주로 평균빈도를 사용하는데 평균빈도는 광고 집행 기간 동안 미디어 스케줄에 노출된 표적청중의 평균 노출횟수이다. 노출이란 표적청중이 자극에 주의를 기울였다는 것을 보장하지 않는다. 노출이란 자극이 단지 감각기관의 범위 내에 들어오는 것이기 때문이다. 따라서 광고의 효과를 보장하기 위해서는 광고 메시지에 주의를 기울이기 위해 필요한 최소한의 빈도, 즉 유효빈도를 알아야 한다. 유효빈도(effective frequency)는 광고목표를 달성하는 데 요구되는 광고의 반복 횟수를 의미한다. 예컨대, 제품의 특징을 기억하도록 하는 것이 광고목표일 때 이 목표를 달성하는 데 필요한 광고의 반복 횟수가 바로 유효빈도가 된다. 광고의 소구방식이나 메시지 유형에 따라 일률적인 적용은 한계가 있으나 일반적으로 크루그만(Krugman)의 이론에 근거해 '유효빈도 3회의 법칙(3 hit theory)'을 따르고 있다.

일정 기간에 투입하는 광고 미디어 비용은 고정되기 때문에 도달률과 빈도는 어느 한쪽이 늘어나면 다른 한쪽은 줄어들게 된다. 도달률을 높이면 빈도가 줄게 되고, 빈도를 높이면 도달률이 감소한다. 빈도를 희생하더라도 더 많은 소비자에게 노출해야 하는가? 특정 소비자에게 광고의 노출빈도를 높여야 하는가?

두말할 필요 없이 이러한 질문에 답하려면 광고의 목표를 알아야만 한다.

2. 미디어 전략

미디어 전략은 표적청중에 도달해서 미디어 목표를 성취하기 위한 가장 비용효율적인 방법을 결정하는 것이다. 전략은 한 가지만 있는 것은 아니며 목표를 달성하기 위한 전략은 여러 가지가 있을 수 있다. 그렇다면 미디어 목표를 가장 효과적으로 달성할 수 있는 전략을 선정해야 한다.

미디어 목표가 높은 도달률을 얻는 것이라면 다양한 미디어나 비히클을 사용하여 폭넓은 노출을 창출해야 한다. 예컨대, 잘 알려진 브랜드를 상기시키거나 또는 광범위한 표적청중을 대상으로 한 신제품을 출시할 때에는 높은 도달률을 얻는 전략이 필요하다. 미디어 목표가 빈도를 높이는 것이라면 여러 미디어나 비히클을 사용하기보다는 가능한 한 제한된 미디어 비히클에 초점을 맞추어야 한다. 표적시장의 범위가 좁거나, 엄격하게 정의된 제품 또는 정보나 설명이 필요한 제품일 경우에는 도달률보다는 빈도를 높이는 미디어 전략이 더 적절하다. 고빈도 전략은 미디어 혼잡도가 극심할 때 경쟁자의 광고활동에 대항하거나 자사의 광고 점유율을 높이고자 할 때에도 유용하다. 특별한 가격할인행사 광고와 같이 메시지를 반복할 필요가 없는 경우에는 고빈도 전략을 구사할 필요가 없다. 결국 미디어 전략은 광고와 미디어의 목표와 일관되게 수립되어야 한다.

■ 미디어 믹스

미디어 목표는 미디어 믹스 결정에도 영향을 미친다. 만약 폭넓은 소비자층을 대상으로 높은 도달률을 얻으려면 소수의 미디어나 비히클로는 불가능하다. 표적청중에게 어느 정도의 도달률을 얻으려면 대부분의 경우에 여러 미디어나 미디어나 비히클을 믹스해야 한다. 무엇보다 미디어 믹스가 필요한 이유는 소수의 큰 미디어로는 미처 도달할 수 없는 청중에게 도달하려고 하거나 또는 단일 미디어의 특성만으로는 광고목표를 달성할 수 없을 때이다. 미디어나 비히클에 따라 청중의 프로필은 다양하기 때문에 많은 비히클을 사용할수록 도달할 수 있는 청중의 범위는 넓어지기 마련이다. 당연한 이야기지만 많은 비히클을 사용하더라도 이 비히클들의 청중은 반드시 브랜드의 표적시장과 일치해야 한다.

미디어 믹스를 결정할 때 또 한 가지 주의해야 할 점은 무조건 트렌드를 따라서는 안 된다는 것이다. 예컨대, TV보다는 소셜 미디어가 단지 주목받고 있다거나 또는 이슈가 되고, 비용이 낮다고 하여 전통 미디어를 간과하는 실수를 저질러서는 안 된다. TV는 여전히 도달률 측면에서 가장 강력한 미디어임에 틀림없다. 미디어 믹스 역시 철저하게 미디어 목표와 부합해야 한다. 미디어, 그리고 미디어와 비히클별로 어떤 광고 메시지가 더 효과적인지는 같지 않다. 미디어 믹스를 할 때 고려해야 할 각 미디어의 기본적인 특성에 대해 알아보자.

● TV

TV는 폭 넓은 표적청중에게 광고메시지를 노출하고자 할 때 적합하다. 제품의 편익을 전달하기 위해 동영상과 사운드가 필요하거나 스토리 형태의 메시지일 때 또는 제품의 사용방법, 제품의 작동 등 제품시연을 필요로 할 때에도 효과적이다. 드라마나 오락, 뉴스 등과 같은 TV 프로그램은 '맥락효과'를 제공하기 때문에 프로그램의 덕을 보고자 할 때에도 효과적이다.

● 신문

신문(지역 신문)은 특정 지역에서의 광고 도달률과 빈도를 높이고자 할 때 효과적이다. 영상이나 비주얼이 그다지 중요하지 않고 자세한 제품 설명이 필요하거나 제품의 새로운 특징이나 공정 등과 같은 뉴스거리를 알리거나 이벤트 등을 통해 화젯거리를 만들고자 할 때 고려할 수 있다. 신문은 섹션 구분(정치, 경제, 사회 등)이 되어 있기 때문에 제품 특성에 적합한 섹션을 활용하여 광고에 대해 주목할 확률을 높일 수 있고, 광고의 정보처리를 촉진할 수 있다.

● 잡지

잡지는 비히클별로 세분화되어 있다는 특징이 있다. 따라서 특정한 분야(패션, 운동, 요리 등)에 관심을 가진 구체적인 청중을 대상으로 할 때 효과적이다. 정확하지만 동시에 고품질의 이미지가 필요한 제품일 때에도 잡지는 효과적인 미디어이다.

● 라디오

라디오는 신문과 같이 특정 지역 시장을 커버하고자 할 때와 특히 광고 메시지의 노출빈도를 높이고자 할 때, 그리고 기억 상기를 촉진하는 메시지가 있을 때 효과적인 미디어이다. TV와 마찬가지로 프로그램의 맥락효과를 이용할 수 있다.

● 인터넷

인터넷은 전통 미디어를 대체하거나 보완하는 강력한 미디어로 자리 잡았다. 개인화 메시지를 사용한 표적 광고와 판매촉진 집행이 가능하다. 입소문을 만들어 내고자 할 때, 표적청중이 대화에 참여하기를 원할 때, 쌍방향 커뮤니케이션을 통해 소비자와 브랜드 관계를 구축하고자 할 때에도 효과적인 미디어이다. 아울러, 고객의 정보를 수집할 필요가 있을 때에도 효과적인 미디어이다.

● 극장

극장은 표적청중과 관람객의 프로필이 일치할 때 광고에 대한 주목효과를 높일 수 있는 효과적인 미디어이다. 제한된 공간에서 스크린에 집중하고 TV에 비해 광고의 길이가 길기 때문에 충분한 내용을 전달할 수 있다. 규모가 큰 영상을 필요로 할 때에도 적합한 미디어이다. 또 영화의 내용이나 출연자의 덕을 보고자 할 때에도 효과적이다.

● 옥외 미디어와 환경 미디어

옥외 미디어(out-of-home: OOH)는 자세한 제품정보를 전달할 필요 없이 특정 지역에서의 판매를 유발하거나, 위치나 방향에 관한 메시지가 필요할 때, 그리고 옥외 광고물이 위치한 주변 환경이나 장소의 이미지나 연상을 이용하고자 할 때 효과적이다.

최근에는 디지털 기술과 사물 인터넷(internet of things: IoT)의 발전으로 환경 미디어(ambient media)에 대한 관심이 증가하고 있다. 영국옥외광고협회는 환경 미디어 광고를 비전통적 형태 및 환경에 산재한 주변 미디어를 활용한 광고로 정의하고 있다. 환경 미디어를 활용한 광고와 같은 새로운 형태의 광고가 활성화되는 것은 변화된 소비자 및 미디어 환경에 대응하기 위한 노력의 결과이다. 환경 미디어는 광고에 대한 주목과 반응을 높이기 위해 미디어 특징과 광고 메시지의 결합을 통해 시너지 효과를 창출하는 데 매우 효과적이다. 광고 메시지를 효과적으로 알리기 위해서는 광고물 자체를 창의적으로 제작하는 것도 중요하지만 광고 미디어를 창의적으로 활용하는 것도 대안이 될 수 있기 때문이다. 새롭고 독창적인 미디어를 제작하거나 주변 사물을 미디어로 활용하는 것 또한 미디어 자체의 혁신을 통한 창의적인 미디어 활용이라고 할 수 있으며, 환경 미

[그림 7-3] 환경미디어를 활용한 광고: Nivea 로션 광고와 Bigelow 허브차(tea) 광고

디어 광고도 미디어 혁신을 통한 창의적인 미디어 활용이라고 할 수 있다.

환경 미디어 광고가 기존 전통 미디어 광고와 비교해 효과적인 이유는 네 가지로 생각해 볼 수 있다. 먼저 환경을 이용한 창의적인 미디어는 소비자 주목 유도를 통하여 메시지가 우연이 아니라 의도적으로 처리되게 하며, 정보출처인 미디어의 신기성(newness)으로 인해 기존 미디어와의 차별화가 가능하다. 또한 광고에 의한 직접적 메시지 전달이 아니라 미디어가 유발하는 맥락효과에 의한 간접적 메시지 전달로 소비자들로부터 광고메시지에 대한 반박주장과 같은 부정적 반응을 유발할 가능성이 적다. 마지막으로, 광고기획자가 통제 가능한 독립적인 미디어를 사용하여 광고를 집행할 수 있기 때문에 미디어 맥락효과의 조작을 극대화할 수 있다.

● 소셜 미디어

소셜 미디어는 웹 기반의 소셜 네트워크를 통해 개인의 생각이나 의견, 경험, 정보 등을 공유하고 타인과의 관계를 생성 또는 확장하는 개방화된 온라인 플랫폼이다. 소셜 미디어는 블로그(Blog), 소셜 네트워크 서비스(SNS), 위키(Wiki), 사용자 제작 콘텐츠(UCC), 마이크로 블로그(Micro-Blog)의 다섯 가지로 구분하며, 사람과 사람, 또는 사람과 정보를 연결하고 상호작용할 수 있는 서비스를 제공하는 플랫폼을 소셜 미디어의 범주에 포함시킬 수 있다. 물론 소비자는 브랜드나 기업의 SNS에도 참여한다. 예컨대, 코카콜라는 오천만 명 이상이 방문하는 페이스북 브랜드 페이지를 보유하고 있다. 전통 미디어와 소셜 미디어의 차이는 다음과 같다.

- 전통 미디어는 콘텐츠의 제작과 배급 등이 집중되고 비용이 많이 드는 반면, 소셜 미디어는 유투브와 같이 소비자(사용자)가 직접 생성한 콘텐츠에 의존하기 때문에 콘텐츠 제작과 사용이 분산된다.
- 전통 미디어의 콘텐츠 제작 수단은 특정 조직이나 개인에 의해 소유되지만

소셜 미디어는 비용이 거의 들지 않고 누구나 이용 가능하며 국경의 제한도 없다.

- 전통 미디어 콘텐츠 제작은 고도의 기술과 훈련을 요하지만 소셜 미디어는 온라인에 접속할 수 있는 사람의 경우 약간의 디지털 지식만 있다면 누구나 소셜 미디어 제작이 가능하다.

- 전통 미디어의 콘텐츠는 일단 제작이 되면 수정이 불가능하지만 소셜 미디어의 콘텐츠는 언제든 즉시 수정, 편집이 가능하다.

소셜 미디어의 장점은 관련 있는 흥미로운 콘텐츠를 사용함으로써 현재 및 잠재 고객의 주목을 받을 수 있다는 것이다. 또한 브랜드의 가시성(visibility)을 높일 수 있다. 특히 신규 브랜드일 때, 전통적인 촉진행위들에 비해 비용이 싼 광고의 운영이 가능하다. 검색결과에 자주 나타나게 함으로써 검색 트래픽, 판매 그리고 수익을 신장할 수 있다. 소비자의 반응에 신속하게 대응하고 고객의 제언을 토대로 서비스의 질을 향상할 수 있다. 고객이 소셜 미디어를 통해 기업의 웹 사이트를 발견할 때 앞서가는 이미지를 줄 수 있다. 기존 고객의 옹호를 강화하고 네트워킹으로 인한 신규 고객의 유입 증가 기회를 높일 수 있다. 소셜 네트워크 사이트에 대한 친구의 코멘트는 제품에 대한 직접적인 광고의 역할을 한다. 참여와 관계 맺기를 통해 기업은 고객들로부터 신뢰와 충성을 얻을 수 있다.

소셜 미디어의 단점은 공중에게 가시성을 유지하기 위한 관리가 필요하다는 점이며, 소셜 미디어 채널 간의 투자수익을 측정하고 비교하는 것이 쉽지 않다는 점이다. 또한 고객의 부실한 참여와 부정적인 반응에 신속히 대응하는 것에 실패함으로써 기업 평판이 타격을 받을 수 있다. 소셜 미디어를 잘 관리하는 것은 상당한 노력을 요한다는 점을 명심해야 한다.

■ 광고 운영방법

광고비는 제한되기 때문에 광고목표를 달성하기 위해 광고운영은 최대한 효율적이며 효과적으로 해야 한다. 광고를 운영하는 방법은 연속운영, 집중운영 그리고 파동운영의 세 가지로 구분할 수 있다. 연속운영은 광고목표의 달성 기간 동안 광고비의 큰 변화없이 광고를 중단하지 않고 꾸준히 집행하는 것이다. 예컨대, 광고목표의 달성 기간이 1년이라면 1년 동안 지속적으로 광고를 하는 것이다. 집중운영은 특정 기간에만 광고를 집행하고 어떤 기간에는 광고를 하지 않는 것이다. 1월부터 12월까지의 기간에서 1월부터 6월까지만 광고를 집행하고 7월부터 12월까지는 광고를 하지 않거나 또는 1분기와 3분기에만 광고를 집행하고 2분기와 4분기에는 광고를 하지 않는 식으로 운영하는 것이다. 집중하는 기간은 상황에 따라 다양하게 운영될 수 있다. 마지막으로 파동운영은 연속운영과 집중운영을 혼합한 것이다. 파동운영에서는 정해진 기간 동안 광고를 쉬지 않고 운영하지만 기간별로 광고비는 같지 않다(그림 7-4).

어떤 방식으로 광고를 운영할 것인지는 광고목표, 제품 특성, 구매주기, 제품의 계절성, 브랜드의 시장진입 역사, 경쟁자의 광고운영 패턴, 그리고 광고 크리에이티브의 임팩트 등 다양한 요인을 고려하여 결정해야 한다. 연속적으로 광고를 운영한다면 직관적으로 보더라도 광고비가 많아야 한다. 만약 적은 광고비로 연속적인 운영을 한다면 매주 또는 매달 광고노출량은 유효 도달률이나 유효빈도를 얻는 데 필요한 역치(threshold)를 넘기지 못할 것이다. 그래서 돈만 낭비하는 결과를 얻기 쉽다. 일반적으로 연속운영은 구매주기가 빠른 식품이나 생활용품의 경우에 효과적이다. 시장에 갓 진입한 신제품의 경우에도 연속운영이 바람

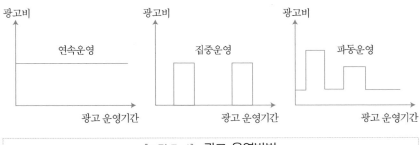

[그림 7-4] 광고 운영방법

직할 것이다. 집중운영 방식은 광고 예산이 많지 않거나, 계절성이 뚜렷한 제품일 때, 또는 광고 크리에이티브의 임팩트가 강하여 광고 중단에 따른 망각효과를 상쇄할 수 있을 때 특정 기간에 광고예산을 집중함으로써 광고효과를 높일 수 있다. 파동운영은 경쟁자에 유연하게 대처하는 것이 전략적으로 중요할 때 효과적이다. 집중운영에 비해 광고의 효과를 더욱 지속시킬 수 있다는 장점도 있다.

하지만 다양한 미디어에 광고를 집행하는 경우에는 세 가지 운영방법 중에서 어느 한 가지 방법으로만 광고를 운영하는 것은 현실적이지 않다. 미디어 믹스가 필요한 것처럼 광고 운영방법 또한 믹스가 필요하다. 예컨대, 옥외광고와 TV 광고를 집행한다면 옥외광고는 연속적으로 운영하고 TV 광고는 집중적으로 운영할 수 있다. 미디어 믹스를 한다면, 각 미디어별로 광고의 운영방법 역시 전략적으로 따로 검토해야만 한다.

3. 미디어 사고와 크리에이티브 사고의 융합

미디어 계획에서 고려해야 할 또 하나의 요인은 '언제' '어디서' 광고 메시지를 표적청중에게 노출할 것인가이다.[3] 어떤 제품이든지 간에 잠재 고객이 광고 메시지에 마음을 열고 주의를 기울이기 쉬운 시간과 장소가 있기 마련이다. 바로 최적 시간과 장소가 미디어 배치 일정을 짜는 데 중요한 고려 요인이 된다. 예컨대, 영화 광고는 화요일이나 수요일보다는 목요일이나 금요일이 시간상 적절하다. 보통 이때 주말 계획을 짜기 때문이다. 스포츠용품이나 청량음료는 경기장의 펜스 광고를 하는 것이 효과적이다. 어떤 미디어, 그리고 얼마나 다양한 미디어에 얼마의 비용을 쓰건 목적은 동일하다. 적절한 시간에 적절한 소비자에게 적절한 메시지를 전달하는 것이다.

---

3) 이에 관해서는 6장 '크리에이티브의 개발'도 참고하기 바란다.

이와 관련하여 '미디어의 열린 틈(media aperture)'을 적용할 필요가 있다. '미디어의 열린 틈'이란, 표적청중이 특정 미디어를 접할 때 열려 있는 마음 또는 동기 상태라 할 수 있다. 광고목표를 달성하기 위해서 미디어 기획자는 표적청중과 광고 메시지가 만날 수 있는 가능한 미디어와 비히클을 모두 고려해야 한다. '미디어의 열린 틈'은 관습적으로 사용해 온 전통 미디어뿐만 아니라 앞서 살펴본 환경 미디어와 같은 모든 유형의 미디어가 대상이 될 수 있다. 예컨대, 영화 예매창구, 영화 티켓, 영화관의 의자, 팝콘 통, 심지어 길거리의 가로수나 지하철 출입구의 계단도 미디어가 될 수 있다. 광고 메시지를 적절한 시간과 장소에서 전달할 수 있다면 그 어떤 것도 미디어인 것이다. 미디어가 곧 크리에이티브가 될 수 있다는 관점을 가지는 것이 중요하다. 시간과 장소에 따라 표적청중의 마음의 갖춤새는 달라질 것이며 이때 표적청중의 마음의 열린 틈에 광고메시지가 비집고 들어갈 수 있다면, 그리고 그 메시지가 광고목표와 부합하는 내·외적인 반응을 유발한다면 광고효과도 배가될 수 있다. '미디어의 열린 틈'의 예는 다음과 같다.

- 버스가 오기를 기다릴 때
  마음의 갖춤새-버스를 기다리는 것은 지루하다.
  미디어의 열린 틈-지루함을 보상하는 제품 메시지의 버스 정류장 광고(예, 게임 광고)

- 에스컬레이터를 탈 때
  마음의 갖춤새-운동의 부족을 느낌
  미디어의 열린 틈-실천의 중요성을 전달하는 메시지의 에스컬레이터 환경 미디어 광고(예, 헬스클럽 광고)

- 금요일 퇴근 때

마음의 갖춤새–주말을 의미 없이 보내 온 것에 대한 후회

미디어의 열린 틈–주말을 값지게 만드는 메시지의 라디오 광고(예, 연극/공연 광고)

핵심 포인트

- 미디어 계획은 광고목표를 달성하기 위해 미디어가 지원해야 할 행위, 즉 광고 메시지를 언제, 어디서, 어떻게 노출할 것인지에 대한 것이다.
- 광고목표를 달성하기 위해 미디어는 무엇을 해야 하고, 어떻게 해야 하는가에 대한 구체적 아이디어가 미디어 계획이다.
- 미디어 계획의 수립에서는 다음과 같은 핵심 질문에 답해야 한다.
  - 누구에게 광고 메시지를 노출해야 하는가?
  - 미디어를 통해 무엇을 성취해야 하는가?
  - 언제 광고 메시지를 노출해야 하는가?
  - 어디서 광고 메시지를 노출해야 하는가?
  - 어떤 미디어 또는 비히클을 사용해야 하는가?
- '미디어 목표'는 광고 메시지의 전달과 관련하여 성취하고자 하는 것이다. 광고목표는 미디어 목표를 수립하는 데 필수적 요소이다. 광고목표 없이 미디어 목표를 수립할 수는 없다.
- 미디어 목표를 검토할 때 기본적으로 고려해야 하는 두 가지 요소는 도달률과 빈도이다.
- 미디어 전략은 표적청중에 도달해서 미디어 목표를 성취하기 위한 가장 비용 효율적인 방법을 결정하는 것이다.
- 미디어가 곧 크리에이티브라는 관점을 가져야 한다.

읽·을·거·리

미디어 계획수립에 관한 전문적이고 깊이 있는 지식이 필요하다면 "조정식, 광고 매체론, 나남, 2001" 또는 "Sissors, Jack Z., *Advertising Media Planning*(7판), McGraw-Hill, 2010" 을 참고하기 바란다.

미디어 믹스와 크리에이티브 개발에 관해 더 알고자 한다면 "우석봉, IMC 광고 기획의 원리와 응용, 학지사, 2014"를 참고하기 바란다.

미디어의 열린 틈에 대해 더 알고자 한다면 DDB Worldwide의 "Media Springboard"를 참고하기 바란다.

제 8 장
기획서 작성과 프레젠테이션

아이디어를 어떻게 팔 것인가

상황분석에서 시작하여 핵심 이슈를 찾고, 표적청중을 결정하고, 광고목표를 수립하여서 이를 토대로 크리에이티브 빅 아이디어를 개발하는 것은 실로 대단한 작업이다. 하지만 빅 아이디어를 광고주가 '사도록' 설득하는 것도 결코 만만한 작업은 아니다. '프레젠테이션을 잘하면 전쟁의 반은 이긴 것이나 다름없다.'는 말이 있을 만큼 작업 결과를 어떻게 제시하느냐 하는 것은 중요하다. 프레젠테이션은 기본적으로 기획서에 토대한다. 기획서 내용을 그대로 프레젠테이션으로 옮겨서는 안 되지만 기획서는 프레젠테이션의 뼈대를 제공한다. 기획서 역시 매우 중요하다는 이야기다. 대학생 광고공모전과 같이 프레젠테이션 없이 광고기획서만으로 평가가 이루어지는 경우에는 광고기획서의 역할은 더욱 크다.

1. 광고기획서 작성법

광고기획서란 무엇인가

먼저 광고기획과 광고기획서의 차이부터 알아보자. 우리는 지금까지 상황분석에서부터 미디어 계획의 검토에 이르는 5단계를 밟아 왔기 때문에 광고기획에 대해 잘 안다. 광고기획은 문제해결 아이디어를 찾는 '과정'이다. 광고기획은 광고주에게 제시할 해결책과 빅 아이디어를 찾기 위한 긴 여정인 것이다. 그 결과는 최선의 해결책과 광고제작물이다. 그러면 광고기획서는 무엇일까?

- 광고기획서는 광고기획 과정을 그대로 옮겨놓는 문서가 결코 아니다.
- 광고기획서는 광고기획 과정에서 찾아낸 해결책과 크리에이티브 아이디어를 광고주가 채택해야만 한다는 것을 '설득하는 문서'이다.

흔히 초심자는 광고기획 작업과정을 문서에 그대로 옮겨 놓는 것이 광고기획서라고 생각한다. 결코 아니다. 광고기획서는 최종적으로 결정된 해결책(광고전략)과 크리에이티브를 광고주가 반드시 채택해야만 한다는 것을 논리적으로 '설득'하는 도구인 것이다. 이제 기획서 작성의 실무 지침에 대해 알아보자.

◢ 단계 1: 로드맵을 작성하라.

A4 용지 한 면에 광고기획서의 전체 구성에 대한 로드맵을 그려 본다. 로드맵을 작성할 때 광고주에게 제시할 최종 전략과 크리에이티브 아이디어는 종착지에 미리 적어 둔다. 그런 다음에 종착지에 이르는 논리에서 반드시 다루어야 할 핵심 영역 또는 이슈를 배열한다. 이때는 핵심 단어나 문구만 사용한다. 상황분석, 핵심 이슈와 같은 광고기획 과정의 단계 명칭을 사용해서는 안 된다. 붙였다

떼었다 할 수 있는 메모 용지를 사용하기를 권한다. 이때는 메모지에 핵심 단어나 문구를 써서 생각의 흐름에 따라 벽에 붙여 본다.

■ 단계 2: 로드맵을 구체화하는 작업을 하라.

로드맵이 작성되면 이제는 종착지(최종 전략과 크리에이티브 아이디어)에 이르는 핵심 영역 또는 이슈 각각에 대해 별도의 용지를 마련한다. 별도의 용지 상단에는 핵심 영역이나 이슈의 제목을 정한다. 예컨대, 첫 번째 핵심 영역의 제목은 '점차 하락하는 우리 제품 질에 대한 소비자 인식.' 두 번째 핵심 영역의 제목은 '아직도 끈끈한 정서적인 브랜드 유대' 등과 같이 핵심 현상을 압축하는 제목을 단다. 제목을 달았으면 각 제목하에 이를 뒷받침하는 자료를 배열한다. 논리적으로 제목을 뒷받침하지 않는 자료는 모두 버려야 한다.

■ 단계 3: 필요하면 자료를 보완하라.

핵심 영역이나 이슈에 대해 세부적으로 논리를 전개하다 보면 '있으면 더 좋은' 자료나 정보가 없을 때가 있다. 시간이 허락한다면 간이조사를 통해 보완한다. 표본의 수가 중요한 것은 아니다. 소수의 길거리 인터뷰를 해도 좋다. 논리의 허점이 없어야 한다.

■ 단계 4: 제삼자를 통해 논리적으로 설득이 되는지 점검하라.

기획서 작업을 하는 사람은 그 일에 빠져서 더 이상 오류를 볼 수 없다. 다른 부서의 사람이나 또는 이 일과 직접적인 연관이 없는 사람을 통해 기획서의 논리적 흐름에 대해 피드백을 받아 본다. 소비자를 통해 점검할 필요는 없다.

이상의 단계를 통해 기획서의 전개와 세부내용이 정해지면 기획서 작성작업을 해야 한다. 이제부터 기획서 내용을 어떻게 구성하는 것이 좋은지 알아보자.

■ 지침 1: 광고주의 눈높이에 맞추어라.

기획서는 설득의 도구이다. 상대를 설득하려면 의사소통이 되어야만 한다. 의사소통이 되려면 상대가 대화의 내용을 이해할 수 있어야 한다. 만약 광고주가 마케팅이나 광고에 대한 지식수준이 높으면 전문 용어를 사용하는 것이 좋다. 그렇지 않다면 전문 용어를 사용하지 않는 것이 낫다.

■ 지침 2: 광고기획서는 교과서가 아니다.

상황분석, 환경분석, 문제와 기회 등 광고기획 단계의 용어를 그대로 사용하거나 광고기획 단계대로 기획서를 작성할 필요는 없다. 광고주를 더 잘 설득할 수 있는 방식과 용어를 사용하여 기획서를 작성해야 한다.

■ 지침 3: 어떻게 보여 줄 것인지를 결정하라.

하나의 주장이나 정보라 하더라도 그래프, 이미지, 문장 등 다양한 수단을 사용할 수 있다. 이는 광고주의 업종, 지식수준, 성향 등 다양한 요인을 고려하여 결정해야 한다. 만약 광고주의 반응이 좋았던 기획서가 있다면 참고한다.

■ 지침 4: 자료가 아니라 정보를 사용하라.

자료(data)와 정보는 다르다. 광고주가 궁금해 하는 것은 자료가 아니라 정보이다. 정보는 광고대행사의 관점과 역량을 평가하는 기준이 되기도 한다. 자료를 사용하더라도 반드시 정보를 페이지 상단에 위치시켜야 한다.

■ 지침 5: 욕심을 내지 마라.

기획서를 작성하다 보면 '우리는 이렇게 열심히 했다.'는 것을 보여 주려는 욕심이 생긴다. 그러다 보니 이런저런 자료를 하나 둘씩 추가하게 된다. 설득 논리에 도움이 되지 않는 자료는 기획서를 검토하는 사람의 생각의 흐름을 단절시킬 뿐만 아니라 불필요한 의문을 가지게 만들 수 있다. 욕심을 내지 말아야 한다. 설득 논리에 부합하지 않는 자료는 과감히 제거한다.

■ 지침 6: 접속사를 사용해 보라.

기획서가 작성되면 로드맵과 마찬가지로 제삼자를 통해 점검하는 것이 좋다. 만약 다른 사람에게 피드백 받을 여건이나 시간이 허락하지 않는다면 혼자서 점검할 수 있는 방법이 있다. 접속사를 사용하는 것이다. 기획서의 첫 페이지부터 마지막까지 논리적으로 물 흐르듯이 전개된다면 각 페이지들은 접속사로 연결되어야 한다. 그렇지 않다면 그 페이지의 위치는 점검할 필요가 있다.

2. 프레젠테이션

프레젠테이션(presentation)은 기획서와 달리 청중을 대상으로 해결책과 크리에이티브 아이디어를 면 대 면으로 설득하는 작업이다. 프레젠테이션을 통한 설득과정은 기획서와 달리 많은 요인들이 설득 커뮤니케이션 과정에 개입한다. 허용 시간, 청중의 수, 청중의 특성, 프레젠테이션 장소, 프레젠테이션 보고 형식, 그리고 현장에서의 질문 등 성공적인 프레젠테이션을 위해서는 많은 요인들을 사전에 검토하고 현장에서 적절하게 대처해야만 한다. 프레젠테이션은 광고수주의 성공여부에 매우 큰 영향을 미치는 중요한 과정이다.

프레젠테이션이란 무엇인가

프레젠테이션은 발표자의 생각, 의견, 아이디어를 청중에게 전달하고 설득하는 말하기 형태의 커뮤니케이션 행위이다. 프레젠테이션의 목적은 청중을 움직이게 하는 데 있다. 청중의 생각이든, 태도이든 프레젠테이션의 결과로 '변화'를 이끌어 내는 것이다. 원하는 목적을 달성하는 '전략적 프레젠테이션'이란 무엇일까?

- 프레젠테이션의 목적을 명확히 이해한다.
- 프레젠테이션의 청중을 명확히 이해한다.
- 프레젠테이션의 청중이 필요로 하는 메시지가 무엇인지 안다.
- 논리적이되 독창적이어야 한다.
- 프레젠테이션의 청중의 공감과 변화를 이끌어 내어야 한다.
- 발표자가 자신의 장점과 단점을 잘 안다.

성공적인 프레젠테이션 기법

프레젠테이션에는 앞서 이야기한 것과 같이 많은 요인들이 개입한다. 결국 성공적인 프레젠테이션은 이런 요인들을 얼마나 잘 이해하고 적절하게 다루는지에 달려 있다. 프레젠테이션은 단지 슬라이드 내용을 전달하는 과정이 아니다. 내가 하고 싶은 말을 했는가는 중요하지 않다. 내가 하고 싶은 말이 제대로 전달되었는지가 더 중요하다. 프레젠테이션은 발표자와 청중이 상호작용하는 커뮤니케이션 과정임을 잊어서는 안 된다. 프레젠테이션이 성공하려면 발표자는 물론 청중의 심리학적 현상에 대해서도 이해해야 한다. 이제부터 성공적인 프레젠테이션을 위한 기법을 다루기로 한다. 먼저 프레젠테이션 전에 미리 파악하고 대책을 강구해야 하는 것들에 대해 알아보자.

◢ 청중을 사전에 파악하라.

프레젠테이션의 청중을 아는 것이 무엇보다 중요하다. 상대를 알아야 어떻게 말하는 것이 효과적인지도 알 수 있다. 청중의 구성을 알아야 한다. 마케팅이나 광고 등 핵심 관련 부서의 사람들이 청중인지 아니면 영업, 생산 등 모든 부서의 사람들이 청중으로 참석하는지를 알아야 한다. 청중의 구성에 따라 프레젠테이션 내용을 청중의 눈높이에 맞추어야 한다. 청중 모두가 광고에 대해 전문적인 지식을 가지는 것은 아니다.

◩ 프레젠테이션 장소에 대한 정보를 입수하라.

프레젠테이션을 하는 장소는 매우 다양하다. 장소에 따라 좌석의 배치, 발표자의 위치, 그리고 스크린의 위치 등이 달라진다. 특히 소음과 빛의 차단 상태는 프레젠테이션 동안 청중의 주의에 영향을 미치는 중요한 요인들이다. 이들을 미리 파악하고 대책을 강구해야 한다. 어떤 경우에는 조명이 스크린만 비추기 때문에 발표자의 몸동작이 청중에게 보이지 않을 수도 있다. 이럴 경우에는 몸동작은 청중에게 영향을 미치지 않는다.

◩ 의사결정자를 파악하라.

최고 경영자나 광고 담당 중역이 광고대행사를 결정하는 경우도 있고 프레젠테이션에 참석한 청중 모두의 의견을 취합하여 광고대행사를 결정하는 경우도 있다. 어느 경우이든 청중은 중요하지만 이를 미리 파악한다면 프레젠테이션 내용의 초점을 좀 더 전략적으로 잡을 수 있다. 한 사람에게 이야기하는 것과 다수에게 이야기하는 것은 분명 다르다. 만약 한 사람에 의해 결정이 이루어진다면 프레젠테이션의 초점은 오롯이 그 사람에게 맞추는 것이 좋다.

◩ 프레젠테이션 순서를 고려하라.

경합이 아닌 단독 프레젠테이션이면 문제가 되지 않는다. 하지만 여러 광고대행사가 경합하는 경우라면 프레젠테이션 순서는 프레젠테이션 전략수립에서 중요한 고려 요인이 되어야 한다. 대부분의 경우 추첨을 통해 순서를 결정한다. 방어하는 입장인가, 아니면 공격하는 입장인가에 따라 순서효과는 당연히 달라진다. 공격을 하는 입장이라면 먼저 프레젠테이션을 하는 것이 유리하다. 방어를 하는 대행사는 지난 문제를 합리화할 가능성이 높다. 먼저 프레젠테이션을 하게 되면 이러한 합리화를 사전에 논리적으로 반박함으로써 유리한 위치를 점할 수 있다. 하지만 기존 광고대행사가 그동안 광고를 성공적으로 수행했다면 공격하는 대행사의 프레젠테이션 순서는 그다지 이점이 되지 않는다. 만약 순서가 뒤쪽에 위치한다면 해결책과 크리에이티브 아이디어를 설득하는 데 더 많은 시간을 할애할 수 있다. 광고주는 비슷한 이야기를 또 듣고 싶어 하지는 않기 때문이다. 프레젠테이션 순서는 공격자인가, 방어자인가, 광고주가 기존 대행사의 광고를 성공적으로 평가하는가 아니면 실패한 것으로 평가하는가 등의 조합에 따라 많은 경우의 수가 있을 수 있으므로 이를 사전에 충분히 고려하여 준비해야만 한다.

이제 프레젠테이션을 할 때 도움이 되는 지침들에 대해 알아보자.

◢ 시작 30초가 중요하다.

광고에 대해 청중이 주의를 기울일지 말지는 광고의 첫 3초에 결정된다는 선험법칙이 있다. 프레젠테이션도 마찬가지이다. 처음 30초가 중요하다. 처음 30초에 발표자가 무엇을 말하느냐에 따라 프레젠테이션에 대한 청중의 기대는 영향을 받는다. 프레젠테이션 시간이 길지 않은 경우 첫 30초는 더욱 중요하다. 무엇을 해야 할까? 관행적인 말로 시간을 낭비하지 마라. "좋은 아침입니다." "프레젠테이션 기회를 주셔서 깊이 감사드립니다." 이런 말이 필요할까? 형식적인 말이라는 것은 누구나 알고 있다. 청중의 주의를 끌 수 있는 말로 시작하는 것이 효과적이다. "어떤 광고를 해야 귀사의 매출을 두 배 올릴 수 있는지 보여 드리겠습니다." 이 말이 상투적인 말보다 효과적이지 않을까? 직접적이고 자신 있는 말로 시작하라.

◢ 어설픈 농담을 하지 말라.

프레젠테이션에 참석한 청중의 마음의 갖춤새는 농담에 수용적일 수 없다. 치열한 경쟁에서 살아남기 위해 심각한 결정을 해야 하는 자리에 있는 것이다. 이런 자리에는 프로 개그맨도 청중을 웃게 만들기 힘들다. 대부분의 경우 어설픈 농담으로 교감이 단절되고 분위기만 어색해진다.

■ 중심주제, 핵심 문구를 사용하라.

인간의 기억용량은 한계가 있다. 아무리 주의를 기울인다 하더라도 프레젠테이션에 참석한 청중의 기억용량도 한계가 있기는 마찬가지이다. 여러 대행사의 프레젠테이션을 들어야만 한다면 뒤로 갈수록 청중의 주의력은 점차 떨어지고 기억에도 영향을 미치게 된다. 좋은 광고는 보고 난 후에 소비자의 머릿속에 이미지든 단어이든 뭔가 핵심적인 것을 남긴다. 프레젠테이션도 마찬가지이다. 프레젠테이션이 끝났을 때 청중의 머릿속에 무엇을 남길 것인지 고려해야 한다. 이를 위해서는 중심주제나 핵심 문구는 쉬우면서 임팩트가 있어야 한다. 로널드 레이건의 대선 캠페인 슬로건은 '4년 전보다 나아졌습니까?'이다. 오바마의 슬로건은 무엇인가? '우리는 할 수 있습니다.'이다. 이것만 기억해 주면 된다. 이들의 핵심 문구가 어려운가? 누구나 이해할 수 있는 쉽지만 매우 강한 인상을 주는 것이다.

■ 발표 내용의 주인공은 대행사가 아닌 광고주여야 한다.

"우리는 귀사가 1년 내에 목표를 달성하리라 믿습니다."보다는 "여러분은(혹은 귀사는) 1년 내에 목표를 달성할 것입니다."가 훨씬 효과적이다. 자신이 주인공인 대화에는 더 주의를 기울이기 마련이다.

■ 직접적이며 긍정적인 표현을 사용하라.

"저는 여러분의 실행능력을 믿으며 목표를 달성할 수 있을 것을 의심하지 않습니다."라는 표현보다는 "여러분은 실행할 수 있으며 기필코 목표를 달성할 것입니다."라는 표현이 더욱 효과적이다. 부정적인 표현은 사용하지 않는 것이 낫다.

■ 스토리 기법을 사용하라.

설득심리학의 연구결과에 의하면 객관적이고 구체적인 수치나 도표보다는 비록 객관성은 떨어지더라도 특정 인물의 이야기의 설득효과가 더욱 크다. 예를 들어, 뉴스를 떠올려 볼 때, 청년실업에 관한 수치나 도표는 기억에 남지 않지만 청년실업자 한 명과의 인터뷰 내용은 기억에 잘 남는다. 이야기는 기억효과를 높인다. 그리고 이야기는 교감을 형성하는 데 더 효과적이다. 인물의 스토리를 구성하고 활용하는 것이 좋다.

■ 군더더기 표현을 쓰지 마라.

'다시 말하자면~' '쉽게 설명하자면~' 이런 표현들은 청중이 무시당하고 있다고 생각하게 하거나 경멸감을 느끼게 할 수 있다. "자, 전문적인 이론을 설명했는데 당신들은 잘 모를 것이니 더 쉽게 설명해 주지."로밖에 들릴 수 없다. 프레젠테이션은 지식을 자랑하는 자리가 아니다.

■ 전략은 희생이다.

좋은 전략은 버릴 것을 과감히 포기할 때 탄생한다. 이것도 해야 하고 저것도 해야 한다면 전략이란 것은 필요가 없다. 전략은 핵심에 집중하는 것이다. 프레젠테이션에서는 하나의 슬라이드에 하나의 핵심 내용만 다루어야 한다. 욕심을 부려서는 안 된다.

■ 프레젠테이션의 마무리에서는 중심주제, 핵심 문구를 다시 강조하라.

기억에는 초두효과와 최신효과가 있다. 초두효과는 처음 제시된 내용에 대한 기억이 우수한 현상이고, 최신효과는 마지막에 제시된 내용에 대한 기억이 우수한 현상이다. 그러니 비록 프레젠테이션에서 사용했지만 끝맺음을 하면서 프레젠테이션의 중심주제나 핵심 문구를 다시 기억시켜 주어야 한다.

THE ESSENCE OF
REAL-WORLD
ADVERTISING
PLANNING

제3부

광고효과의 관리

제**9**장
광고효과의 심리학

광고제작물은 광고제작자에 달려 있다. 그러나 광고효과는 소비자에 달려 있다.
−Keith Reinhard−

　이 장을 시작하기 전에 먼저 한 가지 질문에 답해 보자. 당신은 광고효과, 즉 광고를 통해 달성하고자 하는 바를 결정하는 주체는 누구라고 생각하는가? 광고의 스폰서인 광고주인가? 아니면 광고를 기획하고 제작하는 광고대행사인가? 광고효과를 결정하는 주체는 다름 아닌 소비자, 더 정확히 말하면 표적청중이다. 광고기획자이건 광고제작자이건 광고효과는 궁극적으로 소비자에 의해 결정되는 것이란 점을 누구보다 잘 안다. 하지만 광고효과의 주체가 누구인지 '안다'는 것만으로 충분치 않다. 주체가 누구인가보다는 주체와 광고 간의 상호작용 메커니즘을 알아야 한다. 이 메커니즘은 전적으로 심리학적 영역에 속한다.

　광고는 표적청중이 일상에서 만나는 수많은 외부자극 중의 하나이다. 표적청중은 광고에 노출되었다고 해서 반드시 광고를 보거나 듣는 것도 아니며 설사 광고를 보거나 듣는다고 하더라도 그 광고에 대해 뭔가 생각하고 느끼는 등의 심리적인 반응을 하게 된다. 심리적인 반응의 결과가 비로소 광고효과라는 출력물로 구현된다. 이런 과정은 광고기획 과정을 거쳐 제작된 광고물이 표적청중의 머릿속을 거치면서 애초에 광고기획자가 얻고자 의도한 효과를 가져다주지 않을 수도 있다는 것을 암시한다. 표적청중의 심리학적 메커니즘을 제대로 알고 광고제작물의 개발에 임하는 것과 그렇지 않은 것 간에는 실로 엄청난 차이가 있음을 알아야 한다. 표적청중의 심리학적 메커니즘이 광고전략을 결정하는 것은 아니다. 하지만 심리학적 메커니즘에 대한 이해는 정해진 광고목표와 광고전략이 제 효과를 최대한 발휘하도록 돕는 실로 중요한 요소이다. 이 장에서는 광고기획자가 알아야 할 광고효과의 핵심적인 심리학적 메커니즘을 알아본다.

1. 주 의

목표가 무엇이든 어떤 광고라도 효과를 거두려면 표적청중이 광고에 주의를 기울여야만 한다. 주의는 광고효과를 거두기 위해 반드시 통과해야 하는 첫 번째 관문이다. 광고가 표적청중 주변에 있다고 하여 그 광고를 모두 보는 것이 아님을 알아야 한다. 하지만 광고제작물을 개발할 때 광고기획자나 광고제작자는 표적청중이 우리 광고를 반드시 본다는 것을 전제하는 실수를 저지른다. 만약 오늘 지하철을 탔다면 지하철 내부 광고 중에서 실제 본 광고가 얼마나 되는지 생각해 보라. 신문이나 잡지의 경우도 생각해 보자. 아마 보았다고 생각하는 광고는 단지 몇 개에 지나지 않을 것이다. 하지만 우리 주위에는, 더 정확히 말하자면 우리의 감각기관 수용영역 내에는 분명 훨씬 더 많은 광고가 있었을 것이다. 이런 현상은 미디어 유형에 관계없이 적용된다.

광고기획자는 '노출'과 '주의'를 구분해야 한다. 노출(exposure)이란 광고물이 우리의 감각기관의 수용범위 내에 들어오는 것이다. 우리가 길을 걸어갈 때 수많은 옥외광고가 시각기관에 들어온다. 하지만 광고에 노출이 되었다고 그 광고를 반드시 알아차리는 것은 아니다. 수많은 광고물 중에서 표적청중이 알아차리는 광고는 얼마 되지 않는다. 이는 노출이 아니라 '주의' 때문이다. 그러면 주의란 무엇일까? 심리학자는 주의(attention)란 여러 환경자극 중에서 특정 자극에 우리의 정신 에너지를 할당하는 과정으로 정의한다. 그러면 왜 우리는 주위의 모든 자극에 에너지를 투입하지 않고 특정 자극에만 에너지를 투입하는 걸까? 왜 우리의 감각기관에 들어오는 수많은 광고 중에서 특정 광고에만 주의를 기울이는 것일까? 그 이유는 특정 시점에 투입할 수 있는 우리의 정신적인 자원은 무한대가 아니라 제한적이기 때문이다. 수많은 광고가 실제 주위에 있더라도 표적청중은 특정 광고에만 선택적으로 정신 에너지를 투입할 수밖에 없다.

왜 우리는 주위에 많은 광고가 존재함에도 불구하고 그 존재조차 알아채지 못하는 것일까? 왜 특정 광고만이 표적청중의 주의를 끌고, 표적청중이 주의를 기울이게 만드는 것일까? 광고기획자나 광고제작자는 노출보다는 주의에 관심을 기울여야 한다. 물론 노출 없이 주의가 일어날 수는 없다. 노출은 광고기획자보다는 미디어기획자가 더 관심을 기울이는 현상이다. 하지만 광고효과에 직접 영향을 미치는 것은 노출이 아니라 주의이다. 광고가 주의를 끄는 데 영향을 미치는 요인은 두 가지 유형으로 구분할 수 있다. 한 가지 요인은 광고물 자체의 특징인 광고자극 요인이며 다른 한 가지는 표적청중의 내적 요인이다.

광고자극 요인

광고자극 요인은 크기, 위치, 컬러 등과 같은 광고물 자체의 물리적인 특징이다. 광고물의 물리적인 자극요인은 욕구나 동기와 같은 표적청중의 내적 요인과 비교적 무관하게 표적청중의 주의를 끄는 데 영향을 미친다. 광고자극 요인에 따른 주의 효과를 제대로 이해하는 것은 광고제작자뿐만 아니라 미디어 계획 입안자에게도 매우 중요하다. 광고물의 주의효과는 매체의 선정과 광고물 크기의 결정은 물론 광고의 노출빈도(exposure frequency)의 결정에도 영향을 미친다.

■ 크기

인쇄나 옥외미디어의 경우, 광고물의 크기는 표적청중이 주의를 기울일 확률에 영향을 미치는 요소이다. 인터넷 배너 광고도 예외는 아니다. 일반적으로 작은 광고에 비해 큰 광고가 소비자의 주의를 끌 확률이 높다. 대부분의 광고주가 신문광고에서 전면(full-page)이나 양면 스프레드 광고를 선호하는 것도 바로 자사 광고의 주의획득 확률을 높이려 하기 때문이다. 크기는 고정관념으로부터 일탈효과에도 작용한다. 신문광고의 경우 소비자는 전면이나 5단과 같은 특정 크기의 광고에 익숙해 있다. 이럴 때 A4나 세로형 등의 변형 크기의 광고는 크기에 관계없이 소비자의 주의를 끌 확률을 높인다.

■ 컬러, 사운드

흑백에 비해 컬러광고가 소비자의 주의를 끌 확률이 높다. 또한 컬러광고는 흑백광고에 비해 광고에 오랫동안 주목하도록 유지하는 효과가 있다. 하지만 현대와 같이 대부분의 광고가 컬러일 때는 오히려 흑백광고가 소비자 주의를 끄는 데 효과적이다. 이는 대비효과(contrast effect) 때문이다. 대부분 컬러인 TV나 인쇄광고 속에 흑백광고가 제시되면 소비자는 이 광고에 주의를 기울이게 된다.

광고의 소리에도 대비효과가 적용된다. TV나 라디오와 같이 청각자극을 사용할 때 어떤 광고는 청중의 주의를 끌기 위해 의도적으로 프로그램에 비해 음량을 높인다. 청중은 다른 광고에 비해 큰 소리에 주의를 기울이는 경향이 있기 때문이다. 이런 현상을 정위반사(orienting reflex)라 한다. 반대의 경우에도 대비효과가 나타난다. 대부분 광고의 음량이 높을 때 갑자기 음량이 매우 낮다든지, 또는 아예 음을 소거한 광고도 대비효과에 의해 청중의 주의를 끄는 경향이 있다.

■ 불완전성과 진기성

완전한 자극에 비해 불완전한 자극은 우리의 주의를 끄는 효과가 크다. 광고에서 브랜드 명이나 슬로건, 또는 헤드라인이 불완전하면 이들은 우리의 주의를 끌고 호기심을 자극하기 때문에 주의를 오랫동안 유지하는 효과가 있다. 위스키 브랜드인 'J & B'는 크리스마스 시즌에 집행한 인쇄광고에서 브랜드 명인 J와 B를 제거한 'ingle ell'이란 헤드라인을 사용하여 소비자 주의와 호기심을 자극하는 데 성공하였다('ingle ell'은 Jingle Bell에서 브랜드 네임의 J와 B를 제거한 것이다).

'J & B'처럼 철자를 일부 제거하거나 단어나 철자를 거꾸로 하는 등 물리적인 변형을 가하지 않고 의미나 이해의 불완전성을 통해 주의를 끄는 방법도 있다. 과거 우리나라의 어떤 맥주 브랜드는 '오늘은 술 요일'이란 헤드라인의 인쇄광고를 집행하였다. 술 요일은 의미상으로 완전한 것이 아니다. 술과 요일은 불완전한 것이므로 소비자가 이를 완전한 것으로 만들려면 추가적인 의미를 부여하여 완성해야 한다. 이런 헤드라인은 주의를 끌 뿐만 아니라 의미를 완성하는 동안 주의를 유지하는 역할을 한다.

의미상 불완전하거나 진기성(novelty)이 높은 비주얼 역시 소비자 주의를 끌고 유지하는 데 효과적이다. 통상 진기성이 높은 광고는 소비자에게서 '어! 이게 뭐지?'와 같은 호기심을 유발한다. 광고제품이 표적청중의 욕구에 부합하는 것일 때 광고의 신기성이 높으면 표적청중은 광고의 의미를 이해하기 위해 주의를 오랫동안 유지할 가능성이 높다.

소비자 내적 요인

광고에 주의를 기울이는 데는 광고물의 물리적 자극요인뿐만 아니라 기대나 동기와 같은 소비자의 내적 요인도 영향을 미친다. 기대나 동기는 환경요인에서 비교적 자유로운 내재적이며 지속적인 요인이지만 외적 요인 때문에 유발될 수도 있다.

■ 기대와 신념
우리는 우리가 보고자 기대하는 것을 보는 경향이 있다. 광고에 대해서도 우리는 기대를 가지는 경향이 있다. 광고는 대체로 이러저러해야 한다거나 혹은 특정 제품의 광고는 이러저러하다는 식의 고정관념에서 비롯되는 기대를 가진다. 그런데 이러한 기대와 불일치하는 광고는 오히려 소비자의 주의를 끌게 된다. 통상 광고에서는 자사를 1등 또는 최고라고 하는데 에이비스(Avis)와 같이 "우리는 2등입니다."라는 광고 헤드라인은 기대와 불일치하기 때문에 소비자 주의를 끌게 된다. 광고에서 기대 불일치는 카피뿐만 아니라 비주얼을 통해 야기될 수도 있다. 우리는 맥주 광고에서 맥주잔에 채워진 거품 가득한 맥주, 한 모금 들이키는 모습 그리고 즐거운 표정의 여러 사람 등의 장면을 기대한다. 그런데 버드와이저 광고는 개미들이 버드와이저 병을 개미집으로 운반하는 장면의 TV 광고를 집행하였다. 개미는 맥주 광고에 대한 소비자 기대와는 불일치하기 때문에 주의를 끄는 데 매우 효과적이다.

신념 역시 주의를 끄는 데 영향을 미친다. 매일유업은 "바나나는 원래 하얗다."라는 브랜드의 광고를 집행하여 소비자의 호응을 받았다. 우리는 바나나가 노란색이라는 신념을 가지고 있다. 그렇기에 우리의 신념과 배치되는 주장은 주의를 끌게 된다.

■ 동기

우리는 필요하거나 원하는 것에 주의를 기울이는 경향이 있다. 배고플 때는 평소보다 음식점 간판이 눈에 더 잘 띈다. 디지털 카메라를 구입하려는 소비자에게는 다른 광고보다 디지털 카메라 광고가 더 잘 눈에 들어온다. 그리고 디지털 카메라 광고에 더 주의를 기울인다.

특정 시점에서 유발되는 소비자의 동기를 의도적으로 이용하여 광고에 대한 주의를 끌 수도 있다. 미국의 암트랙(Amtrak) 철도회사는 휴가철에 막히는 고속도로의 입간판에 '기차를 이용하면 편하게, 빨리 목적지에 갈 수 있다.'라는 내용의 광고를 하였다. 막히는 고속도로에서 유발될 수 있는 운전자의 동기를 의도적으로 촉발시켜서 광고에 대한 주목도를 높였다. 우리나라에서도 휴대폰 시장의 도입기에 '막히는 도로에서 약속시간을 지키지 못해 안절부절 말고 휴대폰으로 상대와 통화하라.'는 내용의 택시 내부 광고를 집행한 적이 있다. 소비자 동기를 이용한 좀 더 기발한 예로는 미국에서 집행된 모빌(Mobile)의 엔진오일 광고를 들 수 있다. 모빌은 운전자의 엔진오일에 대한 관심이 추운 겨울 출근 시 시동을 거는 순간에 가장 고조된다는 사실을 간파하였다. 그래서 매우 독창적인 매체 계획을 수립하였다. 즉, 기온이 영도 이하로 떨어지는 날이면 어김없이 모빌의 엔진오일 광고가 라디오 전파를 타게 한 것이다.

2. 광고의 지각적 해석

광고가 표적청중의 주의를 끌었다고 하여 기대한 광고효과가 보장되는 것은 아니다. 광고는 카피나 멘트와 같은 언어 요소나 비주얼 요소를 이용해 전략적으로 결정된 특정 메시지를 전달하려 한다. 그러나 광고가 표적청중의 주의를 끌었다고 해서 제 임무를 완수했다고 볼 수는 없다. 광고가 의도한 효과를 발휘하려면 표적청중은 주의를 기울이는 것에서 나아가 광고기획자가 의도한 대로 메시지를 받아들여 주어야 한다. 이러한 과정을 '지각적 해석(perceptual interpretation)'이라 한다.

광고의 지각적 해석은 표적청중이 그들의 기존 신념이나 지식체계에 비추어 광고를 해석하는 과정이다. 광고의 지각적 해석에는 과거경험이나 학습, 기대 그리고 동기와 같은 다양한 소비자 내적 요인이 영향을 미친다. '가격을 내렸습니다.'는 광고 문구에 대해 어떤 소비자는 질이 떨어졌다고 생각할 수도 있고 어떤 소비자는 가격을 합리적으로 조정했다고 생각할 수도 있다. 특히 다국적 브랜드가 다른 문화권에서 광고를 집행할 때 지각적 해석의 중요성을 인식해야 한다. 문화에 따라 소비자의 지식이나 신념, 기대는 동일하지 않기 때문이다. 특히 현대에서 광고의 지각적 해석에 심대한 영향을 미치는 것은 두말할 필요 없이

'브랜드'이다. 앞서 상황분석에서 보았듯이 브랜드는 다양한 연상(association)과 의미(meaning)의 덩어리이기 때문에 소비자의 브랜드에 대한 학습이나 기대 등에 의해 광고의 지각적 해석은 영향을 받을 수밖에 없다. 브랜드는 광고를 바라다보는 '렌즈'와 같은 역할을 한다. 이제 지각적 해석에 영향을 미치는 요인과 심리학적 메커니즘에 대해 자세히 알아보자.

경 험

지각적 해석에 영향을 미치는 요인 중의 하나는 광고 브랜드에 대한 표적청중의 '경험'이다. 경험은 광고의 지각적 해석에 어떻게 영향을 미치는 것일까? 우리는 외부에 있는 자극을 있는 그대로 받아들이지 않는다. 다시 말해 우리는 시각, 청각, 촉각, 미각, 후각 등 우리의 감각기관에 입력되는 물리적 에너지대로 외부자극을 받아들이지 않는다. 출근할 때 입고 나간 하얀 드레스 셔츠는 날이 어두워진 퇴근 때에도 여전히 흰색으로 본다. 아침에 드레스 셔츠에 반사되어 시각기관에 떨어지는 빛의 투사량과 어두운 저녁에 드레스 셔츠의 빛의 투사량은 엄연히 다르다. 생리학적으로 보자면 저녁에 보는 드레스 셔츠는 더 이상 흰색이 아니다. 하지만 우리는 여전히 그것을 흰색의 드레스 셔츠로 본다.

아침과 저녁의 흰색 드레스 셔츠와 백화점에서 경험하는 옷의 색깔에 대한 경험 사례 간에는 분명 차이점이 있다. 드레스 셔츠의 경우처럼 우리의 시각 감각기관에 떨어지는 물리적인 빛의 투사량대로 색깔을 보지 않는 것은 이미 드레스 셔츠의 색깔을 알고 있기 때문이다. 외부자극에 대해 사전 경험이 있는 경우에 우리가 외부자극을 보는 것은 외부자극의 물리적인 실체에는 별다른 영향을 받지 않는다. 이는 우리가 세상을 있는 그대로 보는 것이 아니라는 사실을 말해 준다. 하지만 백화점에서 옷의 색깔을 알아내는 경우는 사정이 다르다. 구입하려는 옷 색깔에 대한 사전 경험이 전혀 없기 때문에 이때는 외부자극의 실체대로 보는 것이다. 왜냐하면 외부자극에 대한 해석은 전적으로 감각기관의 정보에만 의존하기 때문이다.

지각적 해석에서 광고 브랜드에 대한 표적청중의 사전 경험은 광고효과에 심대한 영향을 미칠 수 있다. 브랜드는 마치 카메라의 렌즈와 같은 역할을 한다. 렌즈의 컬러나 종류에 따라 피사체가 객관적 실체대로 보이지 않는 것과 같이 광고 브랜드에 대한 사전 경험에 따라 광고 메시지에 대한 해석은 영향을 받는다. 소비자는 광고를 있는 그대로 보는 것이 아니라 보이는 대로 본다는 것이다. 새로 출시된 브랜드의 광고와 이미 알려진 브랜드가 집행하는 광고는 그 효과가 같을 수 없다. 새로 출시된 브랜드의 광고에 대해서는 소비자가 사전 경험이나 지식을 가지고 있지 않기 때문에 광고의 주장을 비교적 있는 실체대로 받아들이기 쉽다. 새로운 노트북 컴퓨터가 출시되어 광고에서 뛰어난 애프터서비스를 주장하면 소비자는 이를 받아들일 가능성이 높다. 하지만 이미 사용경험이나 지식이 있는 기존 브랜드 광고의 경우는 주장대로 해석하는 것이 아니라 보이는 대로 해석한다. 즉, 실체에 관계없이 브랜드에 대한 경험이나 지식을 토대로 광고의 주장을 왜곡, 재해석하는 경향이 있다.

패션이나 아파트 그리고 금융 광고는 확연히 구별하기 어려울 만큼 비슷하다. 하지만 광고의 브랜드를 인식하는 순간 광고가 달리 지각될 수 있는 것도 광고 브랜드에 대한 사전 경험에 의한 지각적 해석 때문이다. 심지어 동일한 광고모델이 출연하여도 브랜드에 따라 모델에게서 느끼는 감정이 달라진다. 두 광고에서 동일한 메시지를 주장해도 브랜드에 따라 주장에 대한 신뢰도는 달라질 수 있다.

경험이 미치는 영향에서 흥미로운 지각현상 하나를 더 고려해야 한다. 그것은 바로 지각항등성(perceptual constancy)이다. 외부자극에 대해 이미 경험이 있을 경우 우리는 감각기관의 정보에 전적으로 의존하기보다는 사전 경험을 토대로 외부자극을 해석하는 경향이 있다고 하였다. 그런데 사전 경험은 외부자극에 대한 일회성 해석을 넘어 우리가 특정 외부자극을 비교적 일관된 방향으로 해석하게 만든다. 이는 무의식적이며 자동적으로 일어나는 과정이라는 점에서 광고효과에서는 반드시 고려해야 하는 심리학적 특성이다.

지각항등성은 광고효과와 관련해 중요한 한 가지 사실을 말해 준다. 소비자는 객관적 실체에 관계없이 브랜드에 대한 사전 경험이나 지식을 토대로 광고의 주장을 비교적 지속적으로 일관되게 해석하는 경향이 있다는 것이다. 어떤 라면 브랜드 맛에 대해 부정적인 경험을 하였다면 광고에서 맛을 주장하더라도 여전히 부정적으로 해석할 가능성이 크다. 지각항등성은 기존 브랜드의 경우는 현재 브랜드 인식을 구체적으로 파악하는 것이 광고효과를 높이는 데 무엇보다 중요한 현상임을 시사한다.

브랜드에 대한 기존 인식의 영향

이제 광고효과에 영향을 미치는 브랜드의 경험을 브랜드에 대한 인식이라는 구체적 현상으로 초점을 맞추어 보자. 우리는 외부자극을 보이는 대로 믿는 것일까? 아니면 믿는 대로 보는 것일까? 심리학 연구결과는 후자를 지지한다. 우리는 우리가 믿는 대로 외부자극을 보는 경향이 있다. [그림 9-1]을 보라. 당신은 무엇을 보는가? 당신이 무엇을 보는지는 그림에서 무엇을 먼저 보는가에 따라 달라진다. 만약 촛대를 사이에 두고 마주 보는 두 명의 여인을 보았다면 이 그림에서 두 여인을 볼 것이다. 이때 두 여인은 전경으로 부각되지만 촛대는 배경으로 물러난다. 하지만 한 여인이 촛대를 앞에 두고 정면을 응시하는 것을 먼저 본다면 이번에는 두 여인이 아니라 한 여인의 얼굴을 보게 될 것이다. 이 경우에는 도형과 배경이 뒤바뀐다([그림 9-1]).

[그림 9-1] **가역성 도형**

가역성 도형은 왜 객관적으로는 별반 차이가 없는 제품이나 서비스라도 다르게 인식될 수 있는지 말해 준다. 2개의 캐주얼 패션 브랜드가 있다고 하자. 브랜드 A는 유행에 민감한 트렌드 디자인이 뛰어난 브랜드로 인식되고 있고, 브랜드 B는 무난한 디자인의 실용성이 우수한 브랜드로 인식되고 있다고 하자. 그런데 두 브랜드가 가격과 디자인이 동일한 청바지를 출시한다면 어떤 일이 발생할까? 가격과 디자인이 같기 때문에 두 브랜드의 신제품 청바지에 대한 소비자 반응도 유사할까? 아마 아닐 것이다. 브랜드 A의 경우는 디자인이 전경으로, 그리고 브랜드 B의 경우는 실용성이 전경으로 부각될 가능성이 높다. 이런 현상은 소비자가 광고를 해석하는 데도 영향을 미친다. 만약 두 청바지 브랜드가 광고모델이나 표현이 유사한 광고를 집행한다고 해도 광고를 통해 제품의 특징이나 소비자가 주장을 해석하는 것은 달라질 수 있다. 브랜드 A의 경우 소비자는 광고에서 디자인이나 패션성을 읽어 내려 할 것이며 브랜드 B의 경우는 광고에서 실용성을 읽어 내려 할 것이다.

하나의 브랜드에 대해서도 같은 현상이 일어날 수 있다. 이번에는 가역성 도형을 하나의 브랜드라고 가정해 보자. 우리가 가역성 도형을 두 가지로 볼 수 있는 것처럼 하나의 브랜드도 다양하게 볼 수 있다. 도형을 볼 때 주의를 어디에 두는지에 따라 마주 보는 두 여인 또는 한 명의 여인을 보는 것처럼 하나의 브랜드에 대해서도 특정 측면이 전경으로 부각될 수 있다. 광고에서 새로운 요구르트 브랜드가 건강에 좋은 기능성 음료라고 주장할 경우 소비자의 주의는 원료나 성분, 함유량 또는 기술적 측면에 쏠린다. 하지만 동일한 성분이나 원료의 요구르트 하더라도 소비자의 라이프스타일에 어필하는 광고라면 소비자는 기능적 측면에 주의를 덜 기울이게 된다. 이처럼 우리가 브랜드와 같은 어떤 대상을 인식할 때 사용하는 도형이나 배경을 지각 갖춤새(perceptual set)라고 한다.

우리가 광고를 볼 때도 지각 갖춤새가 작용한다. 지각 갖춤새에 따라 소비자가 광고를 바라보는 인식은 달라진다. 신차 광고에서 차체가 크다고 할 경우 차체가 크기 때문에 안전하다고 생각할 수도 있지만 연비가 낮거나 주차하기 불편할 거라고 생각할 수도 있다. 카카오 함량이 많은 초콜릿 광고에 대해 우리는 그 브랜드가 건강에 좋을 거라고 생각할 수도 있고 맛이 없을 거라고 생각할 수도 있다. 예에서와 같이 어떤 브랜드의 한 가지 속성에 대해서도 우리가 그 속성의 어떤 면을 전경으로 보느냐에 따라 광고에 대한 해석은 달라질 수 있는 것이다. 외부자극이 모호하면 할수록 지각 갖춤새가 미치는 영향력은 더욱 커진다. 상품 측면이든 서비스 측면이든 브랜드 간에 객관적으로 판단할 기준이나 근거가 모호해서 다른 브랜드와 구체적 차이를 알아내기 어려울수록 지각 갖춤새는 브랜드 인식에 강력한 영향을 미친다.

브랜드에 대한 첫인상

어떤 대상에 대한 첫인상은 그 대상에 관한 후속 정보에 주의를 기울이고 해석하는 데 지대한 영향을 미친다. 첫인상은 일단 형성되면 초두효과(primacy effect)에 의해 상당히 지속되는 경향이 있다. 초두효과란 우리가 어떤 정보를 기억할 때 나중에 제시된 것보다는 처음에 제시된 것을 더 잘 기억하는 현상이다. 타인을 만났을 때 그 사람에 대해 처음으로 접하는 정보(외모나 옷 차림새 등)가 인상형성에 지대한 영향을 미친다는 것이다. 그러면 왜 초두효과가 발생하는 걸까?

최초 정보나 단서에 의해 일단 첫인상이 형성되고 나면 그 대상에 대한 후속 정보가 주어져도 그 정보에 기울이는 주의가 감소되기 때문에 첫인상은 지속되는 경향이 있다. 뿐만 아니라 후속 정보는 최초의 정보에 의해 재해석되고 흡수되어 버리기 때문에 첫인상은 더욱 공고히 유지되는 경향이 있다.

광고제작자가 광고할 브랜드에 대한 표적청중의 첫인상을 이해함으로써 광고효과에 미묘한 영향을 미치는 요소를 사전에 점검하고 통제할 수 있다. '소비자는 뒷전이고 이익 챙기기에만 급급하다.'는 첫인상을 형성한 기업이 있다고 하자. 이 기업은 광고를 통해 기업에 대한 인식을 바꾸려고 한다. 그래서 담당 광고 팀은 아기와 엄마를 통해 우리 기업은 이익추구가 아니라 진정으로 소비자와 사랑의 관계를 추구한다는 점을 표현하는 광고를 제작하여 집행했다고 하자. 이 광고를 소비자는 어떻게 해석할까? 소비자는 엄마와 아기를 사랑보다는 절대적 의존관계로, 엄마는 기업이며 엄마라는 존재가 없으면 살아갈 수 없는 아기를 소비자로 재해석할 수 있다. 첫인상에 의해 이렇게 광고가 부정적으로 재해석되어 버린다면 의도한 광고목표를 거두기란 어려울 것이다.

기 대

기대도 광고에 대한 지각적 해석에 영향을 미치는 요인이다. 우리는 '보리라 기대하는 것을 보는' 경향이 있다. [그림 9-2]는 솔이다. 그런데 흥미로운 것은 우리가 그림의 솔을 어떤 용도의 솔로 보는가 하는 것은 '기대'에 따라 달라진다는 것이다. 만약 그림의 솔이 주방 서랍장에 있다면 우리는 이 솔을 페인트칠용 솔이라 생각하지는 않을 것이다. 그 대신 김을 구울 때 기름을 바르는 용도로 쓰는 솔이라 생각할 것이다. 하지만 동일한 솔이 도구함에 있다면 우리는 이 솔을 페인트칠용 솔이라 생각할 것이다. 주방이나 도구함은 '기대'를 형성하기 때문에 이런 재미난 현상이 일어나는 것이다.

소비자 역시 그들이 기대한 대로 광고를 해석하는 경향이 있다. 신제품 스낵의 맛에 대해 친구에게서 긍정적인 평가를 들은 소비자는 그 스낵이 맛있을 것이라는 기대를 가지며, 이로 인해 스낵을 맛있다고 지각할 가능성이 높다. 이 경우 광고에서 제품의 클로즈업은 맛에 대한 호의를 불러일으킬 것이다. 하지만 주위 사람에게서 맛에 대해 부정적인 평가를 들은 소비자에게 광고에서 제품을 클로즈업 하는 것은 도움이 되지 않을 뿐만 아니라 오히려 더욱 부정적인 느

[그림 9-2] 주방용 솔인가? 아니면 페인트칠용 솔인가?

낌을 일으킬 수 있다.

기대는 특정 '단서(cue)'에 의해 유발되기도 한다. 후식용 푸딩 3개가 있다고 하자. 이 중 하나는 짙은 갈색이고 다른 하나는 중간 정도의 갈색이며 나머지 하나는 옅은 갈색이라 하자. 그런데 3개의 푸딩 모두는 원료의 함량이 동일하며 단지 식품용 갈색 색소 농도가 다른 것이다. 이제 소비자에게 3개의 푸딩을 시식하게 하고 어떤 것이 초콜릿 맛이 가장 진한지 물어보면 어떤 결과가 나올까? 소비자는 짙은 갈색 푸딩의 초콜릿 맛이 가장 진하다고 답할 것이다. 초콜릿 함유량은 동일한데도 말이다! 세제의 거품은 세척력을, 살균제의 향은 살균력을 기대하게 만든다. 우리나라의 경우 적은 양을 사용하는 콤팩트 세제가 처음 출시되었을 때 시장에 최초로 진입한 브랜드는 고전을 면치 못했다. 광고의 효과는 두말할 필요없이 실망적이었다. 소비자 조사결과, 많은 소비자는 콤팩트 세제의 적은 거품을 세탁력에 대한 불신과 연결하는 것으로 나타났다. 즉, 적은 거품은 객관적인 성능에도 불구하고 우수한 세탁력에 대한 기대를 제공하는 데 문제가 있었던 것이다.

기대가 지각적 해석에 영향을 미치는 것은 사물이나 사상에 대한 소비자의 고정관념(stereotypes) 때문이다. 푸딩의 색깔이나 세제의 거품 등과 같은 감각적 자극 이외에 광고모델의 성, 광고에서 모델이 연출하는 직업 또는 배치된 소품 등 다양한 사상이나 사물에 대해 우리는 고정관념을 가진다. 고정관념은 소비자의 기대를 형성하며 광고의 지각적 해석에 영향을 미친다. 따라서 광고제작자가 광고에 도입하는 요소들에 대한 소비자 기대가 무엇이며 어떤 영향을 미치는지 이해한다면 광고효과를 배가할 수 있을 것이다.

3. 광고정보의 처리

의미나 브랜드에 대한 경험, 기대 등이 광고효과에 영향을 미치는 것은 이들이 어떤 식으로든 우리 머릿속에 저장되어 있기 때문에 가능한 것이다. 앞서 살펴본 지각적 해석에 영향을 미치는 고정관념 또는 첫인상 등도 이들이 우리 머릿속에 저장되어 있기 때문에 광고를 처리할 때 동원되는 것이다. 이제 우리는 정보가 어떻게 우리 머릿속에 저장되며 어떻게 활용되는지 탐색해 보아야 한다. 광고기획자나 광고제작자가 정보의 저장과 활용에 관한 기제와 과정을 더욱 구체적으로 이해한다면 광고효과를 높이기 위해 더 유리한 위치에 설 수 있을 것이다.

기억의 실체

광고주나 광고기획자는 누구나 자사의 광고에 대해 소비자가 다음의 두 가지를 성공적으로 해 주길 바랄 것이다.

- 자사의 광고를 기억하기
- 구매와 같은 주요 시점에 자사의 광고를 떠올려 주기

광고효과는 궁극적으로 광고에 대한 지각적 해석의 결과가 광고주가 목표로 한 내적, 외적 행동으로 번역될 때 비로소 달성된다. 표적 소비자가 광고를 지각한 결과로 어떤 내적, 외적 행동을 하려면 지각한 광고의 내용은 어떤 형태로 우리 머릿속에 저장되어야 하며, 특정 시점에서 저장된 내용이 인출되어야 한다. 입력된 정보가 우리 머릿속에 유지되는 것을 기억이라 한다. 어떤 광고는 본 지수년이 지났지만 지금도 회상할 수 있다. 하지만 어떤 광고는 불과 어제 또는 며

칠 전에 분명히 보았지만 도무지 생각이 나지 않는 경우도 있다. 이러한 일상의 예는 우리의 기억체계가 나누어질 수 있음을 보여 준다.

심리학자는 인간의 기억이 단기기억과 장기기억으로 구분될 수 있다고 가정한다. 단기기억은 입력되는 정보를 잠시 붙들어 두는 역할을 한다. 여기서 정보가 소실될 수도 있고 장기기억 체계로 넘어갈 수도 있다. 광고가 소기의 목표를 달성하려면 단기기억에만 머물러서는 안 될 것이다. 광고정보는 장기기억으로 넘어가 보존되어야 하며 필요할 때 인출되어야 한다. 그러면 광고의 저장과 인출에 관여하는 기제는 무엇일까?

■ 저장

입력된 정보는 일단 단기기억에 잠시 머무른다. 그런데 단기기억이 한번에 받아들일 수 있는 용량은 제한되어 있기 때문에 단기기억에 먼저 들어온 정보가 장기기억으로 전이되지 않으면 사라져 버린다. 단기기억의 정보를 장기기억으로 보내려면 어떤 정신적인 작업이 필요한데, 이는 주로 시연(rehearsal)에 의한다.

시연의 방법에는 유지시연(maintenance rehearsal)과 정교화 시연(elaborative rehearsal)이 있다. 유지시연이란 입력된 정보를 장기기억으로 넘기기 위해 연속적으로 반복하는 정신활동이다. 흔히 제약이나 식품 광고에서 브랜드 명을 반복적으로 외치는 것은 유지시연을 통해 브랜드 명을 기억하게 하는 대표적인 예이다. 징글(jingle: 광고 메시지에 사운드를 입힌 것)도 유지시연을 하게 만드는 효과적인 수단이다. 별다른 생각 없이 흥얼거리며 따라 부르게 만드는 것은 유지시연을 촉진하기 때문이다. 한편, 정교화 시연은 입력된 정보를 이미 장기기억에 저장되어 있는 경험, 가치, 태도, 신념 등과 관련시키는 정신작업이다. 광고에 대해 정교화를 많이 할수록 특정 광고가 장기기억으로 넘어갈 가능성은 커진다. 광고제작자는 어떤 제품 유목의 광고에 대한 소비자의 기대나 고정관념과 불일치하는 광고물이 더 효과적이라는 믿음을 가지는 데 기대나 고정관념에 대한 불일치는 광고에 대한 정교화 시연을 유발하기 때문에 근거 없는 믿음은 아니라고 할 수 있다.

■ 인출

장기기억에 저장된 광고는 평가나 구매 등과 같은 특정 시점에 회상될 수 있어야 효과를 발휘할 수 있다. 하지만 어떤 광고가 장기기억에 있다고 하여 항상 회상이 보장되는 것은 아니다. 심리학자들은 장기기억에 보존된 정보를 끄집어 내는 데 실패하는 것이 주로 간섭 때문이라 본다. 간섭은 정보가 서로 인출을 방해하고 억제하는 현상인데 순행간섭(proactive interference)과 역행간섭(retroactive interference)으로 구분된다. 순행간섭은 먼저 저장된 정보가 새로 저장된 정보에 방해를 일으키는 것이다. 예전에 보았던 광고가 최근에 본 광고를 기억해 내는 데 방해를 일으키는 것이다. 반면, 역행간섭은 새로 습득한 정보가 기존 정보의 인출을 방해하는 현상으로, 최근에 본 광고가 그전에 본 광고를 기억해 내는 데 방해를 일으키는 것이다. 순행이든 역행이든 간섭현상은 동일한 제품 유목에서 브랜드 간 광고표현, 특히 광고의 비주얼이 유사할수록 심화되는 경향이 있다. 심지어 제품 유목이 다른 경우에도 광고표현, 특히 광고의 비주얼이 유사할 때는 간섭현상이 일어날 수 있다. 광고표현을 차별화하려는 노력도 간섭현상을 최소화하기 위한 것이다. 그러면 특정 광고의 회상확률을 높이는 방법에는 어떤 것이 있을까?

- 첫째는 광고표현을 차별화하는 것이다. 대부분의 맥주 광고가 거품, 맥주잔, 마시는 장면 등을 표현소재로 사용할 때 버드와이저는 개미를 이용한 광고를 제작했다. 이 경우 버드와이저 광고가 다른 맥주 광고에 의해 간섭이 일어날 가능성은 매우 낮다.
- 두 번째는 '생활 침투'를 통해 브랜드 네임이나 슬로건의 반복시연 활동을 높이는 것이다. 과거 펩시는 '펩시 맨' 캠페인을 전개했다. 그 당시 아이들

이나 심지어 청소년도 일상 대화나 놀이에서 '펩시~맨'을 외쳤다.

- 셋째, 부호화 특수성 원리(encoding specificity principle: ESP)를 이용하는 것이다. 부호화 특수성 원리란 어떤 정보를 저장할 때와 인출할 때의 물리적 환경이나 신체적, 정신적 상태가 같거나 유사하면 정보의 인출이 더 용이해지는 것이다. 광고 장면과 소비자가 제품을 주로 소비하거나 구입하는 상황이 유사하다면 그 제품을 소비하거나 구입할 때 광고가 회상될 가능성은 높아진다. 숙취해소 음료인 컨디션 광고는 퇴근 후 술 마시러 가기 전의 상황을 표현하였다. 이 표현은 실제 표적 소비자가 술 마시기 전의 상황과 유사하기 때문에 부호화 특수성 원리에서 보면 컨디션 광고의 인출 가능성을 높이는 효과적인 표현전략이라 할 수 있다.

기억의 구조와 활성화

심리학자는 우리의 머리에 들어 있는 모든 것을 지식이라 한다. 어제 친구와 술을 마신 장소, 초등학교 6학년 때 선생님의 이름, 2006년 월드컵 개최지 등 우리가 세상을 살아오면서 습득하여 머릿속에 저장하고 있는 모든 것을 지식이라 한다. 하나의 브랜드도 다양한 지식으로 구성된다. 언제 시장에 출시되었는지, 가격은 얼마인지, 어떤 제품 유목에 속하는지, 주로 어떤 부류의 사람이 사용하는 것이며 어떤 기능이 있는지, 그리고 브랜드 사용과 관련한 개인적인 경험이나 태도 등의 지식으로 구성된다.

앞서 우리는 지각현상에 대해 알아보았다. 지각은 객관적 실체가 아니라 주관적 관념인 것처럼 브랜드에 대한 지식도 마찬가지이다. 브랜드 지식이란 것도 결국은 소비자의 주관적인 경험과 해석의 결과물이며 바로 이것이 머릿속에 저장되는 것이다. 그러니 모든 소비자가 특정 브랜드에 대해 동일한 지식을 가지는 것은 아니어서 특정 브랜드에 대한 지식의 유형과 범위는 다를 수 있다. 예컨대, 연령대에 따라 또는 구입경험 여부에 따라 특정 브랜드에 대한 지식은 같지 않을 것이다.

브랜드 지식의 다양성이나 유형 못지않게 중요한 것은 이들 브랜드 지식이 우리 머릿속에 어떤 형태로 저장되며 어떻게 끄집어내어지는가 하는 것이다. 이러한 의문에 대해 콜린스와 로프투스(Collins & Loftus)라는 심리학자는 흥미로운 모형을 제시했다. 이들은 지식이 네트워크로 구성된다고 한다. 지식 네트워크는 노드(node)와 링크(link)로 구성되는데 노드는 특정 광고나 브랜드, 제품 범주, 편익 또는 특정 광고모델 등과 같은 지식 단위로 볼 수 있으며 링크는 지식 단위를 이어 주는 연결이다. 네트워크는 매우 단순할 수도 있고 매우 복잡할 수도 있다. 시장에 출시된 지 얼마 되지 않은 브랜드의 네트워크는 비교적 단순하지만 시장 역사가 오래된 브랜드의 네트워크는 그동안 축적된 다양한 지식으로 인해 매우 복잡할 것이다. 그런데 흥미로운 점은 네트워크를 구성하는 지식이 링크에 의해서로 연결되는 강도(strength)가 다르다는 것이다. 왜 그럴까? 이는 학습, 즉 지식에 대한 과거의 사용빈도나 경험이 다르기 때문이다. 네트워크에서 특정 지식이

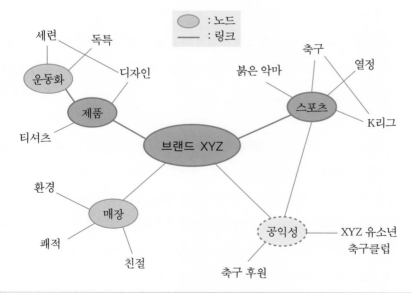

[그림 9-3] **스포츠 브랜드 XYZ의 가상 지식 네트워크**

서로 얼마나 빈번히 연결되었는가, 즉 얼마나 자주 사용되었는가에 따라 연결강도는 영향을 받는다.

예를 들어 보자. 소비자 A는 오뚜기의 '3분 요리' 제품을 주로 구입한다. 하지만 소비자 B는 '3분 요리'가 아니라 '스프'를 주로 구입한다고 하자. 이 경우에 두 소비자에 있어서 오뚜기라는 노드와 '3분 요리' 그리고 '스프' 노드 간의 링크에 의한 연결강도는 다를 것이다. 소비자 A의 경우는 오뚜기와 '3분 요리'의 연결강도가 강하지만 소비자 B의 경우는 오뚜기와 '스프'의 연결강도가 강할 것이다. 라면의 경우 소비자 A는 주로 '신라면'을, 그리고 소비자 B는 주로 '육개장 사발면'을 구입한다고 하자. 신라면은 봉지면이지만 육개장 사발면은 용기면이기 때문에 소비자 A의 경우에는 봉지면이라는 노드와 신라면의 연결강도가, 그리고 소비자 B의 경우에는 용기면 노드와 육개장 사발면의 연결강도가 강할 것이다. 이처럼 특정 지식은 경험이나 사용빈도에서 차이가 있기 때문에 다양한 유형으로 서로가 연결강도를 달리하면서 복잡한 네트워크를 구성한다. 여기서 우리는 광고효과와 관련해 두 가지 질문을 할 수 있다.

- 왜 어떤 제품의 구입 시에 특정 광고가 다른 광고보다 먼저 떠오르는가?
- 왜 어떤 광고를 생각하면 그 광고의 다양한 내용 중에서 특정 내용이 먼저 떠오르는가?

이러한 질문에 대한 답은 '활성화 확산(spreading activation)'이라 불리는 모형에서 찾을 수 있다. 활성화 확산은 대학 MT 때의 캠프파이어 행사에 비유할 수 있다. 가운데 장작을 쌓고 그 장작을 중심으로 골을 여러 개 파고 기름을 붓는다. 그리고 가운데 장작에 불을 붙이면(활성화) 각 골을 따라 불길은 번져 갈 것이다(확산). 불이 얼마나 빨리 그리고 강하게 번져 가느냐는 것은 골이 얼마나 깊게 파여져 있느냐에 따라 결정된다. 골이 깊으면 그만큼 기름이 많이 차 있을 것이며 따라서 불길이 번져 가는 속도도 빠를 것이다. 던킨(Dunkin)의 '커피 & 도넛'

캠페인은 도넛과 커피 간의 링크를 강화함으로써 도넛이나 커피 중 하나가 활성화되면 다른 하나로 활성화가 확산될 확률을 높이려는 것이다.

　인지심리학의 '점화효과(priming effects)'는 활성화 확산모형의 타당성을 잘 입증해 준다. 점화란 사전 정보를 이용함으로써 자극의 탐지나 확인능력이 촉진되는 것을 말한다. 다음의 실험을 보자. 실험에서는 실험참가자에게 어떤 단어를 순간노출기를 통해 매우 짧은 시간 노출시킨 뒤 어떤 단어인지 알아차리면 그 순간 재빨리 버튼을 누르게 하고는 버튼을 누르는 데 걸린 반응시간을 측정한다. 그런데 이 실험에서 중요한 점은 알아맞혀야 하는 표적 단어를 제시하기 바로 직전에 어떤 단어를 보여 준다는 것이다. 표적 단어를 제시하기 전에 먼저 보여 주는 자극을 프라임, 즉 점화자극이라 한다. 예컨대, 한 피험자에게는 '패스트푸드'라는 점화자극을 먼저 제시하고 곧바로 '맥도널드'의 표적 단어를 순간노출기를 통해 제시한다. 다른 피험자에게는 '패스트푸드'라는 동일한 점화자극을 먼저 제시하지만 '버거킹'의 표적 단어를 순간노출기를 통해 제시한다. 만약 버거킹에 비해 맥도널드를 알아차리는 데 걸린 반응시간이 더 짧았다면 왜 그럴까? 패스트푸드라는 점화자극을 제시하면 그 순간 '패스트푸드'가 점화될 것이다. 그리고 이는 가장 연결이 강한 인접 노드로 불길이 번져 가도록 준비상태를 마련한다. 맥도널드의 사용빈도가 많다면 맥도널드는 패스트푸드와 더 빈번히 연결되었을 것이며 그로 인해 버거킹에 비해 쉽게 점화된다.

　스마트폰을 구입하려는 소비자가 있다고 하자. 제품을 생각하는 순간에 노드가 점화된다. 점화로 인해 발생한 불은 다른 노드로 확산될 것이다. 물론 스마트폰과 연결된 수많은 노드가 있을 것이다. 하지만 스마트폰과 연결된 많은 노드(특정 브랜드 명이나 로고, 디자인, 기능, 가격 등 브랜드에 관한 다양한 지식일 수 있다.) 중에서 어떤 노드로 불이 가장 빨리 확산될 것인지는 연결강도에 의해 결정된다. 그런데 특정 브랜드의 스마트폰에 대한 지식에는 광고도 포함될 것이다. 광고에서 본 디자인과 기능 그리고 광고를 통해 알게 된 브랜드 명은 브랜드 지식을 구성하는 중요한 원천인 것이다. 이는 무엇을 말하는 걸까?

- 첫째, 광고기획자나 광고제작자는 광고표현의 하나하나에 제품의 핵심 메시지가 담기도록 철저히 계산해야만 한다는 것이다. 제품의 핵심 메시지와 관련 없는 표현은 아무리 그것이 구매 시에 점화된다고 하더라도 브랜드 결정에 별다른 영향을 미치지 못할 것이다. 기발한 광고표현이란 것도 제품의 핵심 메시지와 관련성이 없다면 단지 기교에 지나지 않는다. 예컨대, 어떤 휴대폰 광고에서 귀여운 생쥐가 등장한다면 소비자의 주의를 끌 수는 있다. 하지만 생쥐가 있어야만 하는 이유, 즉 생쥐가 제품의 핵심 메시지 전달과 관련이 없다면 휴대폰 구입 시에 생쥐가 소비자 머릿속에서 활성화된다 해도 실질적인 효과는 기대하기 어렵다.
- 둘째, 활성화 확산의 핵심요소는 '빈도'와 '연결강도'이다. 이는 광고표현이나 메시지 전략의 일관성이 얼마나 중요한지 말해 준다. 활성화 확산모형에 따르면 구매시점에 광고가 활성화될 경우, 활성화되는 광고표현이나 메시지의 양적인 수보다는 하나가 활성화되더라도 경쟁 광고를 압도하는 활

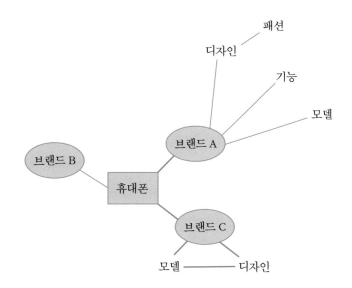

[그림 9-4] 활성화 확산과 광고효과. 광고효과는 활성화 확산의 '양'이 아니라 '질'에 의해 결정된다

성화 강도가 더 중요하다. 예컨대, 휴대폰을 구입하려는 데 특정 브랜드 명이 활성화되더라도 브랜드와 연결된 광고 내용과의 연결강도가 약하다면 이들이 활성화될 가능성은 낮다. 광고표현이나 메시지 전략이 수시로 변경된다면 이들은 브랜드가 점화될 때 즉각적으로 활성화될 가능성이 낮기 때문이다. 광고에서 일관성을 누누이 강조하는 것은 그럴 만한 이유가 있는 것이다.

맥락점화

점화는 브랜드 지식이나 광고내용의 활성화를 촉진할 뿐만 아니라 광고를 해석하는 데도 영향을 미친다. 특히 광고의 특정 표현이나 메시지가 다양하게 해석될 수 있을 때 특정 방향으로 해석되도록 촉진하는 데 지대한 영향을 미친다. '부드러운 가죽'을 주장하는 구두가 있다고 하자. '부드러운 가죽'은 다양하게 해석될 수 있다. 가죽이 부드럽기 때문에 발이 편안한 구두로 해석되기도 하지만 가죽이 부드럽기 때문에 쉽게 흠집이 생기며, 형태가 쉽게 변형될 수 있는 구두로 해석될 수도 있다. 이처럼 한 가지 정보가 여러 가지로 해석될 수 있을 때 점화는 정보(부드러운 가죽)의 특정 측면(편안함, 형태변형 등)이 부각되도록 촉진할 수 있다. 한 가지 정보가 여러 가지로 해석 가능할 때에도 소비자는 해석 가능한 모든 측면에 주의를 기울이기보다는 한 가지 측면에만 주의를 기울인다.

그러면 무엇이 특정 측면만을 활성화하는 것일까? 여기에는 맥락점화(contextual priming)의 역할이 작용한다. 맥락이란 특정 정보를 처리할 때 소비자 머릿속에 활성화되는 다른 지식이 될 수 있다. 소비자가 '부드러운 가죽'의 여러가지 의미 중에서 어디에 주의를 기울일지, 부드러운 가죽을 어떻게 해석할지는 그때 활성화되는 관련지식의 유형에 따라 영향을 받는다는 것이다. 예컨대, 잡지광고는 다른 많은 광고나 기사와 섞여 있거나 인접하는 등 다양한 맥락에서 노출된다. 두 명의 소비자가 잡지를 읽는다고 하자. 두 명의 소비자는 모두 동일한 광고를 본다. 그런데 한 명의 소비자는 이 광고를 보기 전에 제품과 관련된 부정적인 기사를 읽고 다른 한 명의 소비자는 긍정적인 기사를 읽는다면 처음에 본 광고에 대한 두 소비자의 태도는 같을까? 다를 것이다. 광고를 보기 직전에 읽은 부정적 기사(맥락)가 광고를 특정 방식으로 해석하도록 활성화했기 때문이다.

맥락점화효과는 인접한 다른 광고에 의해서도 발생한다. 어떤 노트북 브랜드가 업그레이드된 사양의 A라는 신제품 광고를 하면서 다양한 제품속성을 자세히 전달하는 광고를 잡지에 게재했다고 하자. 다양한 속성이라는 것은 두 가지로 해석될 수 있다. 기능이 다양한 것으로 해석될 수도 있고 복잡하여 사용하기 어려운 것으로 해석될 수도 있다. 그런데 한 잡지에는 이 광고가 실린 앞 지면에 기능의 다양성을 주장하는 컴퓨터 광고가 게재되었고 다른 잡지에는 이 광고 앞 지면에 사용편리성을 주장하는 컴퓨터 광고가 게재되었다고 하자. 이 경우 소비자가 어떤 광고를 먼저 보느냐에 따라 노트북 광고에 대한 해석은 달라질 수 있다. 먼저 본 광고가 특정 정보를 활성화하기 때문이다.

맥락점화효과는 광고효과에서 맥락이 얼마나 심대한 영향을 미칠 수 있는지 보여 준다. 비록 경쟁사 광고나 기사내용을 직접적으로 통제할 수는 없지만 점화효과를 이해함으로써 맥락을 최대한 활용할 수는 있다. 광고 메시지가 결정되면, 메시지에 대해 긍정적 점화를 일으킬 수 있는 광고나 기사는 적극 활용하고 부정적 점화를 일으킬 수 있는 맥락은 가급적 피하는 것이 효과적이다. 널리 알려진 것처럼, 코카콜라는 전 세계적으로 뉴스 프로그램 광고는 집행하지 않는다. 뉴스는 부정적 내용을 다루는 경향이 많기 때문에 부정적 점화효과를 방지하려는 것이다.

■ 미디어 맥락점화

인접기사나 광고뿐만 아니라 미디어도 맥락점화를 유발할 수 있다. 최근 들어 TV, 라디오, 신문, 잡지의 전통적인 4대 미디어만 이용하여 표적 집단에 효과적으로 브랜드를 노출하는 것이 한계에 부딪히면서 브랜드 메시지를 전달하기 위해 이용하는 미디어는 급속도로 다양화되고 있다. 재떨이, 컵 받침대, 에스컬레이터, 골프장의 홀, 심지어 빌딩 등[이런 것을 환경 미디어(ambient media)라고 한다.] 브랜드를 노출하기 위해 동원되는 미디어 아이디어는 계속 개발되고 있다. 이 경우 미디어 플래너의 관심사는 표적 집단의 미디어 네트워크(소비자의 하루 시간대별로 이동경로에서 부딪히게 되는 미디어 구성)를 중심으로 다양한 미디어를 통해 브랜드 명이나 로고 또는 핵심적인 브랜드 콘셉트를 좀 더 비용 효율적으로 노출시키는 것이다. 그런데 노출을 극대화하는 것도 중요하지만 이용하는 미디어 그 자체가 맥락점화를 일으킬 수 있음을 알아야 한다.

미디어의 맥락점화효과는 미디어 자체가 활성화하는 지식에 의해 중재된다. 예컨대, KTX는 빠르다는 것을, 체중계는 다이어트나 비만을 활성화할 수 있다. 아울러, 브랜드는 통상 브랜드 고유의 주장을 견지한다. 예컨대, 캐논 프린터는 색상의 선명도를, 휴렛팩커드는 인쇄 속도나 경제성을 주장할 수 있다. 이는 브랜드에 따라 활성화하는 정보가 다를 수 있음을 말한다. 그렇다면 미디어가 활성화하는 정보가 브랜드 주장과 일치할 때 미디어 효과는 시너지를 얻을 수 있다. 휴렛팩커드 프린터가 빠른 인쇄 속도를 주장한다면 자동차 경주대회 협찬을 통해 레이싱 카에 광고를 하는 것이 축구장 펜스에 광고를 하는 것보다 효과적일 것이다. 이러한 미디어의 맥락점화효과는 실증연구에서 입증된 바 있다. '돌보아 줌'을 주장하는 생명보험 브랜드 광고를 계란, 엘리베이터 승강기 내 번호판 그리고 신문의 3개 미디어에 집행한 뒤 각각의 광고에 대한 태도와 브랜드에 대한 태도를 알아보았다. 연구결과, 3개 미디어 중에서 계란에 광고를 했을 때 광고태도와 브랜드에 대한 태도가 가장 긍정적이었다. 계란이 가장 효과적인 미디어인 것은 계란이라는 사물이 활성화하는 정보(돌보아 줌)가 브랜드 주장을 강화하기 때문이다.

IMC 미디어효과의 심리학적 기제

　미디어에 의한 맥락점화는 현대에 와서 그 중요성이 더욱 부각되고 있다. 전통적인 4대 미디어의 효과는 점차 떨어지고 있으며 소비자 라이프스타일의 분화나 다양화로 인해 미디어 접점은 확산일로에 있다. 이런 상황에서 미디어 계획 입안자는 '기다리는 광고'가 아니라 '찾아가는 광고'를 집행하기 위해 광고 미디어, 특히 전파나 인쇄 미디어 이외의 다양한 기타 미디어에 주의를 기울이고 있다. 지하철의 손잡이, 도로 면, 심지어 폴저스 커피는 맨홀 뚜껑, 스파이더맨 영화는 화장실의 변기까지 광고 미디어로 이용하기에 이르렀다. 그렇다면 이러한 미디어의 효과는 과연 어떨 것인가에 대해 검토해 볼 필요가 있다. 이런 의문에 대해 나는 초점집단면접(FGI)을 통해 탐색적인 연구를 실시했다. 그 결과를 보자.

　미디어의 특성과 미디어에 적용한 크리에이티브 표현에 대한 소비자 반응을 토대로 IMC 미디어에 대한 심리기제를 [그림 9-5]와 같이 정리할 수 있다. 미디어 자체가 이전에 본 적이 없는 새롭고 독특한 것이거나(②), 미디어를 이용한 표현 아이디어가 참신하고 기발한 것일 때(①) 소비자의 주의를 끌게 된다. 비록 미

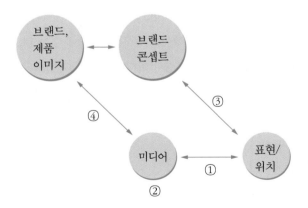

[그림 9-5] 창의적 IMC 미디어효과의 심리기제

디어 그 자체는 새롭거나 독특하지 않더라도 표현 아이디어가 참신하고 기발한 것일 때에도 소비자의 주의를 끌게 된다. 일단 주의를 기울이면 소비자는 미디어나 미디어를 이용한 표현 아이디어가 무엇을 의도하는지 해석하고자 한다. 이 단계에서는 미디어 그 자체보다는 미디어를 이용한 표현 아이디어와 브랜드 콘셉트 간의 관련성(③)을 탐색하는 데 주력하게 된다. 그 의미를 이해하게 되었을 때 긍정적인 정서를 경험하게 된다. 하지만 미디어의 독특성에만 지나치게 의존하여 표현 아이디어와 브랜드 콘셉트 간의 관련성이 부재하거나 또는 이해하는 데 실패할 때는 부정적인 정서를 경험하게 된다. 제품이나 브랜드에 대한 이미지와 미디어 이미지가 적절하지 않을 경우에도(④) 부정적인 정서를 경험하거나 또는 별다른 정서를 경험하지 않게 된다. 긍정적인 정서는 브랜드 태도와 구매의도에도 긍정적인 영향을 미친다.

시사점은 다음과 같다.

- 첫째, 상황적 특성 때문에 소비자가 충분한 주의를 기울일 수 없는 옥외 미디어라는 특성에서 오는 한계에도 불구하고 단순히 브랜드 명이나 로고만을 알리기보다는 브랜드 콘셉트를 구체적으로 전달하는 것이 효과적이다.
- 둘째, 독창성에 지나치게 집착하는 것은 광고효과 측면에서 바람직하지 않다. 특이하고 기발하며 새로운 미디어의 선정이나 표현은 소비자의 주의를 끌 수는 있지만 브랜드 태도와 구매의도에는 영향을 미치지 못하기 때문이다. 독창성이 필요조건이지 필요충분조건은 아니라는 점은 IMC 미디어의 크리에이티브 개발에도 예 없이 적용된다.
- 셋째, 브랜드 콘셉트와의 관련성을 중시해야 한다. 특히 미디어의 표현에서 관련성은 브랜드 태도와 구매의도에까지 영향을 미치는 중요한 요소이다. 미디어 자체의 독창성이 떨어진다 하더라도 표현이 브랜드 콘셉트와 관련성이 있을 때 소비자의 브랜드 태도와 구매의도는 긍정적일 수 있다. 최적의 조건은 표현이 브랜드 콘셉트와 관련성이 있고 표현 아이디어가 독창적

일 때이다. 하지만 표현 아이디어가 소비자 이해 수준을 넘어설 경우에는 독창적이라 하더라도 효과는 보장할 수 없다. IMC 미디어는 소비자가 투입하는 시간이 매우 제한적이라는 특성상, 즉각적으로 소비자가 이해할 수 있어야만 한다. 따라서 이해수준을 조절하는 것이 매우 중요하다.

4. 관여도

우리는 뭔가 이유가 있기 때문에 어떤 행동을 한다. 배가 고프기 때문에 음식을 먹는다. 더위를 피하기 위해 에어컨을 켠다. 목표를 달성하고 주위 사람에게서 인정받기 위해 열심히 공부하고 일한다. 소비자도 마찬가지이다. 많은 음료가 판매되고 있지만 어떤 소비자가 탄산음료 대신 녹차음료를 구입한다면 그에게 녹차음료를 찾게 만든 어떤 이유가 있기 때문이다. 디지털 카메라를 구입하기 위해 다양한 곳을 통해 제품이나 브랜드에 관한 정보를 적극적으로 찾는 소비자도 그럴 만한 이유가 있기 때문이다. 지금부터 알아보려고 하는 것은 '왜' 그리고 '무엇'이 소비자를 그렇게 행동하게 만드는가'에 관한 것이다. 어떤 행동을 유발하며 목표를 향해 나아가게 하고 그런 행동을 계속 유지시키는 내적인 상태를 동기(motivation)라 한다. 결국 동기는 특정 행동의 방향과 강도 그리고 지속성을 결정하는 내적 상태인 것이다. 동기는 소비자 의사결정행동에 영향을 미치며 소비자 의사결정행동에 대한 이해는 광고전략 수립에 유용한 시사점을 제공한다.

동기와 관련된 중요한 개념이 바로 관여(involvement)이다. 관여는 어떤 대상에 대한 개인적인 관련성이나 중요도로 볼 수 있다. 따라서 관여도는 정도(degree)에서 차이가 있으며 관여의 정도 차이는 의사결정 유형에 영향을 미친다. 높은 강도의 동기는 고관여 의사결정을, 그리고 낮은 강도의 동기는 저관여 의사결정행동을 낳는다. 신차 구입 시 어떤 차를 구입할 것인지, 어느 대학에 진

학할 것인지, 어떤 펀드에 가입할 것인지와 같이 개인적으로 중요한 의사결정을 고관여 의사결정이라 한다. 한편, 어떤 껌을 살 것인지, 음료나 스낵은 어떤 것을 살 것인지와 같이 잘못된 결정을 하더라도 개인적으로 크나큰 손실을 입을 가능성이 희박해서 그다지 중요하지 않은 의사결정을 저관여 의사결정이라 한다. 관여의 유형에 따라 소비자가 광고에 기울이는 주의나 광고내용을 처리하는 과정도 영향을 받게 된다. 개인적으로 중요한 제품과 그렇지 않은 제품의 광고에 기울이는 주의나 관심 그리고 광고정보의 처리는 다르지 않은가!

통상 대부분의 광고 또는 광고제품에 대한 소비자 관여도는 그다지 높지 않다. 소비자는 광고의 징글(jingle)이나 슬로건을 특정 목적을 가지고 의도적으로 외우려고 하지 않는다. 하지만 많은 소비자는 오랜 시간 사람들의 입에 오르내리는 특정 징글이나 슬로건이 어떤 브랜드의 것인지 안다. 의도적으로 외우려 하지 않지만 로고와 브랜드를 결합하는 데 별다른 어려움을 겪지 않는다. 징글이나 슬로건 그리고 로고를 쉽게 알아차리는 것은 바로 저관여 의사결정 상황에서 소비자가 어떻게 지식을 습득하는지 잘 보여 준다. 저관여 상태에서 의사결정의 결과 자체는 그다지 중요하지도 않으며 동기의 강도도 낮다. 제품에 대해 심각하게 고민하지도 않으며 의사결정을 하기 위해 많은 노력을 기울이지도 않는다. 따라서 저관여를 고려한 광고전략은 고관여 광고전략과는 당연히 달라져야 한다. 저관여 시에 소비자는 광고에 대해 수동적이며 충분한 주의를 기울이지 않기 때문에 우선 소비자 주의를 끌 수 있어야 하며 쉽게 기억할 수 있도록 해야 한다. 소비자는 의도적으로 학습하지 않기 때문에 광고의 반복은 매우 중요하다.

무엇보다 저관여 의사결정일 때 광고나 광고 브랜드에 대한 긍정적 태도형성에는 모델이나 배경음악 등과 같은 표현요소의 반복이 미치는 영향에 주목해야 한다. 여기에는 '고전적 조건화(classical conditioning)' 과정이 개입한다(그림 9-6). 고전적 조건화란 처음에는 아무런 반응을 유발하지 않던 중립적인 자극(이를 조건 자극이라 한다.)이 본래 특정 생리반응을 유발하는 자극(무조건 자극)과 반복적

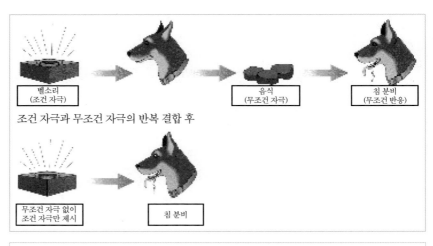

[그림 9-6] 고전적 조건화 과정

으로 짝 지어져서 나중에는 중립적인 자극만 제시해도 특정 생리반응이 유발되는 현상을 말한다. 폭발음이나 천둥소리는 두려움이라는 반응을 자동적으로 일으킨다. 이런 반응은 우리가 학습하지 않아도 자동적으로 유발되는 것이다. 배고플 때 음식을 보면 침이 고이는 것도 같은 현상이다. 그런데 불빛이나 장난감과 같이 본래 아무런 반응을 일으키지 않던 자극이 무서운 소리와 반복적으로 동시에 제시되면 어느 순간에는 무서운 소리 없이 불빛이나 장난감만 제시되어도 두려움 반응을 하게 된다. 이와 같은 고전적 조건화는 수동적인 학습의 결과이다.

광고에서 거의 자동적으로 특정 반응을 유발하는 무조건 자극은 무엇일까? 가장 영향력 있는 무조건 자극은 광고모델이나 배경음악 그리고 배경 장면일 것이다. 아름다운 여성이나 멋진 남성 모델은 청중에게서 긍정적인 정서반응을 이끌어 낸다. 배경음악도 마찬가지이다. 배경음악은 슬픔이나 즐거움 등과 같은 정서반응을 일으킨다. 이런 무조건 자극은 본래 아무런 반응을 이끌어 내지 않는 브랜드(브랜드 명, 로고, 마크 등)와 반복적으로 결합된다. 마침내 어느 시점에 가서는 브랜드만 보고도 모델이나 배경음악에 의해 유발된 것과 유사한 반응을 하게 된다.

고관여의 경우는 상황이 달라진다. 소비자는 어떤 제품을 사야 만족할 만한 결과를 얻을 것이지 고민한다. 따라서 많은 시간과 노력을 투입할 것이다. 의사결정의 결과는 중요하다. 이 경우 소비자가 원하는 것은 의사결정에 도움을 주는 제품 정보이다. 광고표현의 기교는 그다지 중요하지 않다. 광고모델도 문제를 해결하는 데 도움이 되지 않는다. 주의를 끈다 하더라도 유용한 정보를 찾지 못한다면 소비자가 그 광고에서 얻을 수 있는 것도 없다. 의사결정에 도움이 되지 않는다면 광고효과를 기대하기 어렵다.

하지만 관여의 개념을 두부 자르듯이 구분하는 것은 위험하다. 특히 제품을 '고관여 제품'이나 '저관여 제품'처럼 구분하는 것은 바람직하지 않다. 광고기획자나 광고제작자는 관여가 고정된 것이 아니라 상황에 따라 변할 수 있다는 점을 인식해야 한다. 물론 자동차나 와인 마니아처럼 상황에 영향을 받지 않고 지속적으로 특정 제품에 관여도가 높은 경우도 있다(이를 '지속적 관여'라 한다). 하지만 대부분의 경우에 제품에 대한 소비자 관여는 상황에 따라 변한다.

샴푸는 고관여 제품인가? 아니면 저관여 제품인가? 음료는 고관여 제품인가? 저관여 제품인가? 어떤 유형의 제품인지는 사용이나 구매 상황에 따라 달라질 수 있다는 점을 인식하는 것이 중요하다. 음료가 저관여 제품인지 아니면 고관여 제품인지 묻는다면 아마 대부분 음료는 저관여 제품이라고 할 것이다. 의사결정이 그다지 중요하지도 않으며 제품에 대해 심각하게 고민하지도, 그리고 의사결정을 하기 위해 많은 노력을 기울이지도 않을 것이다. 하지만 상황을 조금 바꾸어 생각해 보자. 다음 상황을 보자.

어떤 20대의 여성 소비자는 조금 전 친구를 만났는데 그 친구의 몸매가 몰라보게 날씬해졌다는 것을 알고는 갑자기 자신의 몸매에 대해 심각하게 생각한다. 친구와 헤어지고 나서 돌아오는 길에 갈증이 나서 편의점에 들어간다. 그녀의 눈에는 편의점 냉장고에 진열된 수많은 종류의 음료가 들어온다.

자, 위와 같은 상황에서 이 20대 여성 소비자의 음료에 대한 관여는 높을까 아니면 낮을까? 아마도 별 생각 없이 평소에 하던 대로 즐겨 마시던 음료를 집어 들지는 않을 것이다. 평소에는 별로 주의를 기울이지 않았던 칼로리나 무설탕 여부 등 다이어트에 관련되는 정보가 매우 중요한 요소로 부각될 것이며 여러 음료 브랜드를 신중하게 살펴본 후에 브랜드를 결정할 것이다.

예를 통해서 소비자의 제품에 대한 관여는 상황에 따라 변한다는 것을 알 수 있다. 샴푸는 평소에는 저관여 제품이지만 아침에 일어나 윤기 없는 모발을 걱정하며 머리를 감을 때 샴푸는 더 이상 저관여 제품이 아니다. 숙취제거제는 평소에는 저관여 제품이지만 술을 많이 마신 다음 날 술을 깨기 위해 무언가를 찾을 때는 더 이상 저관여 제품이 아니다. 상황에 따라 제품에 대한 관여가 다르다면 광고에 대한 관심뿐만 아니라 광고 집행의 타이밍이나 주목을 끄는 광고내용도 당연히 다를 것이다. 다음과 같은 지침을 적용해 보기 바란다.

- '언제' 소비자가 자사 제품에 깊이 관여하는지 파악하라. 그리고 그 순간에 소비자가 '해결하기 원하는 것'을 찾아내라. 이러한 발견사항을 광고 집행 타이밍과 광고 메시지 설계에 반영해 보라.

5. 브랜드 개성과 소비자

코카콜라가 사람이라면 어떤 개성의 사람일까? 그러면 펩시콜라는 어떤 개성의 사람일까? 나이키는? 퓨마는? 이런 질문에 당신은 답하기 어려운가? 아마 아닐 것이다. 소비자는 브랜드에 대해서도 마치 사람처럼 개성을 부여한다. 소비자 마음속에 형성된 브랜드 개성은 소비자 자신의 자아와 상호작용을 통해 광고효과에 지대한 영향을 미친다. 이제부터 광고효과에 미치는 브랜드 개성과 자아의 영향 기제에 대해 알아보자.

브랜드 개성

인류학 연구에 따르면 사람은 물리적인 대상을 의인화(personification)하는 경향이 있다. 소비자 역시 생명이 없는 브랜드라는 대상에 개성을 부여하고 마치 사람인 양 여기는 데 별다른 어려움을 느끼지 않는다. 이에 관련된 현상을 좀 더 구체적으로 살펴보자.

- 브랜드는 의인화된다. 인간은 감정, 의지 그리고 사고의 소유자이다. 브랜드도 이러한 것을 소유한다.
- 브랜드는 소비자와 매우 친밀하거나 절친했던 사람으로 대체된다. 브랜드는 돌아가신 어머니나 사별한 남편과 같이 정서적으로 몰입한 사람과 강력하게 결합된다. 그래서 언젠가 그 브랜드를 마주치면 마치 어머니나 남편을 만난 것 같은 심리적 경험을 하게 된다. 마치 브랜드가 그 사람의 영혼을 불러오는 것처럼!
- 브랜드는 소비자의 파트너가 된다. 열망하고 사랑하는 그런 파트너가 된다. 브랜드가 제품이나 패키지 또는 다른 요소에 변화를 주었을 때 소비자는 마치 사랑하는 사람이 자신을 배신한 것 같은 심리적 경험을 할 수 있다.

그러면 소비자가 브랜드에 개성을 부여하고 브랜드를 의인화하는 데 어떤 요인이 영향을 미치는 것일까?

- 브랜드가 특정 인물과 지속적으로 결합되면 그 특정 인물의 자아가 브랜드로 전이된다. 특정인물의 가장 전형적인 예는 광고모델이다. 광고에 등장하는 모델은 일정 기간 브랜드와 반복적으로 결합된다. 어느 시점에 가면 결국 광고모델의 특성(이미지나 느낌 그리고 개성 등)은 브랜드에 이식된다. 결합의 빈도와 강도가 높아지면서 브랜드는 마침내 광고모델과 동등한 위치

에 이른다. 브랜드가 광고모델과 같은 특정 인물과의 결합을 통해 그 인물의 자아를 획득하는 것은 일상생활에서도 상당히 보편적인 현상이다. 예컨대, 소비자와 깊은 유대를 가진 사람이 사용하던 브랜드는 그 사람과 강력하게 결합된다. 나아가 그 사람의 자아가 브랜드에 내재되기 때문에 소비자는 그 브랜드를 마주치거나 사용할 때마다 특정 인물을 떠올리게 되는 것이다. 일관성 있고 장기적인 광고모델 전략의 효과는 바로 여기에 있다. 브랜드가 특정 광고모델과 강력하게 결합되면 될수록 소비자는 브랜드와 광고모델을 동일시하게 된다.

• 우리가 타인에 대해 인상을 형성하는 데는 그 사람의 다양한 행위가 영향을 미친다. 사람들은 타인의 행위를 통해 그 사람의 특성을 추론한다. 어떤 사람을 처음 만나 악수할 때 손아귀의 힘, 앉아 있는 자세 그리고 옷차림새 등을 통해 우리는 아주 자연스럽게 그 사람의 특성을 추론한다. 이러한 현상은 브랜드 개성의 형성에도 적용된다. 소비자는 브랜드의 광고나 프로모션, 이벤트 그리고 포장 디자인 등과 같은 다양한 브랜드 행위를 마치 대인관계에서 상대의 행위처럼 받아들이며, 이를 토대로 브랜드에 대한 인상을 형성한다는 것이다. 특정 브랜드의 광고나 프로모션과 같은 일상적인 마케팅 행위는 바로 그 브랜드의 행위에 비유되며, 소비자는 이를 통해 브랜드를 의인화한다. 새로 출시된 브랜드가 기발한 표현 아이디어의 광고를 하면 그 브랜드도 왠지 참신하고 독특하다는 인상을 가지게 된다. 하지만 평범하고 틀에 박힌 방식의 광고는 지루하고 보수적이며 별로 가까이 하고 싶지 않은 브랜드라는 인상을 가지게 만든다.

소비자 자기와 브랜드 개성의 적합도

자기개념(self concept)이란 마치 외부의 사물을 대하는 것처럼 자기 자신에 대해 가지는 사고와 느낌의 총체이자 태도이며 이미지이다. 그런데 우리의 자기는 단일차원이 아니라 다차원이다.

- 실제 자기
- 이상적 자기
- 사회적 자기

실제 자기(actual self)는 개인이 실제 나라고 믿는 자아이며, 이상적 자기(ideal self)는 자신이 되고자 추구하는 자아이고 사회적 자기(social self)는 타인에게 보여 주고 싶은, 타인이 그렇게 보아 주기를 바라는 자아이다. 우리는 누구나 실제 자기 자신은 누구인지 그리고 실제 자신이 어떤 사람인지에 관계없이 이렇게 또는 저렇게 되고자 열망하는 또 다른 자신이 존재함을 인식한다. 나 혼자 공부를 할 때, 친구와 만날 때 그리고 가족과 함께 있을 때를 보자. 상황에 따라 부각되는 자아가 다르지 않은가?

그러면 왜 우리는 하나가 아닌 다차원적인 자기를 가지는 것일까? 다차원적 자기가 존재하는 것에는 두 가지 동기가 작용한다. 한 가지 동기는 자기일관성이며 다른 한 가지 동기는 자기향상이다. 자기일관성은 실제 자기에 일치하는 방식으로 행동하려는 동기이다. 자기일관성이 작용하는 경우에 소비자는 실제 자기와 일치하는 개성의 브랜드에 대해 좀 더 긍정적인 태도와 구매의향을 보이는 경향이 있다. 자동차를 대상으로 한 연구에서 소비자의 실제 자기에 대한 인식을 측정하여 소비자를 두 집단으로 분류하였다. 한 집단은 신중하고 보수적인 자기개념을, 그리고 다른 한 집단은 자신감 있고 모험을 추구하는 자기개념의 소비자였다. 이들 두 집단의 소비자에게 자동차를 구입한다면 어떤 유형의 차를 구입할 것인지 질문하였다. 그 결과, 신중하고 보수적인 자기개념을 가진 소비자는 편리하고 실용적인 차를 선호하였지만 자신감 있고 모험적인 자기개념의 소비자는 SUV를 선호하는 것으로 나타났다. 두 집단의 소득수준이나 학력, 사회적 지위는 차이가 없었다! 자동차 외에 다양한 제품을 대상으로 실시한 연구에서도 소비자는 대체로 자신들의 실제 자기개념과 일치하는 브랜드를 선호하는 것으로 나타났다. 심지어 소비자는 자기가 선호하는 것과 동일한 브랜드를 구입하는 사람들을 자신과 유사한 동류의 사람으로 보는 경향이 있다.

실제 자기와 브랜드 개성의 극적인 일치에서 광고효과를 극대화하는 전략 중의 하나는 리얼리티(reality) 광고이다. 리얼리티 광고는 소비자의 일상을 솔직하게 현실세계를 있는 그대로 표현하는데, 늘씬하고 환상적인 몸매의 모델이나 선망의 대상인 유명인 대신 주위에서 흔히 맞닥뜨리는 일반인을 등장시킨다. 리얼리티 광고를 집행한 유니레버는 광고 이후 자사 웹사이트 방문자와 콜 센터 문의 전화량이 두 배로 늘어났을 뿐만 아니라 제품 판매도 매달 두 자릿수 증가율을 기록하는 큰 성과를 냈다고 밝혔다.

리얼리티 광고의 효과는 일반인 모델을 통한 소비자의 실제 자기와 브랜드 개성의 '공감 형성'과 '감정이입'에 있다. 공감과 감정이입은 광고에 대한 주목을 유지하고 광고를 통해 전달되는 제품 메시지에 대한 반박주장(counter argument)을 감소시키며 나아가 브랜드에 대한 긍정적인 감정반응 형성에 효력을 발휘한다. 다른 한편으로, 리얼리티 광고는 '자기효능감'을 높이는 효과를 가진다. 자기효능감이란 '나도 될 수 있다'거나 '할 수 있다'는 자신감이다. 리얼리티 광고가 효과적이라고 해서 누구나 성공하는 것은 아니다. 여기서 고려해야 할 핵심 요인은 제품의 유형이다. 제품이 소비자의 실제 자기를 구현하기 위한 것인지 또는 사회적 자기나 이상적 자기를 구현하기 위한 것인지에 따라 리얼리티 광고의 효과는 좌우된다. 아울러, 리얼리티 광고의 성패는 '공감 포인트'를 포착해 내는 데 있음을 명심해야 한다. 독창적이고 창의적인 광고가 '아하!'라는 반응을 이끌어 낸다면, 리얼리티 광고는 소비자에게서 '그래! 맞아!'라는 반응을 끌어내야만 한다. 이를 위해서는 소비자에 대한 '통찰'이 무엇보다 중요하다.

자기향상은 개인이 이상적 자기를 성취하려는 동기로서 자기향상이 동기화될 경우, 소비자는 이상적 자기와 일치하는 브랜드에 좀 더 긍정적 태도와 구매의향을 보이는 경향이 있다. 제품유형에 따라 또는 같은 제품 유목이라도 브랜드에 따라 소비자는 이상적 자기를 구현하고자 한다. 매력적이고 선망하는 유명모델은 소비자에게 환상과 동경의 세계를 제시한다. 이 같은 광고효과의 핵심적인 소비자 심리기제는 이상적 자기의 실현 동기이며 여기에는 동일시(identification) 기제가 작용한다. '당신도 우리 브랜드를 사용하면 바로 이 모델과 같이 될 수 있다.'라고 광고는 반복적으로 소비자를 설득한다. 우리 브랜드를 쓰면 모델과 같이 매력적인 사람이 되고, 유능하고 사회적으로 존경받게 되며, 모델만큼 현명한 주부가 될 것임을 주입한다. 소비자는 비록 광고가 허구가 가득한 환상의 세계라는 것을 '안다'. 그럼에도 불구하고 소비자는 광고 속의 모델과 상황에 자기를 투사하고 동일시하는 것이다. 그리고 이러한 반복은 연합과정에 의해 브랜드 개성을 만들어 낸다.

자기향상 동기가 작용하는 경우에 광고기획자는 이상적 자기와 실제 자기 간 차이의 정도와 구체적으로 자기개념의 어떤 요소에서 차이를 보이는지 밝힐 필요가 있다. 소비자가 자기향상 동기로 인해 이상적 자기를 충족하려는 경우에 브랜드의 개성과 실제 자기나 이상적 자기 간의 차이가 지나치게 크면 브랜드에 대한 소비자의 태도나 수용도는 오히려 부정적 결과를 초래할 수 있다. 소비자는 브랜드 개성과 실제 자기 및 이상적 자기 간에 최적의 조화를 이루려는 경향이 있기 때문이다.

브랜드 개성과 소비자 자기를 비교하는 데 정해진 규칙이 있는 것은 아니다. 자사 브랜드가 속한 제품유형은 이러저러하기 때문에 브랜드 개성이 소비자의 실제 자기와 일치해야 한다는 식의 정형화된 가정은 할 필요가 없다. 예컨대, 식품이나 음료와 같이 구매주기가 빠른 제품일 때 브랜드 개성과 소비자 자기가 일치해야 반드시 효과적인 것만은 아니다. 그 이유는 다음과 같다. 첫째, 소비자는 브랜드의 레퍼토리를 구입하려 한다. 즉, 단 하나의 브랜드만을 계속 구입하는 것이 아니라 몇 개의 브랜드를 정해 놓고 번갈아 가며 구입한다. 둘째, 소비자는 상황에 따라 브랜드를 바꾸어 구입한다. 예컨대, 가격할인이나 끼워 주기 판촉과 같은 행사가 전개되면 기존에 구입하던 브랜드에 관계없이 브랜드를 손쉽게 전환해 버린다. 습관적으로 구매하는 세제, 휴지, 가정용품 등과 같은 제품일 경우에는 굳이 자기를 표현하기 위해 경제적 희생을 감수하지는 않는다. 하지만 구매주기가 빠른 제품이라도 브랜드 개성은 제품의 기능적인 편익과 속성을 간접적으로 알려 주는 도구임에는 분명하다. 브랜드 개성은 무수히 많은 제품 속에서 선택을 해야 하는 복잡하고 불확실한 쇼핑 상황을 단순하게 만들어 주는 기능을 하기 때문이다.

소비자의 자기와 브랜드 개성 간의 상호작용을 이해할 때 추가로 고려해야 할 것은 소비자가 사회적 맥락에서 존재한다는 점이다. 소비자의 자기라는 것은 환경과 독립적으로 존재하고 기능하는 것이 아니므로 소비자가 처한 사회적 맥락을 고려해야 한다. 사회란 기본적으로 대인 간 의사소통과 상호작용 체계이며 한 개인의 자기는 지속적인 사회적 상호작용의 산물이다. 타인과의 관계에서 소비자 자신은 어떤 위치에 있으며, 위치에 따라 자신이 어떤 사회적 역할을 하는지에 대한 인식이 소비자의 자기에 심대한 영향을 미친다. 이런 과정에서 '상황적 자기'가 형성된다. 광고기획자는 자사 제품이 어떠한 사회적 맥락에서 주로 소비되며 이때 소비자가 추구하는 상황적 자기가 무엇인지에 대해 통찰할 수 있다면 광고효과를 배가할 수 있다.

소비자와 브랜드 상호작용

소비자가 브랜드를 의인화한다 함은 브랜드 역시 우리를 이렇게 또는 저렇게 바라볼 것이라는 가정을 소비자가 할 수 있다는 것이다. 예컨대, 어떤 브랜드에 대해 '사려 깊고 친절하며 진보적인' 브랜드로 의인화할 수 있다. 그렇다면 소비자는 그 브랜드가 자기를 어떻게 바라본다고 생각할까? 소비자는 자신과 브랜드 간의 상호작용을 인식하는 것일까?

소비자가 자신과 브랜드 간의 상호작용을 인식한다는 것을 보여 주는 연구가 있다. 이 연구에서는 신용카드를 이용하여 소비자가 신용카드를 어떻게 의인화하며, 신용카드는 소비자 자신을 어떤 식으로 바라보는지 알아보았다. 결과는 매우 흥미로웠다. 소비자는 신용카드를 의인화하는 것은 물론, 신용카드도 관계의 대상으로서 소비자 자신을 어떻게 바라보는지 진술하는 데 별다른 어려움이 없었다는 것이다. 나아가 서로가 바라다보는 인식의 양상을 파악해 본 결과, 소비자가 브랜드를 바라다보는 인식과 브랜드가 소비자를 바라보리라고 생각하는 것은 반드시 일치하지 않는다는 점이다.

소비자가 브랜드를 바라보는 측면에서 보면, 신용카드의 브랜드 개성은 '도움을 주는' '전문적인' '신뢰할 수 있는' 등으로 표현되었다(우리나라도 대부분의 신용카드 광고가 이 같은 브랜드 개성을 차용하고 있지 않은가!). 그러나 이것은 소비자가 일방향으로 바라보는 브랜드 개성일 뿐이다. 과연 신용카드도 소비자를 '도움을 주는' '전문적인' '신뢰할 수 있는' 사람으로 볼까? 소비자와 신용카드 양방향 관계 결과가 어떠한지 비교해 보라. 소비자와 브랜드 간에는 불일치가 존재함을 알 수 있다. 이 같은 현상을 간파한 광고기획자와 그렇지 않은 광고기획자가 구사하는 광고전략은 같을까? 당연히 다를 것이다. 광고전략이 다르다면 광고효과도 다르지 않겠는가!

하지만 소비자와 브랜드 간의 관계가 무조건 동등한 위치에 있어야만 좋은 것인가에 대해서는 전략적으로 판단할 필요가 있다. 고가의 명품 패션이나 액세서리 또는 자동차 등의 배지 브랜드(badge brand)일 경우에 소비자와 브랜드 관계는 오히려 불일치 상태가 바람직할 수도 있다. 배지 브랜드는 소비자와 브랜드 관계가 복종이나 추종 등과 같은 소비자 욕구가 작용하기 때문이다.

핵심 포인트

- 광고효과를 결정하는 주체는 소비자, 더 정확히 말하면 표적청중이다.
- 광고효과 주체와 광고 상호작용의 메커니즘을 알아야 한다. 이 메커니즘은 전적으로 심리학적 영역에 속한다.
- 목표가 무엇이든 어떤 광고라도 효과를 거두려면 표적청중이 광고에 주의를 기울여야 한다. 주의(attention)란 여러 환경자극 중에서 특정 자극에 우리의 정신에너지를 할당하는 과정이다.
- 광고가 표적청중의 주의를 끌었다고 하여 기대한 광고효과가 보장되는 것은 아니다. 광고가 의도한 효과를 발휘하려면 표적청중은 주의에서 나아가 광고기획자가 의도한 대로 메시지를 받아들여 주어야 한다. 이러한 과정을 '지각적 해석'이라 한다.
- 광고효과는 궁극적으로 광고의 지각적 해석의 결과가 광고주가 목표로 한내적, 외적 행동으로 번역될 때 비로소 달성된다. 내적, 외적 행동을 하려면 지각한 광고의 내용은 어떤 형태로든 우리 기억 속에 저장되어야 하며, 특정 시점에서 저장된 내용이 인출되어야 한다.
- 심리학자는 우리의 머릿속에 들어 있는 모든 것을 지식이라 말한다. 지식은 네트워크로 구성된다. 네트워크를 구성하는 지식은 링크에 의해 서로 연결되는 강도가 다르다. 활성화 확산 모형은 지식의 네트워크가 광고효과에 어떻게 영향을 미치는지를 이해하는 유용한 틀이다.
- 어떤 행동을 유발하며 목표를 향해 나아가게 하고 그런 행동을 계속 유지시키는 내적인 상태를 동기라 한다. 높은 강도의 동기는 고관여 의사결정을, 그리고 낮은 강도의 동기는 저관여 의사결정행동을 낳는다. 관여도에 따라 광고전략의 수립 방향과 광고효과는 영향을 받는다.
- 우리의 자기는 단일차원이 아니라 다차원이다(실제 자기, 이상적 자기, 사회적 자기).
- 소비자와 브랜드는 상호작용한다. 자기와 브랜드 상호작용 관계에 의해 광고효과는 영향을 받는다.

활성화 확산모형에 대해 자세히 알고자 하면 "Collins, A. M., & Loftus, E. F., A
spreading activation theory of semantic processing, *Psychological
Review*, 1975, pp. 407-428." 을 참고하기 바란다.

IMC 미디어 운영의 심리학적 기제에 대해 알고자 하면 "Dahlen, The Media as a
Contextual Cue, *Journal of Advertising*, 34, 2005, pp. 89-98." 을 참고하기
바란다. 특히 이 논문에서는 4대 미디어 이외의 기타 미디어의 효과를 극대화하
기 위한 전략적 시사점을 제공한다.

광고효과와 관련한 점화효과에 대해 더 자세히 알고자 하면 "Yi, Youjae , The
Effects of Contextual Priming in Print Advertisements, *Journal of
Consumer Research, 17*, 1990, pp. 215-222." 를 참고하기 바란다.

브랜드에 대한 경험, 기대 그리고 첫인상이 광고의 지각적 해석 과정에 미치는 시사점
을 얻고자 하면 "우석봉, 브랜드 심리학(2판), 학지사 2010." 을 참고하기 바란다.

제 **10** 장
광고효과의 측정

과학이나 예술을 포함한 모든 분야에서 성공이란
자신의 목적을 얼마나 달성했는지의 정도로 알 수 있다.
−익명−

우리는 누구나 자신이 기울인 노력이나 지불한 비용의 대가로 무엇을 얼마만큼 얻었는지 알고자 한다. 기업도 예외는 아니다. 모든 광고주는 그들이 집행한 광고비의 대가로, 과연 무엇을 얼마만큼 성취했는지 알고자 한다. 광고에 지출한 비용대비 효과를 알고자 하는 욕구는 최근 들어 점차 심화되고 있다. 경쟁 환경은 치열해져서 판매 신장률은 둔화되고 있고 광고 혼잡도의 증가와 미디어의 폭발적 증가 등으로 인해 소비자를 움직이는 핵심요인으로 믿고 있는 광고에 대한 소비자 반응은 시간이 지날수록 둔감해지고 있기 때문이다.

광고기획을 제대로 하고 창의적인 광고물을 제작하여 광고를 집행했다고 해서 모든 일이 끝난 것은 아니다. 한 가지가 남았다. 그것은 집행한 광고가 도대체 무엇을, 얼마만큼 달성했는지 평가하는 것이다. 즉, 광고효과를 측정해야 한다. 하지만 광고효과의 측정은 사실상 일련의 광고기획과 집행 사이클에서 최종 단계가 아니다. 어찌 보면 광고효과의 측정은 시작이기도 하다. 광고효과의 측정은 다음 광고를 위한 학습의 기회를 제공하기 때문이다. 무엇을 달성했는가? 무엇이 잘되었는가? 무엇이 잘못되었는가? 이러한 의문에 대한 답은 모두 광고효과의 측정결과에서 얻을 수 있으며 이를 거울 삼아 다음 광고의 기획에 반영되어야 한다. 광고효과의 측정과 평가는 '새로운 광고의 출발점'이다.

그 중요성에도 불구하고 광고효과의 측정이 그렇게 간단한 일은 아니다. 광고효과를 측정하려면 다음 사항을 염두에 두어야 한다.

▨ 광고효과의 기준을 구체화하라!

앞서 '광고목표의 설정'을 다루면서 광고목표라는 것이 필요한 이유를 알아보았다. 그중 하나가 바로 광고효과의 측정을 위함이다. 구체적인 광고목표가 있어야 광고효과에 대한 측정이나 평가도 가능하다. 광고효과를 측정하려면 구체적인 '기준'이 있어야 하며 이 기준은 바로 광고기획 단계에서 설정한 광고목표와 관련된 것이다. 만약 광고목표가 '표적 집단이 광고를 본 후에 전화로 문의하게 하는 것'이라면 광고효과의 측정과 평가기준은 '문의 전화 횟수'가 되어야 한다. 광고목표가 '브랜드의 제조회사 인지를 높이는 것'이라면 광고효과의 기준은 브랜드와 기업명의 정확 연결률이 될 것이다. 브랜드에 대한 인지도나 태도도 광고의 효과일 수 있지만 이것은 '집행한 바로 그 광고'에 대한 효과는 아닌 것이다. 왜 그럴까? 브랜드에 대한 인지도나 태도 또는 이미지는 과거부터 집행해 온 광고의 누적효과이기 때문이다.

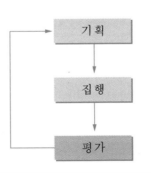

[그림 10-1] 광고효과 측정의 피드백 체계

◪ 단기효과와 장기효과를 구분하라!

광고를 처음 집행한 신규 브랜드가 아닌 이상 통상 광고는 누적효과를 가지게 된다. 예컨대, 소비자를 대상으로 SK 텔레콤 광고에 대한 평가 조사를 실시하면 그 결과에는 그동안 보아 온 SK 텔레콤 전체 광고의 누적효과가 반영되기 마련이다. 특정 광고의 특정 요소가 특정 반응(인지, 태도, 감정 등)에 미치는 영향을 '효과(effects)'라 하고, 캠페인이나 다수 광고에 의한 장기적인 누적효과를 '효과성(effectiveness)'이라 하는데 효과성은 주로 판매와 같은 가시적인 기업 기여도를 기준으로 한다.

효과성은 효과에 비해 광고주의 주된 관심인 판매성과에 관련된다는 점에서 효과에 비해 상대적으로 중요하게 인식될 수 있다. 하지만 광고의 효과성을 측정한다는 것은 대단히 복잡하고 어려운 일이다. 첫째, '판매'는 광고에 의해서만 결정되는 것은 아니다. 판매성과는 광고 외의 다른 마케팅 믹스 요소의 복합적인 작용의 결과이다. 물론 특정 기간 동안에 오로지 광고활동만 변화가 있었고 그 외의 마케팅 행위는 전혀 변화가 없었다면 판매성과에 대한 광고의 기여를 추정하기 용이할 수 있다. 하지만 이런 일은 실제 일어나기 거의 불가능하다. 따라서 판매성과에 대해 광고가 어떻게, 어느 정도 기여했는지 알아낸다는 것은 그리 쉬운 일이 아니다. 둘째, 장기적인 광고의 효과성은 자사 광고행위는 물론 경쟁사의 장기적인 광고행위에 의해서도 영향을 받는다. 이 또한 광고의 효과성 측정이 어려운 이유 중의 하나이다. 광고 크리에이티브를 개발하고 사전 조사에서 소비자로부터 좋은 평가를 받아 상당한 미디어 비용을 투입하여 광고를 집행한다고 하자. 하지만 같은 시기에 시장 1위인 경쟁사 역시 새로운 광고 크리에이티브로 더 많은 미디어 비용을 투입하여 광고를 집행한다면 기대한 광고효과를 거두지 못할 수 있다.

현재 광고대행사나 다국적 조사회사의 경우, 광고의 효과성을 측정하기 위한 모델을 보유하거나 개발 중이지만 만족할 만한 결과를 내놓지는 못하고 있다. 효과성의 측정이란 것이 그만큼 어렵다는 사실을 반증하는 것이다. 따라서 광고의 효과를 측정하려면 그전에 '효과'와 '효과성'의 차이와 특성에 대해 인식해야 하며 측정기법의 적용이나 결과의 해석에도 신중을 기해야 한다.

1. 측정기법의 유형과 선정

광고효과를 평가하기 위해 어떤 측정기법을 이용할 것인가 결정하려면 먼저 무엇을 측정할 것인지를 결정해야 한다. 광고효과의 측정기법은 광고에 대한 소비자의 어떤 반응을 중점적으로 알고자 하는가에 따라 달라지기 때문이다. 앞서 효과의 위계에 대해 알아보았다. 효과의 위계란 광고에 대한 소비자 반응은 크게 인지, 정서, 행동의 순으로 이동한다고 가정한다. 물론 저관여 의사결정에서와 같이 효과의 위계가 역전되는 경우도 있다. 예컨대, 식품과 같이 먼저 구입해서 먹어 보고(행동) 호의적인 태도(정서)를 가지게 되는 것 등이다. 하지만 위계의 순서에 관계없이 효과의 위계를 구성하는 세 가지 요소는 측정기법의 유형을 분류하는 데 큰 도움이 된다. 이에 따라 광고효과 측정기법은 '인지 반응의 측정' '정서 반응의 측정' '행동 또는 동기 반응의 측정'으로 유형화할 수 있다.

측정기법의 각 유형은 다양한 세부 기법으로 구성된다. 따라서 실제 측정 단계에서는 측정기법을 구체화해야 한다. 예컨대, '인지 반응을 측정한다.'는 식의 추상적 수준에 그치면 안 된다는 것이다. 구체적인 측정기법의 선정 시에 두 가지 사항을 염두에 두어야 한다. 첫째, 측정기법은 평가하려는 반응에 적합한 것이며 정확한지, 그리고 어느 정도 충분한 정보를 제공하는지 점검해야 한다. 둘째, 평가의 성격을 구체화해야 한다. 광고제작물의 사전 검사를 위한 것인지, 아니면 광고집행 도중에 광고효과를 중간 점검하기 위한 것(이를 'progress test'라 한다.)이거나 이미 집행한 광고의 사후 효과를 평가하기 위한 것인지, 또는 광고모델이나 카피, 배경음악이나 레이아웃 등과 같은 광고제작물의 특정 요소의 효과를 평가하기 위한 것인지, 아니면 광고 미디어나 예산의 효과를 평가하기 위한 것인지가 구체화되어야 한다. 이제 세부적인 측정기법에 대해 알아보자.

2. 광고효과 측정기법

인지 차원의 측정

인지 차원의 측정기법은 '얼마나 많은 소비자가 보았는가?'와 '광고를 본 소비자가 무엇을 기억하는가?'의 두 가지 의문을 중심으로 유형화할 수 있다. '미디어 청중 측정'과 '구독률 측정'은 전자의 질문 그리고 '회상 측정'과 '인식 측정'은 후자의 질문에 답하기 위한 측정기법이다.

■ 미디어 청중 측정

개념과 용도   미디어 청중 측정법(media audience measurement)은 미디어 프로그램의 효과 측정을 통해 광고효과를 '추정'하려는 것이다. 신문이나 잡지 또는 TV나 버스, 지하철과 같이 미디어 유형에 따라 차이가 있지만 공통적인 측정기준은 '얼마나 많은 소비자가 특정 미디어에 노출되었는가?'이다. 미디어에 따라 측정도구나 기법은 다르다. 예컨대, 잡지나 신문의 경우에는 전체 조사 대상 중에서 특정 잡지나 신문을 읽은 응답자가 차지하는 비율이 곧 해당 미디어 청중일 것이다. 옥외광고의 경우는 해당 광고가 설치된 장소를 지나다니는 교통량과 차량별 평균 탑승자를 고려하여 미디어 청중을 산출한다. 최근 미국에서는 차량 안내시스템인 GPS를 이용해 차량의 이동경로와 옥외광고가 설치된 장소 정보를 결합하여 옥외광고의 효과를 추정하는 수준까지 발전되고 있다. 한편, TV의 경우는 TV 본체에 설치된 '미터(meter)'가 TV가 켜져 있는지 아니면 꺼져 있는지, 켜져 있다면 어느 채널인지를 기록한다. 미터와 함께 다이어리 형태의 기록장을 통해 시청한 프로그램을 기입하도록 한다. 미디어에 따라 측정도구나 기법은 다르지만 이들은 '미디어에 대한 노출'을 통해 광고 미디어 청중을 측정하려 한다는 점을 염두에 두어야 한다.

여기서 '노출(exposure)'의 개념을 명확히 이해해 두어야 한다. 노출은 '실제 본 것'과 다르다. 노출은 외부의 어떤 자극이 우리의 감각수용 범위 안에 떨어지는 것을 말한다. 길을 걸을 때 우리의 시각수용 범위에는 가게의 간판이며 길거리의 포스터 그리고 지나가는 행인 등 수많은 자극이 떨어진다. 하지만 우리는 이 모든 것의 존재를 알아채지 못한다. 특정 미디어에 노출이 되었다고 해서 결코 그 미디어에 집행된 광고를 알아챘다는 보장은 할 수 없다는 점을 염두에 두어야 한다. 예컨대, 어떤 신문의 열독률이 30%라고 하여 30%의 독자가 그 신문에 게재된 광고를 보았다는 보장은 없다. 어떤 TV 프로그램의 시청률이 25%이기 때문에 25%의 시청자가 그 프로그램의 광고를 보았다는 보장은 할 수 없다.

미디어 청중 측정은 두 가지 용도로 사용할 수 있다. 한 가지는 광고 집행 이전에 어떤 미디어나 비히클에 광고를 집행하는 것이 효과적일지 결정하는 지침으로 사용하는 것이다. 이때는 광고를 집행하기 이전에 '과거 자료'를 토대로 미디어를 결정하고 광고 집행계획을 수립하는 것이다. 다른 한 가지는 광고를 집행한 미디어에 대한 사후 평가를 하기 위함이다. 광고 집행 이후의 미디어 청중 측정을 통해 사전 결정한 미디어 집행의 효과를 평가해 볼 수 있다. 하지만 시청률, 청취율 또는 열독률은 미디어 프로그램이나 내용 그리고 청중의 취향 변화에 따라 변할 수 있음을 염두에 두고 지속적으로 자료를 모니터링해야 한다.

한계   미디어 청중 측정은 첫째, 매체 조사에 응하는 응답자가 바람직하게 그리고 호의적으로 보이고자 하는 경향과 둘째, 부정확한 기억에서 야기되는 정확도의 문제를 가진다. 주로 미디어 청중 측정 조사에서는 다이어리 형태로 된 질문지를 이용하여 매일 접촉한 미디어를 기록하게 한다. 이럴 경우에 응답자는

'실제' 자신의 미디어 접촉행동이 아니라 조사자에게 자신을 '그럴 듯하게' 보이기 위해 미디어 접촉행동을 왜곡할 수 있다. 예컨대, 실제로는 일주일에 이틀 정도 TV를 보지 않았지만 그대로 기입하기보다는 마치 매일 본 것처럼 과장하여 기입하는 것이다. 이런 문제를 보완하기 위해 개발된 것이 '피플 미터(people meter)'이다. 피플 미터는 가족 내 시청자의 별도 코드를 통해 '누가, 무엇을' 시청했는지 기록한다. 하지만 피플 미터라고 하여 결과의 정확도가 완벽하게 보장되는 것도 아니다. 조사 참여자는 TV가 켜져 있을 때 다른 일을 하거나 화장실을 갈 수도 있다. 최근에는 열 감지 센스가 부착된 미터가 개발되어 실제 TV가 켜져 있을 때 청중이 그 자리에 있는지 여부를 기록할 수 있지만 노출이 아니라 TV를 '실제 보았는가?'를 기록하지는 못한다.

의도적으로 과장하거나 왜곡하는 것이 아니라 기억의 오류로 인해 부정확한 결과가 수집될 수도 있다. 못 본 것을 본 것으로, 본 것을 못 본 것으로 착각하는 현상이다. 특히 잡지나 케이블 TV와 같이 유사한 비히클이 많은 미디어 일수록 기억의 오류 문제는 발생 가능성이 높다.

■ 구독률 측정

개념과 용도   구독률 측정은 재인(recognition) 측정이라고도 하는데 주로 인쇄광고의 사후 효과 측정을 위한 것이다. 구독률 측정은 노출이 아니라 얼마나 많은 소비자가 특정 인쇄광고를 실제 '읽었는가'를 측정하는 것이다.

가장 널리 알려진 구독률 측정조사의 전통적 모형은 'Starch Readership Service'이다. 조사 대상에게 특정 호의 잡지를 보았는지 아닌지 여부를 파악하고, 만약 보았다면 그 잡지를 한 페이지씩 넘겨 가면서 평가하고자 하는 광고에 대해 질문한다. 광고에 대한 측정 시에는 조사 대상자를 세 가지 지표를 중심으로 분류한다. 이 중 한 가지는 '읽었음(noted)' 지표이다. 만약 응답자가 잡지에 등장하는 특정 광고를 본 적이 있다고 응답하면 이 응답자는 '읽었음' 독자가 된다. 다른 한 가지는 '결합(associated)' 지표이다. 광고가 어떤 브랜드의 것인지 알 수 있다면 이 응답자는 '결합' 독자로 분류된다. 마지막 한 가지는 '대부분 다 읽음(read most)' 지표이다. 전체 광고내용의 절반 이상을 읽었다면 이 응답자는 '대부분 다 읽음' 독자로 분류된다.

한계   구독률 측정 역시 TV 다이어리가 지닌 것과 유사한 문제를 가진다. 실제보다 광고에 대한 열독을 과장되게 응답할 수 있다. 많은 광고 그리고 광고의 세세한 것까지 보았다고 대답하면 본인이 좀 더 중요한 응답자로 취급받을 것으로 생각하는 경향이 있다. 이것이 과장된 반응을 야기한다. 다른 문제는 부정확한 기억이다. 경쟁자와 비슷하거나 또는 독특하지 않고 평범한 광고는 실제 보지 않았지만 마치 본 것으로 착각하기 쉽다. 예컨대, 은행이나 전자제품의 경우에 광고가 엇비슷하다면 브랜드마다 해당 광고를 정확히 구별하기란 쉽지 않을 것이다. 또 다른 문제는 세 가지 지표 중에서 '대부분 다 읽음'에서 비롯된다. '대부분 다 읽음'은 전체 광고의 절반 이상을 읽은 것으로 정의한다. 이 지표가 사용되는 것은 인쇄 미디어를 고관여, 이성적 미디어로 간주한 과거 인식 때문이다. 고관여, 이성적 광고는 주로 언어 메시지의 정보형 광고이기 때문이다. 하지만 인쇄 미디어의 역할과 인쇄 광고 크리에이티브에 변화가 일어나면서 '절반'의 기준이 모호해지고 있다. 바디 카피가 많은 광고의 경우에는 '절반 이상'이라는 기준의 적용이 가능할 수 있지만 주로 비주얼로 구성된 현대 광고의 경우는 절반의 기준이 모호하다. 비주얼의 절반만 보았다는 것은 있을 수 없는 일 아닌가!

구독률 측정법이 지니는 다른 한계는 광고의 효과를 실제 구매 가능성으로까지 확장할 수 없다는 데 있다. 구독률 측정은 특정 광고를 보았는지 아닌지를 알 수 있을 뿐 독자가 광고에 관심을 가졌는지, 광고에서 어떤 정보를 얻었는지, 나아가 구매에는 어떤 영향을 미쳤는지 알 수 없다. 그럼에도 불구하고 구독률 측정은 광고에 대한 인지(awareness) 효과를 알아보는 유용한 평가기법이다.

■ 회상 측정

개념과 용도　회상(recall) 측정은 구독률 측정과 마찬가지로 효과위계의 인지수준에서 광고의 효과를 측정하는 것이다. 하지만 회상 측정은 앞서 살펴본 인지 측정법에 비해 좀 더 엄격한 인지 측정법이다. 이는 회상의 심리기제가 지니는 특징 때문이다. 인지심리학자는 우리가 기억 속에 있는 지식을 끄집어내는 과정을 두 가지 유형으로 구분한다. 한 가지는 회상이며 다른 한 가지는 재인(recognition)이다. 회상은 기억 속에 저장된 지식을 탐색하는 과정을 통해 끄집어내는 것이며, 재인은 내외적으로 주어진 자극을 기억 속의 지식과 대조하는 정신과정이다. '휴대폰 광고하면 어떤 광고가 생각납니까?'라고 질문하게 되면 응답자는 기억 속에서 해당 제품 유목에 속한 광고를 탐색하여 끄집어내야 한다. 이것이 회상의 과정이다. 만약 특정 광고를 보여 주면서 '이 광고를 본 적 있습니까?'라고 질문한다면 응답자는 기억 속에서 눈앞에 제시된 광고를 기존 기억 속의 지식과 대조하는 과정을 거치게 된다. 이것이 재인이다. 앞서 살펴본 구독률 측정은 바로 재인 측정인 것이다. 회상의 특성상 재인과는 달리 왜곡이나 헷갈림과 같은 문제가 발생할 소지가 거의 없다는 점에서 회상 측정은 재인 측정에 비해 엄격하다.

회상을 이용한 대표적 조사 모형은 '하루 경과 회상법(Day-After Recall: DAR)'이다. 조사 대상에게 광고를 보여 준 뒤(평소 집에서 TV를 보는 것처럼 프로그램과 광고를 섞어서 보여 주며, 측정 대상인 광고는 다른 광고와 함께 제시된다.) 24시간이 경과하고 나서 동일한 조사 대상에게 전화를 걸어 어제 보았던 프로그램의 광고 중에서 생각나는 광고를 물어본다. 하루 경과 회상법을 통해 '조사 대상의 몇 %가 특정 광고를 회상하는가?' '특정 광고를 회상한 조사 대상의 몇 %가 광고 브랜드를 정확히 회상하는가?'의 지표를 얻을 수 있다. 물론 회상한 광고의 내용에 대해 질문할 수도 있다. 하루 경과 회상법은 TV 광고에만 적용되는 것은 아니다. 잡지광고에도 적용할 수 있다. 예컨대, 갤럽 앤드 로빈슨(Gallup & Robinson)은

『*Magazine Impact Research Service*』를 통해 잡지광고를 대상으로 하루 경과 회상 조사 서비스를 제공한다. 하루 경과 회상법은 주로 광고의 사후 평가에 사용된다. 조사를 하기 위해서는 완성된 광고물이 있어야 하기 때문이다. 사전 조사에 사용하는 것과 같은 덜 완성된 광고물을 이용해서는 실제 TV 프로그램이나 잡지 상태를 연출할 수는 없는 것이다. 하지만 만약 여러 개의 광고물을 완성한 다음, 이 중에서 어떤 광고물을 집행하는 것이 효과적인지 판단하려 할 경우에는 사전 조사의 목적으로도 사용될 수 있다.

한계　　심리학 연구결과에 따르면 음악이나 비주얼과 같은 비언어 요소에 대한 기억효과가 말이나 글과 같은 언어 요소에 대한 기억효과보다 우수한 경향이 있다. 이는 감성적 광고가 주로 말이나 글보다는 음악이나 비주얼을 많이 사용하기 때문에 이성적 광고에 비해 회상이 상대적으로 우수할 수 있음을 시사한다. 이 점을 염두에 두고 결과 해석 시 유의해야 한다.

구독률 측정과 같이 회상 측정 역시 효과위계의 출발이라 할 수 있는 인지수준의 측정에 그친다는 한계가 있다. 아울러, 회상은 광고물의 임팩트 지표라고 볼 수 있지만 회상한 광고라고 하여 반드시 선호하는 광고라고 해석할 수 없다는 한계가 있다. 부정적이거나 혐오스러운, 또는 도덕적으로 금기시되는 광고표현은 기억 속에 강하게 자리 잡을 수 있고 회상도 더 잘될 수 있다. 또 다른 한계는 조사할 광고물의 노출 횟수이다. 하루 경과 회상법에서는 통상 광고를 1회만 보여 준다. 하지만 광고가 여러 회 노출될 때는 1회 노출될 때와는 다른 효과를 보일 수 있다. 특히 은유와 같은 수사학적 기법을 적용한 광고 크리에이티브에서는 광고의 유형과 노출 횟수가 상호작용하기 때문에 효과의 해석에 더욱 신중을 기해야 한다.

▧ 인지 측정

개념과 용도　　　지금까지 살펴본 측정법은 특정의 단일 광고물을 대상으로 하는 것이다. 하지만 인지(awareness) 측정은 어떤 브랜드의 특정 단일 광고가 아니라 지금까지 실시해 온 누적 광고효과를 알고자 하는 것이다. 우리나라의 경우 광고대행사나 조사회사에서 실시하는 광고효과 측정은 앞서 살펴본 재인이나 회상 어느 하나에 초점을 맞추기보다는 대부분 특정 브랜드의 누적 광고효과 측정, 즉 인지 측정에 관심을 둔다.

인지 측정은 주로 표준화된 질문지를 이용한 일대일 개별 면접으로 실시된다. 조사 대상은 성이나 연령 또는 제품 사용과 같은 다양한 변수를 중심으로 사전에 그 기준과 크기가 정해진다. 인식 측정에서 질문은 통상 브랜드 인지에서 광고인지로 진행된다. 브랜드 인지의 전형적인 질문은 먼저 브랜드 회상에서 출발한다. 예컨대, 라면의 경우 "라면이라고 하면 어떤 브랜드가 생각나십니까?" "그 밖에 생각나는 브랜드는 무엇입니까?"와 같다. 브랜드 회상 다음으로 브랜드 리스트를 보여 주면서 브랜드 재인 질문을 할 수도 있다. 브랜드 재인에서는 "다음에 보시는 브랜드 중에서 알거나 들어 본 적이 있는 것은 무엇입니까?"와 같이 질문한다. 브랜드 회상과 재인의 결과는 지금까지 집행한 광고의 누적효과로 본다. 브랜드 인지에서 그치지 않고 광고인지로 나아갈 수도 있다. 광고인지에서는 특정 브랜드에 대한 광고회상("던킨 도너츠의 광고 중에서 어떤 광고가 생각나십니까?")이나 구체적인 광고 메시지와 브랜드 결합("대한민국 1% 라는 메시지는 어느 자동차 광고의 메시지입니까?")을 탐색한다.

인지 측정은 특정 브랜드의 누적 광고효과를 측정하려는 것이기 때문에 추적 조사(tracking study)의 일환으로 사용된다. 추적조사란 일정 기간마다 정기적으로 조사를 실시하여 그 결과를 이전 조사결과와 비교하는 것이다. 첫 회의 조사결과가 기준(benchmark)이 된다.

　　핵심적인 한계는 결과 해석의 어려움이다. 추적조사에 의한 인지 측정 결과는 추세만을 보여 줄 뿐이며 왜 그러한 추세가 나오게 되었는지, 원인이 무엇인지에 대한 정보는 제공하지 않는다. 예컨대, 추적조사의 결과 인지 측정치가 지속적으로 감소한다고 했을 때 여기에는 광고예산, 경쟁자의 광고활동, 광고제작물의 요소 그리고 미디어 전략 등 다양한 요인이 영향을 미쳤을 수 있다. 하지만 인지 측정을 통해서는 구체적으로 어떤 요인이 어떤 식으로 영향을 미쳤는지에 대해서는 알 수 없다. 물론 추세에 영향을 미치는 요인은 광고나 광고 미디어만이 아니다. 공격적인 유통침투나 철수, 제품의 개선이나 패키지 디자인의 변경, 해당 제품에 대한 소비자 욕구의 증가나 감소 등 다양한 광고 외적 요인이 추세 변화에 영향을 미칠 수 있다.

정서 차원의 측정

지금까지 살펴본 인지 차원의 측정은 효과위계의 첫 단계인 소비자의 기억 메커니즘을 중심으로 한 것이다. 정서 측정은 효과위계에서 기억의 다음 단계인 '좋아함'이나 '호의' 단계에 관한 것이다. 정서 측정의 대표적인 측정치는 태도 (attitude)이다. 태도를 단일차원으로 볼 것인가 아니면 다차원으로 볼 것인가에 따라 견해차가 있지만 광고효과에서는 주로 태도를 단일차원으로 다룬다.

그러면 태도란 무엇일까? 어떤 대상에 대해 일관되게 좋다거나 또는 싫다거나 하는 식으로 반응하는 학습된 성향 또는 준비태세를 태도라 한다. 이러한 정의에서 태도의 세 가지 특성을 알 수 있다. 첫째, 태도는 특정 광고와 같은 어떤 대상에 대한 사전 경험을 토대로 '학습'되는 것이다. 둘째, 태도는 성향 또는 준비태세로 우리 마음속에 간직된다. 셋째, 태도는 비교적 일관된 반응을 야기한다. 즉, 행동에 선행하며 행동을 야기한다.

태도는 행동의 가치 있는 예측인으로 볼 수 있다. 예컨대, 어떤 브랜드에 대해 긍정적인 태도를 가지면 그 브랜드를 구입하는 행동이 일어날 가능성이 높을 것이며, 부정적인 태도를 가진다면 그 브랜드를 구입하는 행동이 일어날 가능성은 감소할 것이다. 만약 소비자가 특정 광고에 대해 긍정적인 태도를 가진다면 그 광고의 브랜드에 대해서도 긍정적으로 반응할 가능성이 증가할 것으로 예상할 수 있다.

■ 의견 측정

개념과 용도　　광고에 대한 태도를 측정하는 방법으로 여러 개의 광고를 제시한 다음 어떤 기준에 대해 가장 적합한 광고를 고르게 하거나(선택과제) 또는 어떤 기준에 대해 여러 개 광고의 순위를 매기게 하는 것이다(순위과제). 선택과제에서는, 예컨대 5개의 광고물을 제시한 다음 '가장 관심을 끄는 것' '가장 믿음을 주는 것' '가장 독특한 것'의 각 기준별로 가장 적합한 하나의 광고물을 선택하게 한다. 물론 선택과제에서 선택의 기준은 광고물의 어떤 면을 평가할 것인가에 따라 사전에 결정하면 된다. 순위과제에서는 특정 기준(예컨대, '관심을 끄는 것')에 대해 5개의 광고를 1위부터 5위까지 순위를 매기게 하는 것이다.

의견 측정은 주로 광고물을 사전 평가할 때 사용된다. 광고물이 아니라 크리에이티브 콘셉트나 헤드라인의 사전 평가를 위해 사용할 수 있다. 머릿결을 촉촉하게 하는 기능을 가진 샴푸를 표현하기 위해 6개의 아이디어를 개발했다고 하자. 그러면 6개의 아이디어를 스토리 보드나 핵심 비주얼 또는 메시지 형태로 제시한 다음, 기준을 제시하고 각 기준에 대해 6개 아이디어의 순위를 매기게 하는 것이다.

한계　　의견 측정은 실시하기 간편하고 조사비용도 많이 들지 않는다는 장점이 있다. 하지만 다수의 기준을 제시하는 의견측정의 경우에는 질문 순서에 따라 '후광효과(halo effect)'나 '일관성 편향'이 광고평가에 영향을 미칠 수 있다. 예컨대, '관심' '신뢰' '독특성'의 3개 기준에 대해 평가하기 전에 '전반적으로 가장 마음에 드는 것'을 평가하게 되면, 응답자는 최초 응답을 중심으로 나머지 기준에 대해서도 일관되게 호의적으로 응답하거나 또는 긍정적인 첫인상 때문에 세부 기준도 긍정적으로 평가할 가능성이 있다. 아울러, 왜 특정 광고를 가장 선호하는지에 대한 구체적인 정보를 얻기 어렵다. 특정 광고를 전반적으로 가장 선호한다고 응답했더라도 그 이유를 파악할 수 있는 세부 기준(신뢰, 독특성 등)이 반드시 응답자가 선호하는 이유가 아닐 수도 있다. 이런 한계를 부분적으로나마 해결하려면 선택과제나 순위과제를 실시한 다음, 왜 특정 광고를 선택했는지 또는 왜 특정 광고에 그러한 순위를 주었는지 개방형 질문을 보완 실시하면 된다.

■ 태도 측정

개념과 용도   태도 측정은 좋다거나 싫다거나 하는 정서의 유형뿐만 아니라 정서의 강도(intensity)를 측정하기 때문에 의견 측정에 비해 더 정교한 정서 측정법이라 할 수 있다. 강도의 측정은 평가척도(rating scale)의 사용과 관계가 있다. 앞서 살펴본 의견 측정이 하나의 광고물에 대한 소비자 반응을 평가하는 것이라면, 태도 측정은 주로 광고를 통해 광고 브랜드에 대한 소비자의 평가가 어떻게 변화했는지를 알려고 한다는 차이가 있다.

태도 측정을 위해 다양한 척도가 사용되는데 태도 평가척도는 특정 대상에 대해 느끼는 정서의 강도를 파악하는 도구로서 리커트 척도와 자기평정척도 그리고 의미변별척도가 주로 사용된다. 리커트척도(Likert scale)는 특정 광고에 대한 의견 진술문을 5점 척도상에 평가하도록 하여 태도를 측정한다. 광고에 대한 의견 진술문의 선정은 자사 광고나 특정 경쟁사 광고를 중심으로 알아보고자 하는 핵심 측면을 사전에 선정하여 사용할 수도 있으며 시장조사회사 등에서 개발한 표준화된 광고효과 측정항목을 사용할 수도 있다. 어떤 것을 적용하는지는 광고효과 측정의 목적에 따라 달라진다. 광고효과의 측정을 위한 리커트척도의 예는 [그림 10-2]와 같다.

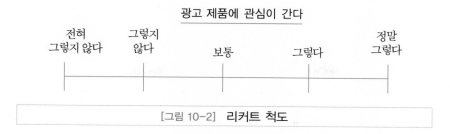

[그림 10-2] 리커트 척도

자기평정척도(self-rating scale)는 본래 리커트 척도와 달리 대상을 하나의 문항으로 직접 측정하는 것이다. 하지만 광고효과를 단일 문항으로 측정한다는 것은 무리가 있다. 실제 현장에서는 자기평정척도의 유형만 빌려 측정하고자 하는 여러 문항을 도입한다. 자기평정척도는 척도의 점수를 유연하게 적용할 수 있는 이점이 있다. 하지만 [그림 10-3]과 같이, 강도의 평가가 주관적이기 때문에 해석의 어려움이 따를 수 있다. 특히 보수적이거나 관대한 것 같은 성격요인이 평가에 작용할 수 있다.

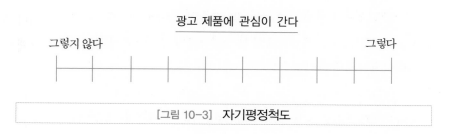

[그림 10-3] 자기평정척도

리커트 척도나 자기평정척도는 다양한 통계분석 기법을 적용할 수 있다는 이점이 있다. 리커트 척도의 경우, 척도 평균값을 이용하여 차이분석 등을 하기보다는 주로 척도의 점수를 유목변인(categorical variable)으로 취급하여 백분율(%) 자료를 산출할 수 있다. 예컨대, 리커트 5점 척도의 경우 1과 2를 묶어 '부정', 3점은 '보통' 그리고 4점과 5점을 묶어 '긍정'으로 유목화하여 응답자 수를 %로 산출한다. 또는 점수를 비율변인(ratio variable)으로 하여 t 검정(t-test)이나

브랜드 ABC

세련된 |———|———|———|———|———| 촌스러운

젊은 |———|———|———|———|———| 나이 든

좋은 |———|———|———|———|———| 나쁜

[그림 9-4] 의미변별척도

ANOVA(analysis of variance), 상관분석 등을 적용할 수 있다.

　의미변별척도(semantic differential scale)는 리커트 척도나 자기평정척도와 달리 척도의 양극이 서로 반대되는 형용사로 이루어진 척도이다. 전형적으로 7점 척도가 사용되지만 현장에서는 5점이나 6점과 같은 변형척도를 사용하기도 한다. 의미변별척도는 원래 인간이 특정 대상의 의미를 어떻게 파악하는가를 알기 위해 개발된 것으로 이론적 차원을 가진다. 하지만 광고효과 측정에서는 주로 관심 있는 광고효과의 제 측면을 중심으로 측정이 이루어진다. 특히 의미변별척도는 광고의 결과로 광고 브랜드에 대한 소비자 반응이 어떻게 변화했는지 알고자 하는 이미지 조사에 많이 이용된다.

　한계　태도척도는 유형에 따라 개발자의 이론적 배경과 척도개발을 위한 문항분석이나 척도의 타당도(validity), 신뢰도(reliability)와 같은 문제가 관련되어 있다. 하지만 대부분의 현장 실무자는 이론적, 기술적 측면보다는 척도의 형태만을 빌려 광고효과 측정에 사용하는 경향이 있다. 따라서 실무자는 척도의 유형선정도 중요하지만 '무엇을 측정하려고 하는지' '절대평가를 할 것인지 상대평가를 할 것인지' '어떤 통계기법을 적용할 것인지' 등을 사전에 주의 깊게 고려하여야 한다.

　앞서 살펴본 의견 측정의 한계와 마찬가지로 태도 측정에서도 측정문항의 제시 순서나 측정할 광고물의 제시순서가 결과에 미치는 영향을 고려해야 한다. 특히 자사와 경쟁사 광고를 한 명의 응답자가 평가할 때 광고의 제시 순서가 미치는 영향은 매우 크다. 자사 광고는 평범하지만 경쟁사 광고는 매우 독특하다든지, 또는 경쟁사 광고는 감성적 광고지만 자사 광고는 이성적 광고라면 이 역시 제시 순서에 따라 자사 광고에 대한 평가결과가 영향을 받는다. 여러 광고를 평가할 경우에는 한 명의 응답자가 하나의 광고물을 평가하게 하는 조사 설계(이를 monadic design이라 한다.)를 적용하는 것이 좋다.

행동 차원의 측정

태도 측정은 광고나 광고 브랜드와 같은 특정 대상에 대한 소비자의 느낌반응을 평가하는 것이지만 행동 차원의 측정은 광고의 결과로 소비자가 어떤 행위반응을 할 것인지 알고자 하는 것이다. 행위반응의 측정은 실제 구매에 초점을 맞출 수도 있고 매장 방문하기, 전화로 문의하기, 제품 설명책자 문의하기 등과 같이 구매에 선행하는 행위에 초점을 맞추기도 한다. 이제 두 가지 행동 측정법을 소개하려고 한다. 물론 아래의 두 가지 측정법 이외에 더 많은 측정법이 있지만 우리 현실과는 많은 차이가 있기 때문에 다루지 않았다. 다양한 행동 차원의 측정법은 이 장 끝에 제시된 '참고자료'를 참조하기 바란다.

통상 행동 차원의 광고효과 측정이라면 특정 광고의 시청 전이나 후의 '구매의향' 측정을 떠올리기 쉽다. '귀하께서는 ○○○ 브랜드를 구입하실 의향이 어느 정도입니까?'와 같은 질문을 리커트 척도나 자기평정척도를 통해 측정하는 것이다. 하지만 이는 엄격히 말해 행동 차원의 측정은 아니다. '구매에 대한 태도'의 측정이라 해야 옳다.

■ 문의 측정

<u>개념과 용도</u>　　문의(inquiry) 측정은 주로 인쇄광고의 광고 사후 평가를 위한
것이다. 신문이나 잡지에서 "제품 설명책자를 원하시면 하단의 요청서를 오려서
보내세요."와 같은 문구가 있는 광고를 본 적이 있는가? 바로 이 같은 광고에 대
한 문의 수를 광고효과의 평가지표로 본다. 주로 의약이나 사무기기 또는 생활
용품이 문의 광고를 많이 이용한다. 광고의 쿠폰을 오려 보내면 샘플을 보내 준
다든지, 제품 책자를 보내 준다든지 하는 것이다. 아예 광고에 가격할인 쿠폰을
첨부하여 그 쿠폰의 회수율을 토대로 광고효과를 측정할 수도 있다.

　물론 문의가 구매로 직접 연결된다는 보장은 없지만 잠정적인 판매추정치로
사용된다. 동일한 광고를 인쇄 미디어나 비히클별로 집행하고 사후 측정하면 어
떤 미디어나 비히클이 좀 더 효과적인지도 알 수 있다. 우리나라의 경우 어떤 다
이렉트 생명보험사는 2개의 신문광고를 각각 집행하여 소비자의 문의전화 수를
토대로 더욱 효과적인 광고물을 선정하기도 하였다. 이 경우 문의전화 역시 행
동 차원의 광고효과 측정이라 할 수 있다.

　<u>한계</u>　　문의 측정은 의견이나 태도 측정에 비해 판매에 대한 광고효과를 더
직접적으로 평가한다는 장점이 있다. 하지만 문의 측정을 사용하려면 광고물 자
체에 소비자 문의가 가능한 요소가 포함되어야 한다. 또 다른 한계는 광고목표
와의 적합성 여부에서 비롯된다. 문의 측정을 통해 광고효과를 평가하려면 광고
의 목표가 '소비자 문의'를 유발하는 것이어야 한다. 예컨대, 우유광고에서 자료
요청서를 보내면 '우유와 건강 상식'이라는 책자를 보내 준다고 했을 때 책자 문
의 수를 통해 판매에 대한 광고효과를 평가하기란 어렵다. 광고 브랜드의 구매
에 관심을 가지고 문의한 것인지 아니면 단지 우유가 건강에 미치는 효과에 대
한 정보를 얻기 위해 문의한 것인지 구분하기 어렵기 때문이다.

　소비자 성향도 문의 측정이 가지는 한계에 영향을 미친다. 일반적으로 전업주

부나 노인과 같이 비교적 시간 여유가 있는 소비자가 문의 광고에 반응할 확률이 높다. 물론 이들이 광고의 표적 집단이라면 문제가 되지 않지만 그렇지 않다면 문의 수가 많다고 하여 이를 광고효과로 보기에는 한계가 있는 것이다. 이런한계를 부분적으로 극복하려면 문의자의 인구통계 정보를 함께 얻어 분석하여야 한다.

■ 극장 테스트

개념과 용도   극장 테스트(theatre test)는 주로 TV 광고의 사전 조사를 위한 것으로 측정이 이루어지는 장소가 극장이기 때문에 붙여진 이름이다. 이와 유사한 형태의 사전 조사로 백화점이나 대형 할인매장 근처에 설치한 간이 테스트 시설이나 조사회사에 20명 내지 30명 정도의 피면접자를 동시에 수용하여 조사를 실시하는 '갱 서베이(gang survey)'가 있다. 전형적인 극장 테스트는 우리나라에서는 거의 사용되지 않고 있다. 하지만 갱 서베이 방식 등을 활용한 TV 광고의 사전 조사를 위한 매우 효과적인 모형이므로 간략히 소개하고자 한다.

먼저 전화번호부를 이용하여 조사 참여자를 무선으로 표집한다. 만약 광고의 표적 집단이 30, 40대의 주부라면 전화번호부에서 무선으로 표집하면서 해당 연령과 프로필에 적합하지 않은 대상은 탈락시키면서 적절한 표본 수가 확보될 때까지 무선 표집을 시행하면 된다. 표집된 조사 대상을 극장으로 초대하여 광고에 대한 테스트를 실시하기 전에 다양한 품목에 대해 선호 브랜드를 탐색한다. 그리고 일상적인 TV 시청과 동일한 조건으로 프로그램과 광고물을 편집하여 시청토록 한다. 테스트할 광고의 수에 따라 프로그램과 테스트 광고의 제시 세션은 달라진다. 시청이 끝나고 나면 처음에 제시했던 것과 동일한 품목을 다시 제시하고 선호 브랜드를 탐색한다. 광고에 대한 핵심 평가는 3일 후에 이루어진다. 3일 후에 조사 참여자에게 전화를 걸어 세 가지 자료를 수집한다. 한 가지는 조사 당일 시청한 광고 중에서 기억나는 광고에 대한 회상이다. 다른 한 가지는 광고의 핵심 카피에 대한 기억이며, 나머지는 광고를 보기 전의 브랜드 선택과 광고를 보고 난 후의 브랜드 선택 간의 차이이다. 이 세 가지 지표를 통해 광고효과를 사전 평가한다.

한계   가장 큰 문제는 비용이다. 사전 테스트를 하려면 완성도를 갖춘 실제 TV 광고를 제작해야 하기 때문이다. 다른 한계는 광고 시청 상황이 인위적이라는 것이다. 통상 가정에서 TV를 시청할 때에 비해 프로그램이나 광고에 대한 집중도가 매우 높다. 이는 기억에 지대한 영향을 미친다. 또한 피면접자는 어떤 형태로든 조사 참여에 대한 보상을 받기 때문에 '잘하려고 하는' 동기가 작용한다. 이 또한 광고평가에 영향을 미친다.

- 광고효과의 측정과 평가는 '완료'가 아니라 다음 광고, 새로운 광고를 위한 '출발'이다.
- 광고효과 평가를 위한 측정기법의 유형은 무엇을 측정할 것인지에 따라 결정된다. 광고효과의 측정기법은 광고에 대한 소비자의 어떤 반응을 중점적으로 알고자 하는가에 의해 결정된다.
- 광고효과 측정기법
- 인지 차원의 측정: 미디어 청중 측정, 구독률 측정, 회상 측정, 인식 측정
- 정서 차원의 측정: 의견 측정, 태도 측정
- 행동 차원의 측정: 문의 측정, 극장 테스트

읽·을·거·리

광고제작물의 사전 조사 또는 사후 평가를 위한 다양한 평가척도를 얻고자 하면 "William O. Bearden, Richard G. Netemeyer, Mary F. Mobley, *Handbook of Marketing Scales: Multi-item Measures for Marketing and Consumer Behavior Research*, SAGE, 1993."이나 "Ron Kaatz, *Advertising & Marketing Checklists*, NTC Business Books, 1995."를 참고하기 바란다.

광고효과에 관여하는 다양한 매개변인 및 조절변인의 영향에 대해 알고자 하면 "William D. Wells (Eds.), *Measuring Advertising Effectiveness*, Lawrence Erlbaum Associates, 1997."을 참고하기 바란다.

SWOT 분석 94
3C 틀 64
4P 45
CPM 212
GPR 212
SRI 83
SWOT 매트릭스 95
SWOT 분석의 역할 98
VALS 83

가족 생애주기 83
가치 80
각성이론 181
간접 비유 191
개별 마케팅 124
개별심층면접 88
개별심층면접법 133
갱 서베이 297
게슈탈트 113
경쟁의 틀 116
경쟁자 포지셔닝 139
고객 편익 138
과장법 192
관여도 264
관찰조사 88
광고 비주얼 186
광고 운영방법 220
광고 조사 90
광고 포지셔닝 114

광고계획의 위계 49
광고기획서 226
광고목표 154
광고목표 수립의 실제 161
광고목표의 수립 원칙 159
광고목표의 역할 154
광고목표의 이점 156
광고목표의 정의 156
광고운영 219
광고의 효과성 281
광고혼잡 174
구독률 측정 285
구체적 제품 속성 69
군집분석 127
궁극적 가치 81
규모의 경제 40
극장 테스트 297
기능적 위험 71
기대 241, 249
기대 불일치 179
기억 251
기회 99

나무도식 117
노출 238, 284

다차원 척도 147
대비효과 240
도구적 가치 81

도달률 212
도입기 29
독창성 175
독창적인 아이디어 175
동기 242

라이프스타일 82
라이프스타일 광고 192
래더링 137
리얼리티 광고 272
리커트척도 292
리포지셔닝 44

마음의 갖춤새 194
마케팅 목표 36
마케팅 전략 36
마케팅 전술 45
마케팅 조사 90
마케팅 포지셔닝 112
만화 검사법 136
맥락점화 259
무차별 마케팅 124
문의 측정 296
문장완성법 135
문제 99
문제·기회 평가 매트릭스 102
문화, 이슈 포지셔닝 139
문화기술조사 89
미디어 계획 209

미디어 계획수립 단계 211
미디어 계획의 위계 210
미디어 맥락점화 260
미디어 목표 211
미디어 믹스 214
미디어 전략 214
미디어 청중 측정법 283
미디어의 열린 틈 222

보증인 191
복수 편익 140
복수 표적 커뮤니케이션 매트릭스
   170
복수의 표적청중 166
부호화 특수성 원리 254
분석단위 23
브랜드 개성 74, 76, 143, 269
브랜드 수명주기 33
브랜드 스키마 75
브랜드 암시 76
브랜드 연상 68
브랜드 이미지 76
브랜드 이점 76
브랜드 자산평가 모형 34
브랜드 확장 34
브랜드에 대한 첫인상 248
비유 190
빅 아이디어 184, 202
빈도 213

사물 인터넷 217
사업 강점 23
사업 강점 평가요인 24

사업 포트폴리오 22
사용 패턴 세분화 120
사용자 포지셔닝 139
사용자 프로필 77
사이코그래픽/라이프스타일 세분
   화 121
사회적 욕구 132
사회적 위험 72
사회적 자기 271
상응분석 147
상징적 욕구 132
상황분석 59
상황분석의 구성요소 62
생리적 욕구 131, 132
생활 단면 192
성숙기 30
성장기 29
세분화 119
소비자 욕구의 차원 130
소비자 조사 90
소비자 편익 72
소셜 미디어 218
소속과 사랑의 욕구 131
쇠퇴기 30
수직 확장전략 40
수평 확장전략 41
순행간섭 253
시장 매력도 25
시장 매력도 평가요인 25
시장 세분화 전략 41
시장 점유율 확장 41
시장 조사 90
시장철수 30

신 시장 침투 37
신념 241
실제 자기 271
실존 욕구 132
심리적 위험 71

안전의 욕구 131
역행간섭 253
연속운영 220
옥외 미디어 217
온라인 행동 세분화 123
욕구위계 모형 80
욕구위계이론 130
욕구의 위계 79
욕구의 유동성 129
위험 지각 71
유명인사 191
유지시연 252
유효 도달률 213
유효빈도 213
유효빈도 3회의 법칙 213
의견 측정 291
의미변별척도 292
의사결정 과정 78
이상적 자기 271
인구통계 세분화 120
인지 차원의 측정 283
인지 측정 289
인지적 욕구 132
인출 253

자기개념 270
자기평정척도 292

자아실현의 욕구 131
자존의 욕구 131
재정적 위험 72
저관여 의사결정 265
전략 피라미드 21
전략적 마케팅 관리 21
전략적 사업단위 23
전략적 적합성 178
전략적 제품단위 23
전략적 프레젠테이션 229
전문기술 전략 40
전문시장 전략 40
점화자극 257
점화효과 257
정교화 시연 252
정량조사 89
정면 대응 44
정서 차원의 측정 290
정서적 편익 139
정성조사 87
정위반사 240
제품 범주 포지셔닝 139
제품 사용 포지셔닝 139
제품 수명주기 28, 31
제품 시연 193
제품 차별화 전략 41
제품 편익 138
제품 편익 포지셔닝 139
주의 238
주제통각검사 136
준거 집단 84

지각 갖춤새 247
지각된 위험 122
지각적 해석 243
지각항등성 245
지속적 관여 267
진입 시기 전략 37
집중운영 220
집중적 마케팅 124

차별화 마케팅 124
창의적 광고 174
창의적 광고의 구성요소 179
초기 채택자 29
초두효과 248
초점집단면접 88, 134
추상적 제품 속성 70

캐릭터 191
콘셉팅 183
쾌락적 욕구 132
크리에이티브 브리프 198, 200
크리에이티브 콘셉트 183
크리에이티브 콘셉트 개발 189
크리에이티브 콘셉트의 조건 186

태도 측정 292
톨게이트 전략 39
통합 마케팅 커뮤니케이션 105,
    164
통합 커뮤니케이션 매트릭스 165
투사법 135

틈새시장 전략 39

파동운영 220
파레토 법칙 122
편익 121
편익 세분화 121
편익의 위계 73
포지셔닝 111, 113
포지셔닝 맵 147
포지셔닝의 실제 115
포지셔닝의 핵심요소 116
포트폴리오 매트릭스 26
포트폴리오 분석 22
표적청중 118, 126
품질, 가치 포지셔닝 139
프레젠테이션 229
피플 미터 285

하루 경과 회상법 287
학습곡선 37
핵심 이슈 97
핵심 통찰 201
행동 세분화 122
행동 차원의 측정 295
행동 틈새 196
혁신확산 모형 123
확장 전략 40
환경 미디어 217
활성화 확산 256
회상 측정 287

저자 소개

우 석 봉(Woo Seokbong)

20년간 현장에서 광고, 브랜드 전략 업무를 수행하였다. 대흥기획 마케팅 연구소, Lee & DDB(현 DDB Korea) Consumer Insight Center 소장을 거쳐 금강기획에서는 마케팅 컨설팅 팀을 신설하여 팀장을 역임했으며, 코마코 Brand Center 소장을 끝으로 현장을 떠나 현재는 대전대학교 경영대학 산업·광고심리학과 교수로 재직 중이다.

소비자·광고심리학 전공으로 고려대학교에서 박사학위를 받았으며, 광고와 브랜드 관리 실무를 위한 심리학적 모형 개발에 관심을 기울이고 있다. 『브랜드 심리학(2판)』 『광고 심리학』 『IMC 광고기획의 원리와 응용』 『한국인의 미디어와 소비트렌드』 등의 저서가 있으며, 「상표자산의 심리학적 접근」 「모브랜드-확장제품의 유사성, 확장제품가격 및 지각된 위험이 확장제품 평가에 미치는 영향」 「광고기획 직무역량의 탐색적 연구」 「시간거리에 따른 광고소구유형과 제품유형이 광고효과에 미치는 영향」 등의 논문이 있다.

실전 광고기획 에센스(2판)
THE ESSENCE OF REAL-WORLD ADVERTISING PLANNING

2008년 3월 5일 1판 1쇄 발행
2012년 1월 20일 1판 3쇄 발행
2015년 6월 30일 2판 1쇄 발행
2023년 1월 20일 2판 5쇄 발행

지은이 • 우 석 봉
펴낸이 • 김 진 환
펴낸곳 • (주)**학지사**

　　　　　04031 서울특별시 마포구 양화로 15길 20 마인드월드빌딩 5층
대표전화 • 02) 330-5114　　팩스 • 02) 324-2345

등록번호 • 제313-2006-000265호

홈페이지 • http://www.hakjisa.co.kr
페이스북 • https://www.facebook.com/hakjisabook

ISBN 978-89-997-0709-4　03180

정가 **16,000원**

출판미디어기업 **학지사**

간호보건의학출판 **학지사메디컬** www.hakjisamd.co.kr
심리검사연구소 **인싸이트** www.inpsyt.co.kr
학술논문서비스 **뉴논문** www.newnonmun.com
원격교육연수원 **카운피아** www.counpia.com